도시계획법과 지적

─한국과 일본의 비교를 중심으로─

도시계획법과 지적

-한국과 일본의 비교를 중심으로-

배 기 철

경인문화사

머리말

현행 도시계획법제에서는 도시계획의 기본 요소라고 할 수 있는 건축허용성과 건축단위에 대한 규율이 불명확하다. 토지의 소유권을 표상하는 지적이라는 제도가 건축단위와 건축허용성을 반영하는 도시계획적 기능을 수행하고 있을 뿐이다. 불완전한 도시계획법제를 보완하기 위해 전혀 다른 성격의 제도에 불과하였던 지적이 도시계획적 기능을 수행하게 되었고, 현행 도시계획법제에서도 여전히 도시계획적 효력을 가지고 있다. 그럼에도 불구하고 현행 실무에서는 지적의 민사적 기능만이 강조되고 있을 뿐, 지적이 수행하는 도시계획적 기능이 불분명한 채 제도가 운영되고 있다.

이 책은 저자의 박사논문(한·일 도시계획법과 지적의 비교연구, 부제: 건축허용성과 건축단위를 중심으로)을 일부 수정하고 보완한 것으로, 지적이 수행하는 도시계획적 기능을 규명하고, 우리나라와 일본의 제도를 비교하여 도시계획법과 지적의 상호관계를 분석한 것이다. 우리나라의 도시계획법제가 불완전한 형태를 가질 수밖에 없었던 이유는 그 모태가 된 일본의 도시계획법제가 불완전하였기 때문이다. 동일한 제도에서 출발하였던 우리나라와 일본의 제도가 현재는 어떠한 차이가 발생하였는지 분석하여 도시계획법과 지적의 발전 방향을 제시하고자 노력하였다.

이 책이 나오기까지 많은 분들의 도움이 있었다. 먼저 은사님이신 서울대학교 김종보 교수님께 깊은 존경과 감사의 말씀을 드린다. 선생님께서는 저자를 학문의 길로 인도해주시고 오랫동안 저자에게 깊은 가르침을 베풀어 주셨다. 이 책의 논의 또한 선생님의 지도가 없었다면 완성되기 어려웠을 것이다. 서울대학교 박정훈 교수님, 이원우 교수님, 최계영 교수님 그리고 이화여자대학교 김대인 교수님께서는 저자의 부족한 논문을 검토하시어 논의가 미진한 부분을 지적해주시고 논문의 완성을 이끌어주셨다. 교수님들의 은혜에 깊이 감사드린다. 그리고 저자가 학자로서 성장할 수 있는 소중한 밑거름이었던 건설법연구회와 행정법이론실무학회의 선배님, 후배님들께도 감사드린다.

마지막으로 오늘날까지 헌신적인 사랑으로 저자를 길러주신 부모님, 학위논문의 완성과 이 책을 준비하기까지 격려해주신 장인어른과 장모님께 진심으로 감사드린다. 그리고 누구보다도 저자를 아끼고 응원해준 사랑하는 아내와 아들에게 감사를 전한다.

2022년 1월
배 기 철

<목 차>

머리말

제1장 서론 _ 1

제2장 도시계획법과 지적의 관계 _ 13

x

제1장 서론

제1절 연구의 목적

도시계획은 도시 내 토지의 효율적이고 합리적인 이용을 위해, 개별 토지의 건축단위를 설정하여, 각 건축단위별로 건축허용성과 건축허가요건을 정하는 구속적 행정계획이다. 건축단위는 하나의 건축허가가 발급될 수 있는 토지의 단위를 의미하고, 건축허용성은 건축물의 건축이 허용되는 법적 성질을 의미하는 강학상 개념으로, 도시계획의 기본 요소이다.

최근 법원은 지목이 답인 토지에 축사를 건축하기 위해서는 「국토의 계획 및 이용에 관한 법률」(이하 '국토계획법'이라 한다)상 토지형질변경허가가 필요하다고 판단하여,[1] 지목이 건축허용성을 판단하기 위한 기준이라는 점을 명확히 하였다. 지목 또는 필지 경계선과 같은 지적이 단순히 토지의 이용현황을 확인하기 위한 수단을 넘어 도시계획적 기능을 수행하고 있다는 점을 인정한 것으로 평가된다.[2]

과세와 토지소유권을 공시하기 위한 목적에서 창설된 지적이 어떠한 배경에서 도시계획적 기능, 공법적 효력을 가지게 되었는지, 우리나라에서 지적이 공법적 효력을 가지게 된 배경과 의미에 대해서는 상당부분 선행 연구가 이루어진 바 있다.[3]

---

1) 대법원 2020. 7. 23. 선고 2019두31839 판결.
2) 지적제도상 토지의 합병에 있어서도 도시계획적 고려가 필요하다는 사례로는 대법원 2003. 10. 24. 선고 2003두7156 판결 참고.
3) 지적의 도시계획적 기능에 관한 선행 연구로는 김종보, 『건설법의 이해』, 제6판, 피데스, 2018.; 김종보, 「건축허용성의 부여와 반영」, 『서울대학교 法學』 제53권 제3호, 서울대학교 법학연구소, 2012.; 김종보, 「도시계획의 핵심기능과 지적제도의 충돌」, 『행정법연구』 제16호, 행정법이론실무학회, 2006.; 김종보, 「토지형질변경허가의 법적 성질」, 『행정판례연구』 제11집,

우리나라의 근대적인 토지제도, 도시계획법제는 역사적인 연유로
인해 일제강점기시대 일본의 제도를 모방하여 정립되었다.[4] 당시 도
입된 용도지역제 도시계획은 도시 내 토지에 용도지역을 지정하여
개략적인 내용의 건축허가요건을 정하는 것에 불과하였고, 건축허
용성과 건축단위를 규율할 수 있는 권능은 가지지는 못하였다. 불완
전한 도시계획법제를 보완하기 위해 전혀 다른 성격의 제도에 불과
하였던 지적이 도시계획적 기능을 수행하게 되었고, 현행 도시계획
법제에서도 여전히 지적이 도시계획적 효력을 가지고 있다.

그러나 도시계획이 발전한 오늘날에도 지적이 도시계획적 기능
을 수행하여야 하는 당위성은 무엇인지, 앞으로의 도시계획법과 지
적의 바람직한 발전 방향은 무엇인지, 이러한 물음들에 대한 해답은
아직 명확하지 않다. 실무에서는 지적이 가지고 있는 공법적 효력조
차 명확하게 이해하지 못하고 있기 때문이다.

우리나라의 도시계획법제가 불완전한 형태를 가질 수밖에 없었
던 이유는 그 모태가 된 일본의 도시계획법제가 불완전하였기 때문
이다. 그러한 연유로 일본에서도 불완전한 도시계획법제를 보완하
기 위해 지적이라는 제도가 도시계획적 기능을 수행하게 되었을 것
으로 추측된다. 지적의 공법적 효력을 이해하기 위해서는 우리나라
와 유사한 도시계획법제를 가진 일본에서 도시계획법과 지적이 어
떻게 운영되고 있는지, 그리고 일본으로부터 우리나라에 도시계획
법과 지적이 도입되어 발전되어 온 과정을 면밀하게 살펴볼 필요가
있다. 이 책에서는 우리나라와 일본의 도시계획법과 지적의 상호관

한국행정판례연구회, 2006. 참고.

4) 정긍식, 「일제의 식민정책과 식민지 조선의 법제」, 『법제연구』 제14호, 한국
  법제연구원, 1998., 60~64면.; 우리나라의 도시계획법제가 일본의 식민지 통
  치를 위해 자국의 법제를 적용하는 과정에서 정립되었다는 일본 학자의 견
  해로는 荒 秀, 『日韓土地行政法制の比較研究』, 信山社出版, 1999., 5면 참고.

계를 비교 분석하여, 지적의 도시계획적 기능을 보다 면밀하게 규명하고, 도시계획법과 지적의 발전 방향을 제시하고자 하였다.

제2절 연구의 방법

Ⅰ. 지적에 관한 행정법학적 연구

지적제도를 연구하는 주된 학문으로는 지적학이 있으나,[5] 법학을 비롯한 지리학, 측량학, 행정학, 역사학 등 다양한 학문에서도 지적제도를 연구대상으로 하고 있다.[6] 지적제도는 제도론(制度論)적 의미와 함께 「공간정보의 구축 및 관리 등에 관한 법률」(이하 '공간정보관리법'이라 한다), 「지적재조사에 관한 특별법」, 「부동산등기법」 등 다수의 법령에 기초하여 운영되고 있다는 점에서 법학적인 연구 가치나 그 필요성이 높다. 또한 법률관계에 있어서도 공법과 사법이 혼재되어 있는 특성으로 인해,[7] 행정법학을 비롯한 다양한 법학분야의 연구대상이 될 수 있다. 그럼에도 불구하고 지적제도에 관한 법학적인 연구는 법제사 분야를 제외하고는 아직 부족한 실정이다.

행정법학은 행정에 관한 법을 주된 연구 대상으로 하기 때문에,[8] 사법상의 제도인 지적에 관한 실정법은 전통적인 행정법학의 연구대상에서 제외된 측면이 있었다.[9] 행정법학은 공익을 위해 국민의

---

5) 지적학의 연구대상과 학문적 분류에 관해서는 류병찬, 「지적학의 정의 및 학문적 성격정립에 관한 연구」, 『한국지적학회지』 제22권 제1호, 2006.; 권기원·김비연, 「지적학의 학문분류체계에 관한 연구」, 『한국문헌정보학회지』 제40권 제1호, 2006. 참조.

6) 대한지적공사, 「지적학의 학문분류체계 개선방안에 관한 연구」, 2005., 60~67면 참조.

7) 자세한 내용은 '지적의 법적성격' 부분에서 논하기로 한다.

8) 김동희, 『행정법 Ⅰ』 제25판, 박영사, 2019., 3면.

9) 행정법학이 연구의 대상을 행정소송으로만 한정하는 문제를 해결하기 위한 방안을 제시하는 논문으로는 박정훈, 「韓國 行政法學 方法論의 形成·展開·發展」, 『공법연구』 제44권 2호, 한국공법학회, 2015., 175~178면 참고.;

기본권을 제한하는 법률들을 체계적으로 이해하기 위한 이론의 체계로서,[10] 그 연구 범위는 국가제도 전반을 포섭하여야 하고,[11] 연구의 방법도 사실상태의 분석 등 다양한 방법이 병행되어야 한다.[12] 지적은 과거 토지를 이용·관리하기 위한 목적을 넘어 현재는 도시계획적 기능을 담당하고 있다. 지적이 가지는 도시계획적 성격은 토지의 이용이라는 국민의 재산권(헌법 제23조)을 제한한다는 측면에서 행정법학적으로 중요한 연구 대상이라 할 것이다. 비슷한 예로 등기제도가 공법적 성격을 가지는 측면에서는 행정법학의 연구 대상이 될 수 있고, 민사적 측면에서의 연구와 본질적으로 충돌하지 않는 한 서로 양립할 수 있다.[13]

II. 일본 도시계획법제와의 비교연구

독일에서는 '법의 비교(Rechtsvergleichung)'라고 하여 독자적인 법학영역이 아닌 법학의 방법론으로 비교법을 이해하고 있다.[14] 비교법이 독자적인 학문인지 여부에 대해서는 논의가 있으나,[15] 비교연

행정법학이 행정실체법적 쟁점을 적극적으로 다루지 못하였다는 문제 의식에 관해서는 이원우, 「21세기 행정환경의 변화와 행정법학방법론의 과제」, 『행정법연구』 제48호, 행정법이론실무학회, 2017., 96면 이하 참고.

10) 행정법학은 '국가제도와 행정작용, 공공의 제도에 관한 법'을 대상으로 하는 법학이론체계라는 새로운 개념을 제시하는 논문으로는 김종보, 「행정법학의 개념과 그 외연(外延)」, 『행정법연구』 제21호, 행정법이론실무학회, 2008., 13면 참고.

11) 행정법의 연구 범위를 행정처분에 국한할 이유가 없고 국가제도 전반을 포섭하는 방향으로 전개되어야 한다는 견해는 김종보, 앞의 논문(행정법학의 개념과 그 외연), 8면 참고.

12) 이원우, 앞의 논문, 107면.

13) 김종보, 앞의 논문(행정법학의 개념과 그 외연), 18면 참고.

14) 박정훈, 「비교법의 의의와 방법론-무엇을, 왜, 어떻게 비교하는가」, 『심헌섭 박사 75세 기념논문집』, 2011., 481면.

구는 법·제도나 이론을 정확히 파악하고 그 문제점을 찾아내기 위한 '자기검증적 기능'을 가진다는 점에서 의의가 있다.16)

우리나라에서 근대적인 도시계획법제가 정립된 시기는 1934년 일제강점기시대에 제정된 '조선시가지계획령(1934. 6. 20. 총독부 제령 제18호로 제정·발포된 것)'으로 거슬러 올라간다. 당시 일제는 자신들의 도시계획법제를 식민지 정책에 맞춰 우리나라에 이식하면서 조선시가지계획령을 포함한 도시계획에 관한 법령들을 제정하였다.17)

일본의 근대 도시계획법제는 1888년 '동경시구개정조례(東京市区改正条例)'를 시초로 한다. 시구개정은 '시가지의 구획(区画)을 개(改)한다'는 의미로, 초기의 도시계획은 시가지의 모습을 격자형으로 바꾸는 것을 주된 목적으로 하였다.18) 이후 1919년 '도시계획법(都市計画法)'과 '시가지건축물법(市街地建築物法)'의 제정을 통해 근대 도시계획법제가 정립되었다. 일본의 도시계획법은 개정 과정에 따라 크게 '구 도시계획법'과 '신 도시계획법'으로 구분된다. 1919. 4. 4. 법률 제36호로 도시계획법이 제정(1920. 1. 1. 시행)되었으나, 1968. 6. 15. 법률 제100호로 새로운 도시계획법이 제정(1969. 6. 14. 시행)되어 구 도시계획법이 폐지되면서 도시계획법제의 체계에 큰 변화가 있었다. 통상 일본에서는 1919년에 제정된 도시계획법을 '구 도시계획법' 또는 '1919년 도시계획법', 1968년에 제정된 도시계획법을 '신 도시계획법' 또는 '1968년 도시계획법'으로 지칭한다.19)

---

15) 비교법을 법학의 한 분야인 동시에 법학방법론으로 보는 견해는 김상용, 「比較法과 比較法學」, 『연세법학연구』 12권 제4호, 연세대학교 법학연구원, 2002., 93면 이하.

16) 박정훈, 앞의 논문(韓國 行政法學 方法論의 形成·展開·發展), 167면.

17) 손정목, 『일제강점기 도시계획연구』, 일지사, 1990., 177면 이하 참고.; 같은 취지 김종보, 앞의 책, 17면 및 류해웅·박수헌, 「도시계획법제에 대한 비교법적 연구」, 국토개발연구원, 1990., 110면 참고.

18) 土地百年研究会·都市環境研究所·日本不動産研究所, 『日本の土地百年』, 大成出版社, 2003. 4., 39면.

일제강점기라는 역사적인 연유로 우리나라와 일본의 근대 도시계획법제는 1919년 제정된 일본의 도시계획법이라는 같은 뿌리를 가지게 되었고, 광복 이후에도 상당 기간 유사한 발전 과정을 거쳐왔다. 도시계획법제를 포함한 상당수 의용법령들이 1961년경에 이르러서야 정비되기 시작하였고,[20] 1972년 제정된 국토이용관리법은 일본의 입법 과정에 있었던 '국토이용계획법(国土利用計画法)' 법안을 그대로 차용하여 제정되는 등, 광복 이후 1970년대까지도 우리나라의 도시계획법제는 일본의 영향을 받아 유사하게 발전하여 왔다.[21]

1970년대 이후로 한·일 도시계획법제는 독자적인 발전 과정을 거쳐 현재의 체계를 갖추기 시작하였다.[22] 우리나라에서는 1962년 도시계획법이 제정되어 현재의 국토계획법에 이르고 있으나, 2002년 도시계획법과 국토이용관리법이 국토계획법으로 통합되면서 도시계획법제에 있어서는 상당한 변화가 있었다. 반면, 지적제도는 1950년 지적법이 제정되어 현행 공간정보관리법에 이르기까지 일제강점기시대의 제도를 큰 변화없이 그대로 계승하고 있다. 일본에서는 1968년 새로운 '도시계획법(都市計画法)'이 제정되었으나 기본적인 제도의 틀은 1919년 제정된 도시계획법의 체계를 그대로 유지하고 있다. 반면, 지적제도는 1966년경 지적과 등기제도가 통합되면서 상당한 변화를 겪었고, 현재는 '부동산등기법(不動産登記法)'을 통해 강학상 지적이 존재할 뿐이다.

우리나라의 도시계획법제가 정립되는 과정에서 일본의 제도가

---

19) 安本 典夫, 『都市法概說』, 法律文化社, 2013., 28~29면.; 같은 취지 須田 政勝, 『概説 土地法』, 明石書店, 2004., 41면 참고.
20) 박정훈, 『행정법의 체계와 방법론』, 박영사, 2005., 441면 각주 37번 참고.
21) 荒 秀, 앞의 책(日韓土地行政法制の比較研究), 8~9면 참고.
22) 같은 취지로 우리나라의 행정법은 1980년대 이후 학설·판례의 비약적인 발전과 함께 독자적인 것으로 자리잡았다는 견해는 박정훈, 앞의 책(행정법의 체계와 방법론), 75면 참고.

절대적인 영향을 미쳤다는 점을 고려하면, 우리나라의 도시계획법제를 이해하기 위해서는 일본의 도시계획법제와의 비교연구가 필수적이다.23) 특히, 지적이 수행하는 건축단위와 건축허용성에 관한 도시계획적 기능과 역할을 규명하기 위해서는 우리나라와 일본의 도시계획법24)과 지적25)을 비교하여 그 차이점에 대한 분석이 전제되어야 하고, 이를 통해 지적이 가지는 도시계획적 기능과 공법적 효력에 대한 평가가 이루어져야 하기 때문이다.

---

23) 일본 행정법에 대한 연구가 서양법에 대한 간접적 비교법을 위해서가 아니라, 일본법 자체에 대한 비교법적 연구로 변화되어야 한다는 견해에 관해서는 박정훈, 앞의 논문(韓國 行政法學 方法論의 形成·展開·發展), 167면 참고.
24) 도시계획법의 비교에 있어 '현행 국토계획법'은 2020. 1. 29. 법률 제16902호로 개정되어 2020. 7. 30. 시행된 것을 지칭하고, '현행 건축법'은 2020. 4. 7. 법률 제17223호로 일부개정되어 2020. 10. 8. 시행된 것을 지칭한다. '현행 일본 도시계획법'은 2020. 6. 10. 법률 제43호로 개정되어 2020. 9. 7. 시행된 것을 지칭하고, '현행 일본 건축기준법'은 2020. 6. 10. 법률 제43호로 개정되어 2020. 9. 7. 시행된 것을 지칭한다.
25) 지적의 비교에 있어 '현행 공간정보관리법'은 2020. 2. 18. 법률 제17007호로 타법개정되어 2021. 1. 1. 시행된 것, '현행 부동산등기법'은 2020. 2. 4 법률 제16912호로 일부개정되어 2020. 8. 5. 시행된 것, '현행 일본 부동산등기법'은 2020. 3. 31. 법률 제12호로 개정되어 2020. 9. 29. 시행된 것을 각 지칭한다.

제3절 이 책의 구성

이 책은 총 6개의 장으로 구성하였다.

제1장에서는 연구의 목적과 방법을 제시한다.

제2장에서는 선행 연구의 결과를 종합하여 도시계획법과 지적의 관계를 분석한다. 도시계획의 개념을 통해 도시계획의 기본 요소인 건축단위, 건축허용성, 건축허가요건을 정의한다. 다음으로, 한·일 도시계획의 원형이라고 할 수 있는 용도지역제의 불완전성을 보완하기 위해 지적이 이용된 배경, 그리고 지적이 수행하는 건축허용성과 건축단위에 관한 도시계획적 기능에 대해 고찰한다. 이에 더하여 개발사업형 도시계획이 발전하여 오면서, 지적이 수행하는 도시계획적 기능과 역할이 어떻게 변화하였는지 기성시가지와 신시가지로 구분하여 고찰한다.

제3장에서는 건축허용성의 규율이라는 측면에서 우리나라와 일본의 도시계획법과 지적을 비교한다. 기성시가지에서 대지인 지목이 가지는 도시계획적 효력과 건축허용성 사이의 관계를 분석하고, 개별 필지별로 건축허용성을 부여하기 위한 제도로 우리나라와 일본의 토지형질변경허가를 비교·논증한다. 일본 도시계획법상 구역구분제라는 도시계획을 통해 건축허용성을 규율하는 체계를 살펴보고, 우리나라와 일본에서 지목이 수행하는 도시계획적 기능과 역할의 차이점을 고찰하여, 지목이 가지는 법적성격을 분석한다. 마지막으로 위 논의를 종합하여 우리나라와 일본의 도시계획법에 있어 건축허용성을 규율하는 방식과 지적이 수행하는 도시계획적 기능에 있어 차이가 발생하게 된 원인을 고찰한다.

제4장에서는 건축단위의 규율이라는 측면에서 우리나라와 일본의 도시계획법과 지적을 비교한다. 건축단위와 필지 경계선의 상관

관계를 분석하여, 지적이 수행하는 건축단위의 규율이라는 도시계획적 기능을 고찰한다. 다음으로, 공간정보관리법과 일본의 부동산등기법상 필지의 분할과 합병이 가지는 도시계획적 기능을 고찰하고, 우리나라의 토지분할허가와 일본의 토지구획변경허가를 비교·분석한다. 마지막으로 위 논의를 종합하여 건축단위의 규율에 있어 문제점을 살펴보고, 제도 개선의 필요성을 고찰해본다.

제5장에서는 이 책의 논의들을 종합하여 그 시사점을 분석해본다. 우리나라와 일본의 도시계획법이 가지고 있는 특징은 무엇인지, 그리고 도시계획법이 가지는 불완전성과 이를 보완하기 위해 지적이 수행하고 있는 공법적 기능에 대해 논하고, 그 결과 나타난 우리나라와 일본에서의 건축허용성에 대한 인식을 비교·분석한다.

제6장에서는 도시계획법의 이상적인 체계, 그리고 현행 제도의 한계점을 고려한 도시계획법과 지적의 조화로운 발전 방안을 제시해본다.

제2장 도시계획법과 지적의 관계

제1절 지적의 도시계획적 기능과 역할

Ⅰ. 도시계획의 개념

(1) 개념 정의의 필요성

현행 국토계획법은 '국토의 이용·개발과 보전을 위한 계획의 수립 및 집행 등에 필요한 사항을 정하여 공공복리를 증진시키고 국민의 삶의 질을 향상시키는 것'을 목적으로(제1조), 도시계획을 도시기본계획과 도시관리계획으로 구분하고(제2조 제2호), 도시관리계획의 종류로 용도지역제, 개발제한제, 지구단위계획, 도시계획시설계획 등을 규정하고 있다(제2조 제4호). 국토계획법에서는 위와 같이 도시계획의 종류를 열거하는 방식으로 도시계획을 정의하고 있다.[26)]

현행 일본 도시계획법은 '농림어업과의 건전한 조화를 이루면서 건강하고 문화적인 도시생활과 기능적인 도시활동을 확보하기 위해 적정한 제한 하에 토지의 합리적 이용을 도모하는 것'을 도시계획의 기본이념으로 정하고(제2조), 도시계획을 '도시의 건전한 발전과 질서 있는 정비를 도모하기 위한 토지이용, 도시시설의 정비 및 시가지개발사업에 관한 계획'으로 규정하고(제4조 제1항), 제2장에서 도시계획의 종류로 구역구분제, 지역지구제, 시가지개발사업 등을 열거하는 방식으로 도시계획을 정의하고 있다.

도시계획은 흔히들 국토계획법에서 정하고 있는 용도지역제, 개발제한제 도시계획 등을 의미하는 것으로 이해되고 있으나, 용도지역제 등으로 불리는 도시계획은 국토계획법에서 규율하고 있는 도

---

26) 도시계획의 종류에 관한 자세한 내용은 김종보, 앞의 책, 197면 이하 참고.

시계획의 종류에 지나지 않는다. 실무상 이러한 오해가 널리 퍼져 있는 이유는 국토계획법에서 도시계획에 대한 명확한 정의를 하지 않고 도시계획의 종류를 열거하는 방식으로 도시계획을 정의하고 있기 때문이다. 법령의 규정 방식으로 인해 법적성격이 다른 다양한 유형의 도시계획들이 마치 동일한 개념으로 이해되기도 한다.[27]

물론 국토계획법상 도시계획들이 토지의 효율적, 합리적 이용을 목적으로 한다는 점에서 추구하는 목적은 동일하다. 그러나 그 내용을 살펴보면 도시 전체를 대상으로 개략적인 건축허용성만을 규율하는 용도지역제나 원칙적으로 건축행위를 금지하여 건축허용성을 규율하는 개발제한제까지 다양한 내용의 도시계획이 존재한다.

지적은 용도지역제, 개발제한제와 같은 국토계획법상 규정된 도시계획의 종류와는 직접적으로 관련되지 않으므로, 도시계획과는 관련이 없는 전혀 별개의 제도라고 오해할 수도 있다. 그러나 지적은 불완전한 도시계획을 보완하기 위해 건축단위와 건축허용성을 반영하여 공시하는 도시계획적 기능을 수행하고 있다. 그러므로 도시계획법과 지적의 관계를 규명하기 위해서는 그 전제로 법령상 정해진 도시계획의 '종류'가 아닌 도시계획이라는 '개념'이 무엇인지에 대한 정의가 필요하다. 도시계획을 명확하게 개념 정의하여야만 도시계획법과 지적의 상호관계를 분명하게 파악할 수 있기 때문이다.

(2) 도시계획의 어원

도시계획을 개념 정의하기에 앞서, 법률용어로서 도시계획이라는 용어가 등장하게 된 배경과 변화 과정을 살펴본다.

우리나라에서는 조선시가지계획령의 제정을 통해 도시계획이라

---

27) 김종보, 앞의 책, 194면.

는 용어가 처음으로 사용되었고,28) 도시계획이라는 용어의 기원(基源)은 일본의 1919년 도시계획법의 제정 과정에서 찾을 수 있다.29) 1910년대를 전후로 영국의 타운 플랜(Town Plan), 미국의 시티 플랜(City Plan) 등의 용어가 번역되어 일본에 소개되면서 도시계획이라는 용어가 처음으로 사용되었다. 도시계획이라는 용어가 점차 사회적으로 일반화되면서, 1919년 도시계획법의 제정과 함께 법률용어로 채택되었다. 1919년 도시계획법에서는 도시계획을 '교통·위생·보안·경제 등에 관하여 영구적으로 공공의 안녕을 유지하거나 복지를 증진하기 위한 중요시설의 계획으로 시의 구역내 또는 그 구역외에서 시행하여야 하는 것'으로 정의하였다.30)

　이러한 도시계획의 의미는 조선시가지계획령을 통해 우리나라 법제에도 그대로 받아들여졌다. 당시 조선시가지계획령에서는 '도시계획'이라는 용어 대신 '시가지계획(市街地計画)'이라는 용어가 사용되었는데, 시가지계획을 "시가지의 창설 또는 개량을 위하여 필요한 교통·위생·보안·경제 등에 관한 중요시설의 계획으로서 시가지계획 구역에서 시행하여야 하는 것"으로 정의하여(제정 조선시가지계획령 제1조), 일본의 1919년 도시계획법상 도시계획에 관한 규정을 그대로 차용하였다.

　광복 이후 1962년 도시계획법이 제정되면서 시가지계획이라는 용

---

28) 김종보, 「도시계획변경거부의 처분성」, 『행정법연구』 제11호, 행정법이론실무학회, 2004., 244면 참고.

29) 일본에서 도시계획이라는 용어를 사용하게 된 과정에 관해서는 渡邊 俊一, 「用語としての「都市計画」の成立過程に関する考察」, 『都市計画論文集』, 日本都市計画学会, 1980, 19~24면 참고.

30) 일본의 1919년 도시계획법 제1조는 '本法において都市計画と称するのは交通·衛生·保安·経済等に関し永久に公共の安寧を維持し又は福利を増進するための重要施設の計画であって市の区域内において又はその区域外にわたり施行すべきものをいう'로 규정하고 있다.

어는 도시계획으로 변경되어 사용되기 시작하였다. 도시계획법에서
는 기존의 규정 방식과는 다르게, 도시계획에 관한 명확한 개념 정
의 없이 도시계획의 종류를 나열하는 방식으로 규정하였다. 이러한
규정 체계는 현행 국토계획법까지 이어지고 있는데, 일본의 신 도시
계획법의 규정 체계도 이와 유사하다.

(3) 대외적인 구속력을 가지는 행정계획

도시계획은 행정계획에서 가장 큰 비중을 차지하고 있으며 사회·
경제에 미치는 영향이나 파급력의 측면에서 다른 행정계획들에 비
해 그 중요성이 상당하다. 도시의 정비나 개발을 위한 도시계획은
그 종류나 내용이 다양하기 때문에 법적성격이 동일하지 않다. 현행
국토계획법은 도시계획을 크게 도시기본계획과 도시관리계획으로
구분하고 있는데, 도시기본계획과 같이 행정기관 내부적으로만 구
속력을 가지는 계획이 있는 반면, 도시관리계획의 일종인 개발제한
제 도시계획과 같이 대외적으로 강한 구속력을 가지는 도시계획도
존재한다. 그러므로 도시계획의 개념을 정의하기 위해서는 도시계
획이 행정계획으로서 어떠한 법적성격을 가지는지에 대한 검토가
전제되어야 한다.

행정계획은 그 형식과 성질이 다양하여 일률적으로 정의하기는
어렵다. 학계에서는 행정계획을 행정주체가 장래 일정기간 내에 도
달하고자 하는 목표를 설정하고, 그를 위하여 필요한 수단들을 조정
하고 통합하는 작용 또는 그 결과로 설정된 활동기준으로 정의한
다.[31] 판례는 행정계획을 "특정한 행정목표를 달성하기 위하여 행정
에 관한 전문적·기술적 판단을 기초로 관련되는 행정수단을 종합·조

---

31) 김동희, 앞의 책(행정법 I), 192면.

정함으로써 장래의 일정한 시점에 일정한 질서를 실현하기 위하여 설정한 활동기준이나 그 설정행위"로 파악한다.[32]

행정계획은 여러 기준에 따라 구분할 수 있으나 주로 법적인 효력에서 구속력을 가지는지 여부에 따라 구속적 행정계획과 비구속적 행정계획으로 구분된다. 단순하게 정보를 제공하는 계획이나 국민들로 하여금 특정 목표에 따르도록 유도하기 위한 목적의 행정계획은 구속력이 없다. 반면, 행정기관 사이에서 구속력을 가지거나 국민에 대해서도 구속력을 가지는 행정계획이 존재하고 이를 구속적 행정계획이라 하는데, 구속적 행정계획을 후자인 대외적인 구속력을 가지는 행정계획으로 한정하는 견해도 있다.[33]

현행 우리나라의 도시계획은 크게 행정기관 내부적으로만 구속력을 가지는 계획과 대외적으로도 구속력을 가지는 계획으로 구분된다. 2000년 전부개정된 도시계획법[34]에서 '도시기본계획'이라는 개념을 창설하여, 도시계획은 구속적인 계획으로, 도시기본계획은 '도시의 기본적인 공간구조와 장기발전방향을 제시하는 종합계획으로서 도시계획수립의 지침이 되는 계획'으로 정의하여 행정기관 내부적으로만 구속력을 가지는 계획으로 구분하였다(제3조). 이후 2003년 제정된 국토계획법에서는 구속적 도시계획을 '도시관리계획'으로 새롭게 정의하고 도시계획의 개념을 기존의 도시기본계획과 도시관리계획을 포섭하는 상위개념으로 변경하였다(제2조). 2011년 국토계획법 개정[35]에서는 도시계획은 도시·군계획으로, 도시기본계획과 도시관리계획은 다시 도시·군기본계획과 도시·군관리계획이라는 용어

32) 대법원 2018. 10. 12. 선고 2015두50382 판결, 대법원 2011. 2. 24. 선고 2010두21464 판결 등 다수.
33) 김동희, 앞의 책(행정법 I), 195면.
34) 2000. 1. 28. 법률 제6243호로 전부개정된 것.
35) 2011. 4. 14. 법률 제10599호로 일부개정된 것.

로 변경하였다. 도시와 군을 모두 포괄하기 위해 도시·군을 관리하는 계획이라는 용어로 변경한 것으로, 법령의 개정 과정에서 도시계획이라는 용어는 그 범위와 의미가 다양하게 변화하였다.36)

도시계획은 토지의 효율적인 이용을 위해 토지소유자의 토지 이용을 제한하는 것을 목적으로 한다. 즉, 도시계획이 필요한 이유는 토지소유자의 건축행위를 통제하여 토지의 효율적이고 합리적인 이용을 도모하기 위함이다. 이러한 도시계획의 근본적인 목적을 고려하면, 행정기관 내부적으로만 구속력을 가지는 도시기본계획(국토계획법 제2조 제3호)은 본연의 도시계획으로 보기 어렵다. 도시기본계획은 다른 도시계획에 대한 지침이 되는 계획으로서 관계 행정기관을 구속하기는 하나 국민에 대한 법적 구속력은 인정되지 않기 때문이다.37) 반면, 도시관리계획은 종전의 도시계획법상의 도시계획에 해당하는 것으로 행정쟁송법상 처분의 성질을 가지는 구속적 행정계획으로 볼 수 있다.38)

도시계획의 행정계획적 의미에 관한 일본의 행정법학적 논의도 우리나라와 유사하다. 행정계획을 법적인 구속력의 유무에 따라 '구속적계획(拘束的計畵)'과 '비구속적계획(非拘束的計畵)'으로 구분하고, 구속적계획은 도시계획이나 구획정리사업계획 등과 같은 행정처분이 기준이 되어 행정기관뿐만 아니라 사인에 대해서도 구속력을 가지는 계획을, 비구속적계획은 국토형성계획이나 국토이용관리계획과 같은 가이드라인의 성격을 가지는 계획을 의미하는 것으로 개념화하고 있다.39)

---

36) 이해의 편의를 위해 이 책에서는 도시·군기본계획과 도시·군관리계획이라는 용어 대신 도시기본계획과 도시관리계획이라는 용어를 사용한다.
37) 김동희, 『행정법 II』 제25판, 박영사, 2019., 449면 참고.; 도시기본계획에 대외적인 구속력을 인정할 수 없다는 판례로는 대법원 2002. 10. 11. 선고 2000두8226 판결, 대법원 1998. 11. 27. 선고 96누13927 판결 등 참고.
38) 김동희, 앞의 책(행정법 II), 453면 참고.

도시계획은 토지소유자의 토지 이용을 제한한다는 점에서 '대외적인 구속력을 가지는 행정계획'만을 의미하는 것으로 보아야 한다. 도시계획의 핵심적인 요소인 건축허용성과 건축단위가 대외적인 구속력을 전제로 하는 개념이라는 점에서, 이 책에서는 도시계획의 개념을 대외적인 구속력을 가지는 도시계획으로만 한정하고, 구속적 행정계획을 대외적인 구속력을 가지는 행정계획으로만 한정하는 견해에 따르기로 한다.

(4) 도시계획의 규율 대상

도시계획은 토지의 효율적인 이용을 위해 토지소유자의 토지이용을 제한할 수 있는지, 즉 재산권의 통제를 중심으로 논의가 이루어진다. 이러한 측면에서 도시계획이 대외적인 구속력을 통해 규율하는 대상은 토지소유자의 건축행위로 수렴된다고 볼 수 있다.

건축행위의 규율은 토지를 구획하여 건축의 대상이 되는 토지의 범위를 정하고(하나의 건축허가가 발급될 수 있는 토지의 단위를 설정한다는 의미에서, '건축단위의 설정'이라 한다), 해당 토지에 건축을 허용할지 여부를 결정한 후(건축물의 건축이 허용되는 법적 성질을 부여한다는 의미에서, '건축허용성의 부여'라고 한다), 어떠한 형태의 건축물을 건축하도록 규율할지(건폐율, 용적률 등 건축허가의 요건을 규율하는 것으로, '건축허가요건의 규율'이라 한다)로 개념화할 수 있다.[40] 이 책에서는 강학상의 개념인 건축단위를 '토지의 단

---

39) 자세한 내용은 大浜啓吉, 『行政法総論 行政法講義L』, 제4판, 岩波書店, 2019. 10., 128~131면 참고.
40) 도시계획의 규율 대상을 건축단위, 건축허용성, 건축허가요건으로 구분하는 견해는 김종보, 앞의 논문(도시계획의 핵심기능과 지적제도의 충돌), 59~62면 참고.; 건축단위, 건축허용성 및 건축허가요건에 대한 자세한 설명은 김종보, 앞의 책, 207면 이하 참고.

위로서 하나의 건축허가가 발급될 수 있는 기준 단위'로 정의하고,[41) 건축허용성을 '해당 토지의 지상에 건축물의 건축이 허용되는 법적 성질'로 정의한다.[42) 건축행위의 규율은 건축단위, 건축허용성, 건축허가요건이라는 3가지 요소로 개념 정의할 수 있고, 이는 도시계획의 규율 대상이자 가장 기본적인 요소라 할 것이다.

(5) 소결―도시계획의 정의

이 책에서는 도시계획을 '도시 내 토지의 효율적이고 합리적인 이용을 위해, 개별 토지의 건축단위를 설정하여, 각 건축단위별로 건축허용성과 건축허가요건을 정하는 구속적 행정계획'으로 정의하고,[43) 지적이 수행하는 도시계획적 기능인 건축단위와 건축허용성을 중심으로 우리나라와 일본의 도시계획법과 지적을 비교한다.

후술하겠지만, 우리나라와 일본에서는 불완전한 도시계획을 보완하기 위해 지적이 건축단위와 건축허용성을 반영하여 표시하는 기능을 하게 되었고, 현재까지도 지적이 이러한 도시계획적 기능을 수행하고 있다. 도시계획을 건축단위와 건축허용성 등의 요소에 따라 명확하게 개념 정의하여야만 도시계획법과 지적의 관계가 분명하게 드러나는 것이다.

---

41) 같은 취지로 건축단위를 '건축허가를 위해 기준이 되는 토지의 단위'로 정의하는 견해는 김종보, 앞의 책, 211면 참고.; 자세한 내용은 '건축단위의 개념' 부분에서 논하기로 한다.

42) 같은 취지로 건축허용성을 '토지의 지상에 건축물을 건축할 수 있는 공법적 지위'로 정의하는 견해는 김종보, 앞의 책, 219면 참고.; 자세한 내용은 '건축허용성의 개념' 부분에서 논하기로 한다.

43) 같은 취지로 도시계획을 '도시 내 토지의 합리적 이용을 위해 용도지역 및 기반시설과 건축단위를 설정하며, 각 건축단위의 건축허용성 및 건축허가요건을 정하는 구속적 행정계획'으로 정의하는 견해는 김종보, 앞의 책, 195~196면 참고.

Ⅱ. 지적제도 개관

(1) 개관

구체적인 논의에 들어가기에 앞서 우리나라와 일본의 지적제도를 살펴보기로 한다. 우리나라의 지적제도에 관해서는 이미 지적학 분야에서 상당한 선행 연구가 이루어진 관계로, 이 책에서는 행정법학적 논의에 필요한 범위에서만 그 내용을 정리한다.[44]

일본에서는 우리나라의 공간정보관리법과 같은 지적제도를 운영하기 위한 법령이 존재하기 않기 때문에, 지적이 존재하지 않는다고 오해할 수도 있다. 그러나 지적이 등기제도로 통합되어 부동산등기법에 의해 규율되고 있어 법령의 체계가 우리나라와 상이할 뿐, 일본에서도 토지의 일정한 사항을 등록하기 위한 강학(講學)상 지적은 존재한다. 다만 법제상으로는 부동산등기법만 존재하기 때문에, 지적이 토지를 표시하기 위해 등기부에 등기되는 요소들에 불과하다고 이해되고 있으며, 지적에 관한 체계적인 연구도 이루어지지 못하고 있는 실정이다. 실제 지적학이라는 학문적인 분류 자체도 존재하지 않으며, 지적측량, 지적재조사의 필요성 등에 관한 연구를 제외하고는 지적제도 자체에 관한 연구는 상당히 부족한 상황이다.[45] 일본

---

44) 지적제도에 관한 자세한 내용은 지종덕, 『지적의 이해』, 제7판, 기문당, 2015.; 한국국토정보공사, 『지적학 총론』, 구미서관, 2018.; 김행종, 『지적 및 공간정보법론』, 부연사, 2018. 참고.; 지적사(地籍史)에 관해서는 다수의 학자들에 의해 연구가 진행되었고, 대한지적공사는 기존의 연구들을 종합하여 '한국지적백년사'라는 단행본을 출간한 바 있다.

45) 일본의 지적에 관한 교육 현황에 관해서는 류병찬, 『한국인이 바라본 일본의 지적제도』, 부연사, 2016., 133~135면 참고.; 같은 취지로 일본에서는 실질적인 지적 교육기관이 부족하다는 점에 관해서는 신동현, 「일본의 지적제도에 대한 고찰」, 『지적』 제347호 (제34권 제3호), 대한지적공사, 2004., 110~112면 참고.

의 지적제도에 관해서는 기존 연구나 참고할 수 있는 문헌이 제한적인 관계로, 이 책에서는 일본의 부동산등기법과 우리나라의 공간정보관리법을 비교하는 방법을 통해 일본의 강학상 지적제도를 검토한다.

(2) 우리나라의 지적제도

1) 지적의 의의

지적은 동·서양의 여러 나라에서 토지소유권을 공시하고 세금을 부과하기 위한 목적으로 창설되었다. 과거 국가가 지적을 편성한 목적은 토지소유권과 이용현황을 확인하고, 이러한 정보에 기초하여 세금을 부과하여 국가재정을 확보하기 위함이었다.[46] 지적은 발전 과정에서 다양한 용도로 활용되기 시작하였고, 현대사회에 이르러서는 점차 과세와 토지소유권의 보호 이외에도 토지의 합리적인 이용 등의 목적으로 지적을 활용하기 시작하였다.[47] 우리나라의 지적역시 과거에는 과세와 토지소유권을 공시하기 위한 목적에서 출발하였으나, 현재는 국토의 효율적 관리와 해상교통의 안전 및 국민의 소유권 보호를 위한 목적으로 다양하게 활용되고 있으며(공간정보관리법 제1조), 이 책에서 논의하는 도시계획적 기능을 수행하기도 한다.

지적은 토지의 적(籍)을 의미하며, 국가가 토지에 대한 각종 정보를 편성하여 지적공부(地籍公簿)에 등록함으로써 성립한다.[48] 공부는 행정기관이 작성하여 비치하는 공적인 장부를 의미하고, 공간정보관리법에서는 지적공부를 '토지대장, 임야대장, 공유지연명부, 대지

---

46) 자세한 내용은 한국국토정보공사, 앞의 책, 13~17면 참고.
47) 지종덕, 앞의 책, 28~29면 참고.
48) 김종보, 앞의 책, 234면.

권등록부, 지적도, 임야도 및 경계점좌표등록부 등 지적측량을 통하여 조사된 토지의 표시와 해당 토지의 소유자 등을 기록한 대장 및 도면'으로 정의하고 있다(제2조 제19호). 공간정보관리법에서는 토지의 등록단위인 필지(筆地)마다 지번을 부여하고, 지적측량 등을 통하여 지적공부에 토지의 소재·지번·지목·면적·경계 또는 좌표를 등록하도록 규정하고(제2조), 지적공부에 등록하여야 하는 사항들을 대장과 도면으로 나누어 상세하게 정하고 있다(제71조~제73조 및 시행규칙 제68조, 제69조 및 제71조).

공간정보관리법상 규정들을 종합하면, 현행 법령상 지적은 '토지의 위치·형태·용도 및 소유권을 밝히기 위하여, 필지마다 지번을 붙이고 지목·면적 및 경계 등 법령으로 정한 사항을 지적공부에 등록한 것'으로 정의할 수 있다.[49] 이 책에서는 지적을 위와 같이 정의하고, 그 외 지적측량이나 지적공부와 같은 지적의 운영에 필요한 제도를 포함하여 '지적제도'라고 한다.[50]

2) 지적의 법적성격

지적은 사법적인 성격뿐만 아니라 공법적인 성격을 가진다.[51] 지적이 민사적인 측면에서 토지거래의 안전성을 위해 토지소유권을 확인하여 공시하기 위해 창설되었다는 점을 고려하면, 본래 지적은

---

49) 지적의 정의에 관해서는 지종덕, 앞의 책, 13~15면.; 한국국토정보공사, 앞의 책, 18~28면.; 김행종, 앞의 책, 12~15면 참고.
50) 지적학에서는 지적제도를 '국가가 지적을 반드시 필요한 것으로 인정하여 운영하고 있는 토지의 관리 체계' 등으로 정의한다. 한국국토정보공사, 앞의 책, 118면.
51) 공법과 사법의 구별에 관해서는 박정훈, 앞의 책(행정법의 체계와 방법론), 221면 이하 참고.; 일본에서는 공법·사법 일원론의 입장에서 양자의 구별을 부인하는 견해가 지배적이다. 공법과 사법의 구별에 관한 일본의 견해를 소개한 논문으로 안철상, 「공법관계와 사법관계의 구별」, 『행정판례평선』, 한국행정판례연구회, 2016., 80면 참고.

사법적인 성격만을 가지는 것으로 이해되어야 한다.[52] 지적의 공법적인 성격을 살펴보기 전에, 우리나라에서 지적이 사법적인 성격을 가지게 된 배경을 살펴보기로 한다.

우리나라의 지적은 일제강점기시대 실시된 토지조사사업을 통해 작성되었다. 조선총독부는 토지조사령(1912. 8. 13. 제령 제2호, 조선총독부 관보 제12호)을 제정하여 토지조사사업을 추진하였고, 1919. 3. 31. 토지조사사업을 완료하였다.[53] 조선토지조사사업보고서에 따르면 일제는 토지조사사업의 목적을 토지제도와 지세제도의 확립으로 정하였다.[54]

먼저 토지제도가 정립된 과정을 살펴보면, 일제는 토지소유권에 관한 분쟁을 해결하기 위해 토지소유에 관한 증명제도를 확립하고자 하였다.[55] 이를 위해 1필지마다 토지를 측량하고 지목, 면적, 강계(疆界)[56] 및 소유권 등을 조사하고 사정(査正)함으로써, 토지대장과

---

52) 지적이 토지소유권의 보호라는 측면에서 사법적인 성격을 가진다는 견해로는 지종덕, 앞의 책, 359면 참고.

53) 토지조사사업에 관한 자세한 내용은 대한지적공사, 『한국지적백년사(역사편)』, 2005., 274면 이하 참고.; 토지조사령 이전에도 토지조사사업에 관한 근거 법령으로 토지조사법(1910. 8. 23. 법률 제7호) 등이 제정되었다. 토지조사사업의 근거 법령에 관한 자세한 내용은 류병찬, 「토지조사사업과 관련된 지적법령의 변천연혁에 관한 연구」, 『지적』 제347호 (제34권 제3호), 대한지적공사, 2004. 참고.

54) 조선총독부 임시토지조사국, 『조선토지조사사업보고서』, 1918., 2면.

55) 토지조사사업은 일본인의 우리나라 토지에 대한 투자의 안전성을 확보해주기 위한 목적도 있었다는 견해는 배병일, 「토지조사사업과 임야조사사업에서의 사정에 관한 법적 문제점 검토」, 『법학논고』 제61집, 경북대학교 법학연구원, 2018., 194면 참고.; 일제가 토지조사사업을 실시한 것은 공시제도의 확립보다는 식민지 통치의 목적이 더 중요하였다는 견해는 荒 秀, 앞의 책(日韓土地行政法制の比較研究), 5면 참고.

56) 과거 토지조사법과 토지조사령에서는 강계(疆界)라는 용어를 사용하였으나, 조선임야조사령의 제정과 함께 경계(境界)라는 용어로 바뀌어 현재에 이르고 있다(조선임야조사령 제8조).

지적도를 조제(調製)[57]하였다. 토지조사사업을 진행하면서 1914년 총독부령 제45호로 '토지대장규칙'을 제정하여 토지조사와 사정의 결과를 기초로 토지대장을 작성하고 이를 기초로 등기부를 작성하였고, 이후 1918년 '부동산등기령'이 시행되어 토지대장과 등기부라는 이원화된 토지등록제도가 정립되어 현재에 이르고 있다.[58]

당시 토지소유권을 사정하였다는 의미는 토지소유자에게 새롭게 토지소유권을 부여한다는 것이 아니라, 기존 토지소유자에게 토지소유권이 있다는 사실을 확인 또는 법인(法認)하는 것에 지나지 않았다.[59] 토지조사사업을 통해 작성된 지목이나 필지 경계선 역시 이미 존재하고 있는 토지소유권과 그 소유권에 기초한 토지의 규모를 전제로, 토지의 용도나 이용현황, 토지소유권의 범위를 확인하여 지적공부에 등록한 것에 불과하였다. 토지소유권에 기초하여 지적측량이 이루어졌기 때문에, 필지라는 개념도 토지소유자가 소유한 토지의 규모를 확인하여 등록한 것에 불과하였다.

그러므로 지적이 창설되었을 당시 토지소유자의 관점에서는 지적을 자신이 소유한 토지소유권의 범위를 확정하고 보호하기 위한 수단으로만 인식하였고, 이미 존재하고 있는 민사적인 권리관계를 확인한다는 측면에서 지적은 단순히 사법적인 성격만을 가지는 것으로 이해되었다. 이러한 연유로 현재까지도 지적은 사법적인 성격이 강하다고 인식되고 있으며, 실제 지적의 기능도 등기제도와 연계되어 토지를 민사적인 거래의 객체로 활용하기 위한 것으로 이해되고 있다.

---

57) 당시 법령에서는 '작성'의 의미로 조제(調製)라는 용어를 사용하였다.
58) 자세한 내용은 荒 秀, 앞의 책(日韓土地行政法制の比較研究), 5면 참고.
59) 배병일, 앞의 논문, 195면.; 다만, 법원은 사정이 원시취득의 효력을 가진다고 본다. 대법원 2005. 5. 26. 선고 2002다43417 판결., 이에 관한 자세한 내용은 곽윤직·김재형, 『물권법(민법강의 II)』, 제8판, 박영사, 2014., 76~77면 참고.

그러나 지적은 사법적인 성격 못지않게 도시계획적 측면에서 중요한 공법적인 성격을 가진다. 현재 우리나라에서 지적은 도시계획적 기능을 수행하며 국토의 효율적인 관리를 위해 사인의 토지소유권을 제한하거나 의무를 부과하는 공법적 효력을 가지고 있다.[60] 예컨대 지목이 임야인 토지는 건축이 불가능하고 지목이 대지인 토지는 건축이 가능하다는 인식은 지목이 도시계획적 측면에서 건축허용성을 규율하기 때문에, 다시 말해 지목이 사인의 토지소유권을 제한하는 효력을 가지기 때문에 발생하는 것이다.[61] 지적이 수행하는 도시계획적 기능이 점차 다양해지면서, 지적의 공법적인 효력 또한 점차 강해지고 있다. 지적이 어떠한 배경에서 공법적인 성격을 가지게 되었고, 그 기능과 효력의 범위를 어떻게 해석할 것인지, 이를 규명하는 것이 이 책의 주된 목표이다.

한편, 지세제도는 과세의 측면에서 공법적인 성격을 가지나, 도시계획 측면에서의 공법적인 성격과는 다르다. 다만, 지세제도가 정립되는 과정에서 지적, 특히 지목의 발전에 상당한 영향을 미쳤다. 이에 대해서는 아래 지적의 요소 부분에서 상세히 다루기로 한다.

3) 지적의 요소

지목이나 경계 등 지적공부에 등록된 각각의 등록사항들은 지적을 구성하는 요소에 해당한다.[62] 지적 중 건축허용성과 건축단위와

---

60) 지적제도의 토지공법적인 성격에 관한 자세한 내용은 이현준, 「地籍制度에 관한 公法的 檢討」, 『단국대학교 박사학위 논문』, 2006., 29~33면 참고.; 지적제도를 사법적 성격의 토지공법으로 보는 견해는 김행종, 앞의 책, 96면 참고.

61) 지목의 공법적 성격에 관해서는 '지목변경에 관한 판례의 변화' 부분에서 자세히 논하기로 한다.

62) 이상덕, 「공로(公路) 개념을 통한 도로에 관한 법적 규율의 재구성」, 『사법논집』 제60집, 법원도서관, 2015., 510면.; 지적을 구성하는 요소에 관한 자세한 내용은 지종덕, 앞의 책, 155면 이하 참고.

관련한 요소로는 토지의 표시, 필지, 지목, 경계 또는 좌표, 면적 등이 있다. 현행 공간정보관리법상 위 요소들의 정의와 개략적인 내용을 살펴보고, 지목과 필지 경계선의 도시계획적 기능에 관해서는 제3장과 제4장에서 보다 자세히 논하기로 한다.

'토지의 표시'는 1995년 지적법 일부개정[63]으로 신설된 요소로, 공간정보관리법에서는 토지의 표시를 '지적공부에 토지의 소재·지번(地番)·지목(地目)·면적·경계 또는 좌표를 등록한 것'으로 정의한다(제2조 제20호). 토지의 등록을 위해서는 토지를 개별적으로 특정해야 하는데, 공간정보관리법에서 이를 위한 토지의 단위로 '필지(筆地)'를 사용하고 있다. 필지라는 용어는 '붓을 한번 돌려 그린 구역의 토지'라는 의미이다.[64] 필지는 하나의 지번이 부여되는 토지의 등록단위로, 공간정보관리법상 '1필지로 정할 수 있는 기준에 따라 구획되는 토지의 등록단위'로 정의된다(제2조 제21호).[65] 공간정보관리법 시행령에서는 '1필지로 정할 수 있는 기준'으로 지번이 부여되고 소유자와 용도가 같고 지반이 연속된 토지일 것을 요건으로 규정하고 있다(제5조).[66]

경계점은 '필지를 구획하는 선의 굴곡점으로서 지적도나 임야도에 도해(図解) 형태로 등록하거나 경계점좌표등록부에 좌표 형태로 등록하는 점'을 의미한다(제2조 제25호). 경계는 '필지별로 경계점들을 직선으로 연결하여 지적공부에 등록한 선'을 의미하고(제2조 제

---

63) 1995. 1. 5. 법률 제4869호로 일부개정되어 1995. 4. 1. 시행된 것.

64) 원영희, 『지적학원론』, 홍익문화사, 1979., 77~78면.; 이현준, 「필지의 본질 연구」, 『한국지적학회지』 제24권 제1호, 한국지적학회, 2008., 125면에서 재인용.

65) 필지의 개념에 관한 자세한 내용은 이현준, 앞의 논문(필지의 본질 연구), 122~124면 참고.

66) 2019년 기준으로 우리나라 전 국토는 약 3,900만 필지(전체 38,786,795필지, 총 면적 100,377㎢)로 구분되어 지적공부에 등록·관리되고 있다. 국토교통부 통계누리 2019년도 통계연보 중 지적통계 부분 참고.

26호), 유일무이한 것으로 동일한 토지에 2개 이상의 경계가 존재할 수는 없다.[67]

면적은 '지적공부에 등록된 필지의 수평면상 넓이'를 의미한다(제 2조 제27호). 과거에는 토지의 면적이라는 의미로 지적(地積)이라는 용어를 사용하였으나 지적(地籍)과 혼동된다는 이유로 1975년 지적 법 전부개정[68]을 통해 면적이라는 용어로 변경되었다.

지목은 '토지의 주된 용도에 따라 토지의 종류를 구분하여 지적공 부에 등록한 것'을 의미한다(제2조 제24호). 다양한 토지이용 상태를 지목으로 모두 구분할 수는 없으므로, 지적제도에서는 지목의 종류를 법률로 정하여 토지의 용도와 이용현황을 분류하고, 그 외의 지목은 인정하지 않는다. 이를 법정지목의 원칙이라 한다.[69] 결국 지목의 등 록은 토지의 용도를 결정하는 것이 아니라, 해당 토지의 용도나 이용 현황을 고려하여 법정지목 중 어느 지목에 해당하는지를 결정하는 것이다. 지목은 과세의 대상 등 토지행정의 기초로서 공법상의 법률 관계에 영향을 미치고, 토지소유권을 행사하기 위한 전제 요건으로 토지소유자의 실체적 권리관계에도 밀접하게 관련되어 있다.[70]

앞서 설명한 바와 같이, 지목은 지세제도와 밀접하게 연관되어 발전되어 왔으며, 지세제도는 과세의 측면에서 공법적인 성격을 가 진다. 우리나라의 지세제도는 1914. 3. 16. 제령 제1호로 토지에 대한 과세를 위해 지세의 대상, 부과 방법과 절차 등을 규정한 지세령이 제정되면서 정립되었다. 지세령은 토지에 대한 과세를 주된 목적으 로 하는 법령이므로, 엄밀하게는 지적제도의 근거 법령으로 보기는 어렵다. 그러나 지세와 관련한 법령들이 발전하는 과정에서 지목의

---

67) 김행종, 앞의 책, 176면.
68) 1975. 12. 31. 법률 제2801호로 전부개정되어 1976. 4. 1. 시행된 것.
69) 지종덕, 앞의 책, 208면.
70) 대법원 2004. 4. 22. 선고 2003두9015 전원합의체 판결.

의미와 종류가 변화하여 왔다는 점에서 지세제도의 정립은 지적제도, 특히 지목의 발전에 상당한 영향을 미쳤다.

지세령에서는 지목을 과세지와 비과세지로 구분하였는데, 과세지 대상 지목으로 전·답·대·지소·잡종지, 비과세지 대상 지목으로 임야·사사지·분묘지·공원지·철도용지·수도용지·도로·하천·구거·제방·성첩·철도선로·수도선로를 규정하였다. 다만, 사사지(社寺地)로서 유료 차지인 경우에만 과세하며 국유의 토지에는 지세를 부과하지 않도록 정하였다(지세령 제1조). 이후 1943. 3. 31. 제령 제6호로 지세와 지적에 관한 법령들을 하나로 통합한 조선지세령이 제정되었다. 조선지세령에서도 과세 여부를 기준으로 지목을 구분하여 규정하였다. 조선지세령은 토지대장규칙을 흡수하여 토지대장과 지적도에 관한 내용을 통합하였으나, 임야대장규칙은 흡수하지 못하였다. 이는 일제강점기 시대 지세는 국세로 임야세는 지방세로 구분되었기 때문에 지세와 임야세를 이원적으로 규정할 필요가 있었기 때문으로 해석된다.[71]

일제강점시시대 토지조사법, 토지조사령 및 지세령에서는 18개 지목을 정하였고, 조선지세령 및 광복 후 제정된 지적법에서는 21개 지목으로, 2001년 지적법 전부개정[72]을 마지막으로 28개 지목으로 용도[73]가 세분화되었다. 현행 지목은 전, 답, 과수원, 목장용지, 임야, 광천지, 염전, 대(垈), 공장용지, 학교용지, 주차장, 주유소용지, 창고용지, 도로, 철도용지, 제방(堤防), 하천, 구거(溝渠), 유지(溜池), 양어장, 수도용지, 공원, 체육용지, 유원지, 종교용지, 사적지, 묘지, 잡종지 등 28개로 구분된다.

---

71) 자세한 내용은 지종덕, 앞의 책, 368면 참고.
72) 2001. 1. 26. 법률 제6389호로 전부개정되어 2002. 1. 27. 시행된 것.; 창고용지, 주차장, 주유소, 유지 및 양어장 지목이 신설되었다.
73) 2001년 지적법 전부개정 이전에는 '사용목적 또는 용도'에 따라 구분하도록 규정하였으나, 2001년 전부개정으로 주관적인 의미인 '사용목적'은 삭제되었다.

현행 공간정보관리법 시행령 제58조에서는 지목의 구분 기준을 정하고 있는데, 예를 들어 대(垈)는 '영구적 건축물 중 주거·사무실· 점포와 박물관·극장·미술관 등 문화시설과 이에 접속된 정원 및 부속시설물의 부지' 및 '국토계획법 등 관계 법령에 따른 택지조성공사가 준공된 토지'로 규정하고 있다. 현재도 지목에 따라 과세표준과 세율의 기준이 달라지나, 실질과세의 원칙에 따라 과세는 지적공부상의 지목이 아닌 현황상 지목을 기준으로 이루어진다.[74]

4) 지목이 대지인 토지

지목의 종류 중 건축허용성이 부여되었음을 표상하는 지목으로는 대(垈) 외에도 공장용지, 학교용지, 주유소용지, 창고용지, 종교용지 등이 있다. 해당 토지의 지상에 건축물을 건축할 수 있는 지위라는 의미에서는 동일한 법적효력을 가진다고 볼 여지도 있으나, 대이외의 지목은 특정 용도의 건축물에 대해서만 건축을 허용한다는 점에서 차이가 있다. 학교용지 등의 지목은 도시계획시설계획을 통해 설치되는 기반시설을 전제한 것이고, 공장용지는 특정 지역에 공장의 건설을 집중하기 위해 용도지역제를 통해 공업지역으로 지정된 지역이라는 의미가 강하다. 지목이 공장용지 등인 토지는 지목을 대로 변경하여야만 주거시설 등의 건축이 가능하고, 현실적으로도 토지의 가치에 있어 지목이 대인 토지와 상당한 차이가 있다. 이러한 점에서 주거시설 등을 자유롭게 건축할 수 있는 권리가 부여된 지목이 대인 토지는 다른 지목의 토지와는 법적효력이 다르게 평가되어야 한다.

다만, 해당 토지의 지상에 건축물의 건축이 가능한지 여부, 즉 건

---

74) 대법원 2012. 12. 27. 선고 2011두4558 판결.; 반면, 건축허용성을 판단하는 기준으로서의 지목은 지적공부상의 지목을 기준으로 한다. 대법원 2020. 7. 23. 선고 2019두31839 판결.

축허용성의 측면에 한정해서는 지목이 대 또는 공장용지 등인 토지들은 모두 동일한 법적효력을 가진다. 건축이 허용되는지와 어떠한 건축물의 건축이 가능한지는 별개의 개념으로, 후자는 건축허가요건의 규율에 관한 논의에 해당한다. 이 책에서는 건축허용성의 관점에서 지목이 대 또는 공장용지인 토지와 같이 해당 토지의 지상에 건축물의 건축이 허용되는 토지들을 총칭하여 '지목이 대지인 토지'라고 한다. 이때의 지목이 '대지'라는 의미는 대, 공장용지, 학교용지 등의 지목을 포함하는 개념으로 이해하면 충분하다.

한편, 실무적으로 건축물을 건축하기 위해 '대지를 조성한다'라는 표현을 사용하거나 판례에서도 '조성이 완료된 대지'라는 표현을 사용하고 있다.[75] 그러나 이때의 대지는 건축법상 토지의 단위를 의미하는 것이다. 건축법상 토지의 단위인 대지와 지목이 대지라는 의미는 전혀 다른 개념이다. 전자는 건축단위의 논의에 필요한 개념이고, 후자는 지목과 관련하여 건축허용성의 논의에 필요한 개념이다. 이 책에서는 건축법상 대지와 공간정보관리법상 지목인 대지를 구분하기 위하여, 필요한 경우에 한해 건축법상 토지 단위인 대지(垈地)를 지칭하는 경우 한자를 병기하여 사용한다.

5) 토지대장과 임야대장의 이원화

오늘날의 토지조사사업과 유사한 제도로 조선시대에는 양전(量田)이라는 제도가 존재하였다. 양전은 경국대전을 통해 법제화되었으며, 양전을 통해 오늘날의 토지대장과 같은 양안이 작성되고, 이를 기반으로 토지거래를 위한 문기와 입안제도 등 다양한 제도들이 시행되었다.[76] 조선시대 양전의 대상은 경작이 가능한 전, 답이 중심이 되었고, 경작이 불가능한 임야 등은 제외되었다.

---

75) 대법원 2018. 3. 27. 선고 2014두43158 판결.
76) 양전에 관한 자세한 내용은 대한지적공사, 앞의 책, 167~191면 참고.

양전의 대상에서 임야를 제외하였던 연유로 일제강점기시대 실시된 토지조사사업에서도 임야가 제외되었다. 당시 토지조사사업의 대상은 전, 답 및 대지가 중심이었고, 대부분의 임야는 제외되었다. 당시 임야는 국세의 대상이 아니었고, 토지조사사업에 인력과 비용이 집중되었기 때문에 토지조사의 대상에서 임야가 제외된 것으로 추측된다.[77] 1918. 5. 1. 조선임야조사령이 제정되고 나서야 본격적으로 임야조사사업이 실시되었고 1924. 12. 1. 임야조사사업이 완료되자, 그 결과에 기초하여 '임야대장'과 '임야도'가 작성되었다.[78] 이러한 연혁적인 연유로 우리나라에서는 다른 나라와는 달리 임야조사사업이 구분되어 실시되었고, 결과적으로 지적공부가 토지대장과 임야대장으로 이원화되어 작성되었다.[79]

토지대장과 임야대장의 이원화에 따라 원칙적으로 지목이 임야인 토지는 다른 토지들과 구별되어 임야대장과 임야도로 관리되기 시작하였다. 공간정보관리법에서는 '임야대장 및 임야도에 등록된 토지를 토지대장 및 지적도에 옮겨 등록하는 것'을 등록전환이라 한다(제2조 제30호). 예컨대, 임야도에 등록된 토지가 사실상 형질변경 되었으나 지목변경을 할 수 없는 경우에는 등록전환을 신청할 수 있는데(공간정보관리법 제78조 및 시행령 제64조), 이러한 경우에는 토지대장에 지목이 임야인 토지가 등록되기도 한다. 또한, 토지조사사업 당시부터 지목이 임야로 확인되어 토지대장에 등록된 토지들도 존재하기 때문에, 지목이 임야인 토지가 임야대장에만 등록되는 것은 아니다. 이러한 등록전환은 후술하는 토지이동의 한 종류에 해당한다.

---

77) 토지조사사업과 임야조사사업에 관한 자세한 내용은 대한지적공사, 앞의 책, 274면 이하 참고.
78) 토지조사사업이 완결된 시점을 1917. 12.경, 임야조사사업이 완결된 시점을 1935년경으로 보기도 한다. 곽윤직·김재형, 앞의 책(물권법), 77면 참고.
79) 곽윤직·김재형, 앞의 책(물권법), 76~77면.

그러나 지목이 임야인 토지는 임야대장을 통해 관리되고, 그 외 지목의 토지는 토지대장으로 이원화되어 관리되기 때문에, 토지의 관리라는 측면에서는 비효율적인 방식으로 해석될 수 있다. 특히, 지적도와 임야도는 축척이 다르게 작성되기 때문에,[80] 임야인 토지를 등록전환 또는 지목변경으로 토지대장으로 등록되는 과정에서 측량의 불일치 또는 지적불부합지가 발생하는 등의 문제가 야기되기도 한다.[81]

6) 지적과 등기제도의 관계

현재는 등기제도를 통해 부동산에 관한 일정 사항(부동산의 현황과 권리에 관한 사항)을 등기부라는 공적 장부에 등기하여 외부에 공시함으로써 토지거래의 안전을 도모하고 있다.[82] 지적제도는 토지에 대한 물리적인 현황을 등록·공시하고, 등기제도는 부동산에 대한 소유권 및 기타 권리관계를 등기·공시하기 위한 제도이기 때문에, 토지의 표시사항은 지적공부에 등록된 사항이 우선하고, 소유권 및 기타 권리관계에 관한 사항은 등기부에 등기된 사항이 우선한다. 지적제도와 등기제도는 양 제도의 목적을 달성하기 위하여, 지적공부와 등기부의 기재 내용이 실체와 부합하고 서로 일치하도록 제도를 운영하고 있다.[83]

---

80) 지적도의 축척은 1/500, 1/600, 1/1000, 1/1200, 1/2400, 1/3000, 1/6000, 임야도의 축척은 1/3000, 1/6000으로 구분된다(공간정보관리법 시행규칙 제69조 제6항).
81) 대한지적공사, 「지적 관련 법제의 재정비에 관한 연구」, 2012., 128~129면.
82) 유석주, 『부동산등기법』, 제6판, 삼조사, 2016., 5면 참고.
83) 대장과 등기부의 관계에 관한 자세한 내용은 곽윤직·김재형, 앞의 책(물권법), 78~79면 참고.

7) 토지이동의 개념

공간정보법상 토지의 이동(異動)은 토지의 표시를 새로 정하거나 변경 또는 말소하는 것을 의미하고(제2조 제28호), 토지이동의 종류로는 지적측량이 수반되는 신규등록, 등록전환, 분할, 등록사항정정과 토지이동 조사를 요하는 합병, 지목변경 등이 있다.

토지이동은 건축허용성과 건축단위라는 도시계획적 요소와 밀접한 관련이 있다. 토지의 분할과 합병(토지의 분할과 합병을 총칭하여 '분합'이라고 한다)은 건축단위를 표시하는 필지 경계선의 변동을 의미하고, 지목의 변경은 건축허용성을 표시하는 지목이 변동되는 것을 의미한다. 지목변경에 관해서는 제3장에서, 토지의 분할과 합병에 관해서는 제4장에서 자세히 논하기로 한다.

(3) 일본의 지적제도

1) 지적과 등기제도의 통합[84]

일본에서는 지적과 등기제도가 통합되어 토지소유권을 공시하기 위한 목적으로 제정된 '부동산등기법(不動産登記法)'이 지적제도를 규율하고 있다. 지적이 등기제도로 통합되었다는 의미에서는 등기제도가 지적을 완전히 대체하여 지적이 그 본래의 의미를 상실한 것으로 오해할 수도 있다. 그러나 실제로는 지적과 등기제도가 일원화, 즉 법령의 체계상 하나의 제도가 되었을 뿐, 부동산등기법을 통해 지적과 등기가 모두 규율되고 있다.[85]

---

84) 우리나라에서도 지적과 등기의 이원화로 인한 문제점을 해결하기 위해 지적과 등기제도를 통합하여야 한다는 논의가 있다. 자세한 내용은 '지적과 등기제도의 일원화' 부분에서 논의하기로 한다.
85) 같은 취지, 류병찬, 앞의 책, 292~295면 참고.

2) 부동산등기법의 연혁

일본은 메이지시대인 1873. 7. 28. '지조개정조례(地租改正条例)'를 공포하여 토지조사사업인 지조개정사업을 실시하였다. 지조개정사업을 통해 과세의 대상인 토지의 면적이 측량을 통해 결정되고 지권대장과 공도가 작성되었다. 당시 작성된 '공도(公図)'라고 하는 지도는 오늘날의 지적도와 유사한 기능을 담당하며 현재까지도 사용되고 있다. 지조개정사업을 통해 지권대장과 공도가 작성됨으로써 등기부와 지적도라는 지적제도의 체계가 마련되었다.[86]

일본의 부동산등기법은 1896. 4. 27. 법률 제89호로 민법이 제정(1898. 7. 16. 시행)된 후, 1899. 2. 24. 법률 제24호로 제정(1899. 6. 16. 시행)되었다.[87] 이후 1931. 3. 31. 법률 제28호로 '지조법(地租法)'이 제정되어 '지조개정조례(地租改正条例)'가 폐지되고, 지조개정조례에 의해 작성된 토지대장은 지조법상의 토지대장으로 간주되었다.[88]

지조법은 세무서에 토지대장을 비치하여 토지의 소재, 지번, 지목, 면적, 토지소유자 등을 등록하도록 규정하였으나, 1947. 3. 31. 법률 제30호로 '토지대장법(土地台帳法)'이 제정되면서 폐지되었고, 1950. 7. 31. 법률 제227호로 토지대장법이 일부개정되면서 토지대장의 기능은 등기부로 이관되었다.[89]

이후 1960. 2. 24. 법률 제14호로 부동산등기법이 전면개정되고(1960. 4. 1. 시행) 토지대장법이 폐지되면서, 등기부와 토지대장의 일원화가 추진되었고,[90] 1966년경 토지대장과 등기부의 통합이 완료되었다.[91]

---

86) 자세한 내용은 新井 克美, 『公図と境界』, テイハン, 2005., 34면 이하 및 土地百年研究会·都市環境研究所·日本不動産研究所, 앞의 책, 27면 이하 참고.

87) 그 이전인 1886년경 법률 제1호로 '등기법(登記法)'이 제정된 바 있으나, 부동산등기법의 제정으로 폐지되었다.

88) 新井 克美, 앞의 책, 164~167면.

89) 新井 克美, 앞의 책, 176~179면.

90) 新井 克美, 앞의 책, 185면.

3) 일본의 강학상 지적제도의 내용

일본의 부동산등기는 부동산의 물리적인 상태를 공시하는 '표시에 관한 등기'(부동산등기법 제2절 이하, '표제부'라고 한다)와 물권의 변동에 관한 '권리에 관한 등기'(부동산등기법 제3절 이하, '권리부'라고 한다)로 구분된다. 권리부는 다시 소유권에 관한 사항을 등기하는 '갑구'와 소유권 이외의 권리를 등기하는 '을구'로 구분된다. 이는 우리나라의 등기제도와 동일하다.

등기부의 내용인 등기기록 중 지적에 관한 사항은 표제부에 등기된다.[92] 일본 부동산등기법에서는 표제부의 등기사항으로 부동산번호[93], 토지의 소재, 지번, 지목, 지적(地積)[94] 등과 소유권 등기가 없는 토지에 대해서는 소유자의 성명 및 주소를, 소유자가 2명 이상일 때는 각각의 지분을 등기하도록 규정하고 있다(제27조 및 제34조). 표제부의 등기는 토지분할이나 합병의 등기를 제외하고 토지표시, 멸실, 지목, 면적의 변경이 있을 때에는 토지소유자가 1개월 이내에 등기신청을 하도록 하는 의무사항을 규정하고 있다(제36조~제43조). 또한, 표제부 등기신청에 대해 등기공무원의 실질적 심사권을 인정하여 부실등기를 예방하고 있다(제29조 등).[95]

---

91) 류병찬, 「지적의 공신력 인정에 관한 연구」, 『지적』 제366호 (제43권 제1호), 대한지적공사, 2013., 67면.

92) 松岡 慶子, 『最新 土地・建物の法律と手続き』, 三修社, 2018., 214면.

93) 부동산번호는 부동산을 식별하기 위해 부여된 13자리의 숫자를 의미한다. 日本法令不動産登記研究会, 『わかりやすい不動産登記簿の見方・読み方』, 日本法令, 2017., 25면 이하 참고.

94) 지적(地籍)과는 다른 개념으로 유의하여야 한다. 과거 우리나라에서도 토지의 면적을 지칭하는 용어로 지적(地積)을 사용하였는데, 이는 일본 지적제도상의 용어를 그대로 차용하였기 때문으로 추측된다. 참고로, 우리나라에서 지적(地積)이라는 용어는 1975년 지적법 전부개정으로 면적으로 변경되었다. 일본의 지적제도에 있어서도 이해의 편의를 위해 지적(地積)이라는 용어를 대신하여 면적이라는 용어를 사용한다.

95) 조성종, 「土地登録 公示法上의 문제점에 관한 연구」, 『한국지적학회지』 제17

일본의 부동산등기법상 지적제도를 우리나라의 공간정보관리법 및 부동산등기법과 비교해보기로 한다. 우리나라 공간정보관리법에서는 토지의 소재, 지번, 지목, 면적을 토지대장에 등록하도록 하고(제71조), 일본의 부동산등기법에서는 등기관이 등기기록의 표제부에 이를 기록하도록 정하고 있다(제34조). 우리나라에서는 지적이 토지대장과 등기부의 표제부에 각각 등록 또는 등기되나, 일본에서는 토지대장과 등기부가 통합되어 등기부에만 등기된다는 점을 제외하고는 토지의 소재나 지목과 같은 지적이 존재한다는 점은 동일하고, 지적의 요소 또한 토지의 소재, 지번, 지목, 면적 등으로 유사하다. 일본 법원 역시 "표시에 관한 등기는 기존 부동산 권리의 득실 변경을 공시하기 위한 토지등기부, 건물등기부와 부동산에 대한 객관적인 상황을 파악하고 공시하는 토지대장, 가옥대장으로 제도가 분리되어 있던 것을 일원화하여 창설된 것"으로 판단하고 있는데,[96] 이는 과거 토지대장에 등록되었던 지적이 표시에 관한 등기(표제부)에 등기되어 관리하도록 제도가 변경된 것에 불과하다는 의미이다.

지적제도의 토지이동 또한 유사하게 규율되고 있다. 우리나라의 공간정보관리법에서 규율하는 토지의 분할(제79조), 토지의 합병(제80조), 지목변경(제81조)을 일본 부동산등기법에서는 지목변경 또는 면적의 변경등기(제37조), 분필 또는 합필등기(제39조)를 통해 규율하고 있으며, 그 절차나 내용도 유사하게 규정하고 있다. 다만, 일본에서는 지목에 따라 면적을 표시하는 방법이 달라지기 때문에, 지목이 변경되는 경우 면적과 함께 변경등기하도록 규정하고 있다.[97]

이처럼 일본에서는 지적이 등기제도와 일원화되어 운영되고 있을 뿐, 메이지시대 정립된 지적제도가 현재는 부동산등기법상 등기

권 제2호, 한국지적학회, 2001., 92면.

96) 宇都宮地裁 昭和63年3月31日 昭58(行ウ)1号 判決.

97) 日本法令不動産登記研究会, 앞의 책, 36면.

부의 표제부와 아래에서 살펴볼 '14조 지도'를 통해 규율되고 있다. 우리나라에서는 지적과 등기제도과 분리되어 운영되고 있으나, 우리나라의 지적제도가 일제강점기시대 일본의 지적제도를 차용하여 정립된 관계로, 현행 법제에서도 우리나라와 일본의 지적이 그 내용 면에서는 유사한 것으로 평가된다. 특히, 지적 중 지목의 경우에는 법령의 개정과정에서 추가 또는 변경된 종류를 제외하고는 현재도 지목의 종류나 내용 등이 매우 유사하게 규정되어 있다.

4) 일본의 지적제도상 지목의 의미

일본 부동산등기법에서는 부동산의 물리적인 상태를 공시하는 표제부 등기사항으로 지목을 규정하고(제34조), '부동산등기규칙(不動産登記規則)' 제99조에서 지목의 종류를 답(田, 한자로는 '전'이나 그 구분 기준이 우리나라의 지목상 '답'에 해당하므로, '답'이라 한다), 전(畑), 택지(宅地), 학교용지(学校用地), 철도용지(鉄道用地), 염전(塩田), 광천지(鉱泉地), 지소(池沼), 산림(山林), 목장(牧場), 원야(原野), 묘지(墓地), 경내지(境内地), 운하용지(運河用地), 수도용지(水道用地), 용악수로(用悪水路), 저수지(ため池), 제방(堤), 우물(井溝こう), 보안림(保安林), 공중용도로(公衆用道路), 공원(公園) 및 잡종지(雑種地) 등 23개로 구분하여 정하고 있다.

일본의 '부동산등기사무취급절차준칙(不動産登記事務取扱手続準則)' 제68조에서는 지목의 구분 기준을 정하고 있는데, 원칙적으로 지목은 토지의 현황과 이용목적에 중점을 두고 토지 전체의 상황을 고려하여 정하도록 하고 있다.[98] 다만, '田(우리나라의 답에 해당)'은 '농경지에 용수를 이용하여 경작하는 토지'로, '畑(우리나라의 전에 해당)'은 '농경지에 용수를 이용하지 않고 경작하는 토지'로, '宅地(우리

---

98) 野邊 博, 『私道・境界・近隣紛争の法律相談』, 学陽書房, 2016., 107면.

나라의 대지에 해당)'는 '건물의 부지 및 그 유지 또는 효용을 다하기 위해 필요한 토지'로 정하고 있어, 우리나라와 비교하여 그 기준을 간략하게 정하고 있다.

일본에서도 실질과세의 원칙에 따라 등기부상의 지목이 아닌 토지의 현황을 기준으로 과세가 이루어진다. 등기부상의 지목과 토지의 현황이 다를 수 있다는 이유로 일본에서는 지목이 토지의 객관적인 현황을 반영하지 못하고 형해화(形骸化)되었다는 견해도 있다.[99] 그러나 지목은 토지의 이용현황을 확인하여 등기한 것일 뿐, 토지의 현황을 결정하는 것은 아니므로, 등기부상의 지목과 토지의 현황이 다를 수 있다는 이유만으로 지적의 모든 기능이 형해화되었다고 보는 것은 지나친 확대 해석으로 생각된다. 다만, 일본에서 이러한 견해가 제시되는 이유는 우리나라와 비교하여 지목의 법적효력(사법적, 공법적 효력을 모두 포함하는 의미에서)이 약하기 때문으로 추측된다. 제3장에서 자세히 논하겠지만 일본에서는 지목이 '답(田)', '전(畑)' 등인 토지에 대해서도 건축허용성이 부여된 것처럼 인식되기 때문에,[100] 지목의 건축허용성을 규율하는 효력이 우리나라와 비교하여 약한 것으로 평가된다.

5) 지적도인 공도(公圖)의 의미

현재 등기소에서 보관하고 있는 공도는 구법상 '토지대장부속지

---

99) 関 弥一郎, 「判例における農地の概念」, 『横浜国立大学人文紀要』, 横浜国立大学, 1970., 24면.; 위 논문에서는 이러한 견해의 근거로 '공부상 지목이 택지이더라도 현상이 전(畑)인 경우에는 경락을 원인으로 하는 소유권 이전에 관해서도 농지법 제3조가 적용된다'는 판결(福岡高裁 昭和29年5月19日 昭29(ラ)45号 判決)과 '농지인지 여부는 토지대장 또는 등기부에 기재된 지목이 아닌 토지의 현황에 기초하여 판단되어야 한다'는 판결(盛岡地裁 昭和34年2月3日 昭31(レ)18号 判決)을 제시하고 있다.

100) 물론 이 경우 '농지법(農地法)'상 '농지전용허가(農地轉用許可)'는 받아야 한다.

도(土地台帳付属地図)'를 의미한다. 공도는 '토지의 구획(형상)이나 지번이 기재된 지도'로(구 토지대장법 시행규칙 제2조), 토지의 객관적인 현황(형상, 위치관계나 면적 등)을 나타내기 위한 목적으로 작성되었다.[101]

공도의 연혁을 살펴보면, 1889년 구 '토지대장규칙(土地台帳規則)'이 제정되면서 과세대장에 해당하는 토지대장의 부속지도로서 세무서에서 관리를 하였으나,[102] 1950. 7. 30. 법률 제227호로 구 토지대장법이 개정되면서 지적소관청이 세무서에서 등기소로 변경됨에 따라 토지대장과 함께 등기소로 이관되었다.[103] 이후 지적과 등기제도가 통합되기 이전까지 등기소에서 토지대장과 함께 토지의 구획과 지번을 확인하기 위한 목적으로 토지대장부속지도, 즉 공도를 비치하도록 하였다. 이후 1960. 2. 24. 법률 제14호로 부동산등기법이 전면개정되면서, 부동산등기법 제14조에 근거하여 등기소에서 '14조 지도'[104]를 비치하도록 개정하여, 공도는 법적 근거를 상실하게 되었다.[105]

그러나 '14조 지도'가 정비되기까지는 상당한 시간이 소요되고, 등기부에 기재된 사항만으로는 토지의 정확한 위치나 구획 등을 파악하기 어렵기 때문에 공도를 이용할 수밖에 없었다. 이를 위해 등기소에서 일시적으로 공도를 참고자료로 보관하고 열람하도록 하였다.[106] 다만, '14조 지도'의 정비가 예상보다 지연되어,[107] 일부 지역에서는

---

101) 篠塚 昭次·宮代 洋一·佐伯 剛, 『境界の法律紛争』, 有斐閣, 1983., 21면.
102) 藤原 勇喜, 『公図の研究 五訂増補版』, 朝陽会, 2018., 47면.
103) 多田 光吉, 「土地登記一元化」, 『한국지적학회지』 제6호, 한국지적학회, 1985., 4~5면.
104) 1960년 개정된 부동산등기법에서는 제17조에서 규정하고 있었으나, 2004년 부동산등기법 개정으로 해당 규정이 제14조로 이동한 후 '14조 지도'로 불리고 있다.
105) 篠塚 昭次·宮代 洋一·佐伯 剛, 앞의 책, 34면
106) 野邊 博, 앞의 책, 127면.; 같은 취지 藤原 勇喜, 앞의 책, 57면., 新井 克美, 앞의 책, 1면 참고.

현재도 공도가 경계선을 확정하기 위한 자료로 사용되고 있다.108)

일본 국토교통성에 따르면, 2018년 4월 기준 등기소에 비치된 총 도면은 약 722만매이고, 이 중 현지복원성이 인정되는 지도는 약 407만매(약 56%)이며, 이 중 지적재조사에 의해 작성된 지적도는 약 301만매에 불과하고, 나머지 315만매(44%) 중 236만매를 공도가 차지하고 있다.109)

공도의 대부분은 메이지시대 지조개정사업을 통해 작성이 되었는데, 당시 토지소유자들이 간이한 측량 방법을 통해 1필지마다 '필한도(筆限図)'라는 지도를 작성하였고, 이를 기초로 하여 '자한도(字限図)', 즉 공도가 작성되었으며, 자한도를 취합하여 대축적 지도인 '정촌도(町村図)'가 작성되었다.110) 일반적으로 지도는 대축적에서 소축적 지도의 순서로 작성되어야 하나, 공도는 순서가 반대로 작성되어 측량의 오차로 인해 정밀도가 떨어지는 이유가 되었다.111) 또한, 산림원야(山林原野)는 경지(耕地)나 택지에 비해 면적이 넓은 반면 과세적인 면에서는 중요도가 낮아 정밀도가 매우 낮게 작성되었다.112)

일본에서 공도는 과세를 위한 목적으로 작성된 토지대장의 부속지도에 불과하고, 권리관계를 공시하고 부동산거래의 안전을 위한 등기제도의 목적에 따라 정밀하게 작성된 지도가 아니라는 이유로 '현지복원능력(現地復元能力)'을 인정하지 않는다.113) 현지복원능력

---

107) 1961년 시작된 지적재조사사업의 진척률은 2019년말 기준으로 52%에 불과한 실정이다. 국토교통성 홈페이지 참고.

108) 中村 英夫·坂本 貞·本田 裕, 「わが国における地籍調査の現状と課題」, 『日本不動産学会誌』, 1987., 58면.; 野邊 博, 앞의 책, 128면.

109) 국토교통성 홈페이지 참고.

110) 藤原 勇喜, 앞의 책, 42면.; 같은 취지 新井 克美, 앞의 책, 89면 및 篠塚 昭次·宮代 洋一·佐伯 剛, 앞의 책, 27면 참고.

111) 藤原 勇喜, 앞의 책, 42면.

112) 新井 克美, 앞의 책, 139면.; 같은 취지 藤原 勇喜, 앞의 책, 43면 참고.

113) 자세한 내용은 藤原 勇喜, 앞의 책, 46면 이하 참고.

은 현지복원성이라고도 한다. 공도는 현지복원성이 없는 반면, 부동산등기법에서 규율하는 '14조 지도'는 현지복원성을 전제로 하는 지도라는 점에서 차이가 있다.

그러나 공도를 대체할 수 있는 지도가 마련되지 않은 지역에서는 현재도 공도가 경계확정에 있어 중요한 기준으로 사용되고 있으며, 일본 법원도 "공도는 토지대장의 부속지도로 구획이나 지번을 명확하게 하기 위해 작성되었기 때문에, 경계확정에 있어 중요한 자료"라고 판단하고 있다.114)

다만, 공도상의 경계가 실제 토지의 경계와 반드시 일치하는 것은 아니기 때문에,115) 공도의 증명력은 상대적이다.116) 또한, 공도에는 토지의 위치나 경계를 확정하는 형성적인 효력도 인정하지 않는다.117) 일본 법원도 "토지대장 및 그 부속지도는 부동산등기부와는 달리 토지에 관한 사실상태를 파악하기 위한 목적으로, 토지소유자들이 토지에 관한 쟁송 등에서 부속지도를 증거에 제공하여 향유할 수 있는 이익은 단순한 사실상의 것에 지나지 않기 때문에, 부속지도의 정정은 국민의 권리나 의무에 직접적인 영향을 미치는 효력을 가지지 않으므로, 항고소송의 대상이 되는 행정처분이 아니다"고 하여 공도 정정의 처분성을 부정하고 있다.118) 우리나라에서도 지적도의 정정행위에 대해서는 처분성을 부정하는 입장이다.119)

---

114) 東京地裁 昭和49年6月24日 昭45(ワ)5523号 判決.
115) 宝金 敏明, 『改訂版 境界の理論と実務』, 日本加除出版, 2018., 4면.; 같은 취지 野邊 博, 앞의 책, 119면 및 129면.
116) 이에 대해, 공도는 법률상 효력은 아니지만 공증력이 있다는 견해는 藤原 勇喜, 앞의 책, 114면 이하 참고.; 사실상의 증명력이 있다는 견해는 篠塚 昭次·宮代 洋一·佐伯 剛, 앞의 책, 58~60면 참고.
117) 野邊 博, 앞의 책, 128면.
118) 長野地裁 昭和43年4月23日 昭41(行ウ)10号 判決.
119) 대법원 1990. 5. 8. 선고 90누554 판결.; 지적 소관청의 경계결정에 대해 처분성을 인정하여야 한다는 견해로는 박현순, 「현실의 경계와 지적도상

6) '14조 지도'의 의미

지적제도상 우리나라의 지적도에 상응하는 일본 부동산등기법 제14조[120]에서 규정하는 지도는 실무상 '14조 지도'로 지칭되고,[121] 이 책에서도 일본의 실무에 따라 '14조 지도'라는 용어를 사용한다.

일본 부동산등기법에서는 등기소에 지도와 건물소재도를 비치하도록 규정하고(제14조 제1항), 해당 지도를 '1필 또는 2필지 이상의 토지마다 작성하여 각 토지의 구획을 명확히 하고 지번을 표시한 것'으로 정의하고 있으나(제14조 제2항), 어떠한 지도가 이에 해당하는지는 법령상 명확하게 규정하고 있지 않다.[122] '14조 지도'는 국토조사법에 따른 지적재조사를 통해 작성된 지적도, 토지개량사업·토지구획정리사업 등에 의해 작성된 '토지소재도(土地所在図)' 등을 활용하여 작성되고, 기존의 공도를 대체하는 방식으로 비치되고 있다.[123] 현재는 지도관리시스템을 통해 전자적(電子的) 기록으로 관리되고 있다(제14조 제6항).[124]

'14조 지도'는 정밀도가 높고 등기된 토지의 위치 관계를 명확하게 표시하는 '현지지시능력(現地指示能力)'이 인정된다. 토지의 위치 관계와 형상을 명확하게 복원가능하다는 점에서 이를 '현지복원능력'이라고도 한다.[125] '14조 지도'는 공도에 비해 증명력이 높다고 볼

경계가 상위한 경우의 법적 문제」, 『사법논집』 19집, 대법원 법원행정처, 1988., 74면 이하 참고.
120) 1960년 전면개정된 부동산등기법에서는 제17조에서 규정하고 있었으나, 2004년 개정으로 해당 규정이 제14조로 이동하였다.
121) 野邊 博, 앞의 책, 127면.
122) 新井 克美, 앞의 책, 265면.
123) 공도는 현지복원능력이 없어 '14조 지도'에는 해당하지 않는다.; 자세한 내용은 藤原 勇喜, 앞의 책, 57면 이하., 新井克美, 앞의 책, 265면 이하 및 篠塚 昭次·宮代 洋一·佐伯 剛, 앞의 책, 22면 이하 참고.
124) 藤原 勇喜, 앞의 책, 49면.
125) 野邊 博, 앞의 책, 132~133면.

수 있으나, '14조 지도'상의 경계도 형성력을 가지지는 못하고, 사실
상의 경계를 확인하는 효력만을 가진다.[126]

7) 일본의 지적재조사사업의 경과

일본에서 지적의 등기는 부동산등기법에서, 지적재조사는 '국토
조사법(国土調査法)'에서 규율하고 있다. 국토조사법에서는 국토의
개발 및 보전과 이용을 도모하기 위한 목적으로, 지적의 명확화를
위해 지적재조사를 실시하도록 그 절차와 내용을 상세하게 정하고
있다(제1조). 일본에서는 법령에 따라 '국토조사' 또는 '지적조사'라
는 용어를 사용하나, 이 책에서는 이해의 편의를 위해 '지적재조사'
라는 용어를 사용한다.

국토조사법에 따른 지적재조사는 우리나라의 지적재조사와 그
목적이나 내용이 유사하다. 일본의 지적재조사는 토지를 하나의 필
지로 구획하여 소유자, 지번, 지목, 경계, 면적을 조사·측량하고, 그
성과에 기초하여 지적도와 지적부를 작성하는 것을 목표로 한다.[127]
특히, 등기소에서 보관하고 있는 공도와 등기부 대부분이 메이지시
대 측량을 통해 작성된 것으로 측량기술의 부족으로 인해 토지의 현
황과 일치하지 않는 경우가 많아, 정밀도가 높은 새로운 지도를 작
성하는 것을 주된 목적으로 하고 있다.[128]

국토조사법의 연혁을 간략하게 살펴보면, 1951. 6. 1. 법률 제180
호로 국토조사법이 제정되어 전국적인 지적재조사사업이 추진되기
시작하였다.[129] 1957년 국토조사법 개정으로 '국토조사의 성과(国土
調査の成果)'에 기초하여 등기부를 수정하도록 하였고, 1962. 5. 19. 법

---

126) 野邊 博, 앞의 책, 133면.
127) 中村 英夫·坂本 貞·本田 裕, 앞의 논문, 58면.
128) 野邊 博, 앞의 책, 130면.
129) 일본의 지적재조사의 자세한 내용은 野邊 博, 앞의 책, 130면 참고.

률 제143호로 '국토조사촉진특별조치법(国土調査促進特別措置法)'을
제정하여 본격적으로 지적재조사를 실시하였으며, 1977년부터는 지
적재조사를 통해 작성된 지적도 등을 등기소로 송부하여 부동산등
기법에 기초한 '14조 지도'로 사용하도록 하였다.130) 다만, 일본의 지
적재조사사업은 1951년에 시작되었음에도 불구하고 현재까지 완료
되지 못한 상황이다.131) 지적재조사사업의 진척이 저조한 원인으로
는 도시지역에서 토지가격이 급등하고 토지소유권에 대한 인식이
높아져 토지경계의 확인이 어려워졌고,132) 지적재조사를 위한 재정
적인 문제 등으로 설명되고 있다.133) 이로 인해 현재까지도 지적재
조사가 실시되지 않은 지역에서는 과거 메이지시대 작성된 공도가
그대로 이용되고 있다.

지적재조사에 의해 작성된 지도를 실무적으로 '지적도(地籍図)'라
고 하고, 국토조사법에서는 지적재조사를 통해 작성된 지적도와 지
적부 등을 '국토조사의 성과(国土調査の成果)'로 정의하고 있다(국토
조사법 제4장 이하). 지적도 등이 작성되어 도도부현(都道府県)134) 지
사의 인증을 받으면 토지의 등기사무를 담당하는 등기소로 송부되
고, 등기관은 지적부의 내용과 등기부상의 소유자, 지목, 면적 등이

---

130) 신동현, 앞의 논문, 96면.
131) 일본 국토교통성(国土交通省)에 따르면 2019년말 기준으로 지적재조사의
     진척률은 52%(지적재조사 대상지역 전체 기준), 79%(우선실시지역 기준)
     에 불과하다. 국토교통성 홈페이지 참고.
132) 신동현, 앞의 논문, 101면.
133) 沢井 勇人, 「進捗が遅れている地籍調査の現状と今後の課題」, 『立法と調査』,
     2015., 124면.; 최인호, 「일본의 지적조사에 대한 연구」, 『한국지적정보학
     회지』 제13권 제1호, 한국지적정보학회지, 2011., 176~177면.
134) 일본의 지방행정체계는 '도도부현(都道府県)'과 '시정촌(市町村)'의 이중
     구조로 구성되어 있다. 도도부현은 광역자치단체로서 1개 도(都, 동경도)
     와 1개 도(道, 홋카이도), 2개 부(府, 오사카부, 교토부), 43개 현이 있으며,
     시정촌(市町村)은 우리나라의 기초자치단체에 해당한다.

일치하지 않는 경우에는 지적부에 기초하여 등기부의 기재사항을 변경하도록 정하고 있다(국토조사법 제20조).[135] 지적도의 사본은 특별한 사정이 없는 이상 부동산등기법상의 '14조 지도'로 등기소에 비치된다.[136] 전술한 바와 같이, 현재 일본에서 강학상 지적공부는 '14조 지도'와 토지 및 건물등기부로 구성된다.

지적재조사를 통해 작성된 지적도 등에 기초하여 등기부를 수정하도록 규율하는 방식은 우리나라도 유사하다. 우리나라 부동산등기법에서는 부동산의 표시(표제부의 등기)를 지적공부(토지대장 등)의 기재에 따르도록 규정하고, 등기를 신청한 내용이 지적공부와 일치하지 않은 경우에는 신청을 기각하도록 규정하고 있다(부동산등기법 제29조 제11호). 즉, 지적과 등기의 관계에 있어 토지의 현황에 관한 내용은 지적이 우선한다는 것을 의미한다.

Ⅲ. 도시계획법제의 불완전성

(1) 이상적인 도시계획

이상적인 도시계획은 건축단위, 건축허용성, 건축허가요건을 모두 정하는 완결적인 계획이어야 한다. 그리고 이렇게 정해진 건축단위, 건축허용성, 건축허가요건을 반영하여 공시할 수 있는 기능을 포함하여야 한다.[137]

도시의 정비나 개발을 위해 건축단위를 새롭게 설정하거나 건축허용성을 통제하기 위해서는 토지소유자의 재산권을 제한할 수 있는 공익상 필요성이 인정되어야 한다. 그러나 개발사업과 같이 토지

---

135) 中村 英夫·坂本 貞·本田 裕, 앞의 논문, 58면.
136) 野邊 博, 앞의 책, 130면.
137) 김종보, 앞의 논문(건축허용성의 부여와 반영), 145면.

를 수용하거나 토지 이용권을 확보하여 건축허용성과 건축단위를 모두 결정할 수 있는 도시계획을 제외하고는, 건축단위의 설정이나 건축허용성의 부여는 토지분할허가나 토지형질변경허가 등의 절차를 통해 사인의 신청에 의해 이루어지는 것이 대부분이다. 이처럼 개발사업을 제외하고는 현행 도시계획법제는 이상적인 도시계획과는 거리가 먼 불완전한 형태를 보인다.

이는 일본의 도시계획법제 역시 마찬가지다. 일본에서도 구역구분제, 용도지역제 등 다양한 도시계획을 정하고 있으나, 개발사업(시가지개발사업)138)을 제외하고는 불완전한 형태의 도시계획에 지나지 않는다.

(2) 용도지역제 도시계획의 불완전성

우리나라의 근대 도시계획법제는 조선시가지계획령을 통해 정립되었으나, 조선시가지계획령의 제정 이전에도 시구개정(市区改正)이라는 도시계획이 존재하였다. 그러나 그 내용이 도로나 하수도 등의 기반시설의 설치에 불과하였고, 근거 법령도 조선총독부가 1912. 10. 7. 훈령 제9호(조선총독부 관보 제56호)로 '지방에 있어 시가지의 시구개정 또는 확장을 하는 경우에는 계획증명서 및 도면을 첨부하여 미리 허가'를 받도록 하는 '시구개정계획에 관한 건'을 각 도(道)에 시달한 것에 불과하여, 시구개정사업의 실시만으로 근대적인 도시계획법제가 정립되었다고 보기는 어렵다.139) 일본에서도 1919년 도

---

138) 일본 도시계획법에서는 시가지개발사업의 종류로 토지구획정리법에 의한 토지구획정리사업, 신주택시가지개발법에 의한 신주택시가지개발사업, 도시재개발법에 의한 시가지재개발사업 등을 열거하고 있다(제12조 제1항).

139) 시구개정사업에 관한 자세한 내용은 손정목, 앞의 책, 98~106면.; 박세훈, 「1920년대 경성도시계획의 성격」, 『서울학연구』 제15호, 서울시립대학교

시계획법이 제정되기 이전인 1888. 8. 16. 칙령(勅令) 제62호로 '동경 시구개정조례(東京市区改正条例)'를 제정하여 시구개정사업을 실시 하였으나, 근대적인 도시계획법제로 보기는 어렵다.[140]

조선시가지계획령은 일제가 식민지 지배를 위한 목적으로 당시 일본에서 시행되었던 도시계획법과 시가지건축물법 내용을 통합하 여 제정한 법령으로,[141] 조선시가지계획령의 제정으로 건축행위를 규율하기 위한 목적의 용도지역제 도시계획이 도입되었다. 당시의 용도지역제는 1919년 제정된 일본의 도시계획법과 동일하게 도시 전체를 주거, 상업, 공업지역 3가지로 구분하여 지정하고, 그 외 지 역은 미지정지역으로 분류하여, 도시 내 공장의 건축을 제한하려는 목적으로 개략적인 건축허가요건(용도제한)을 정하는 내용이었다.[142]

근대 도시계획법제에서는 용도지역제를 중심으로 기성시가지를 규율하는 도시계획이 실질적인 기능을 하였고, 현행 도시계획법제 에서도 용도지역은 기초적인 건축허가요건을 결정하는 도시계획의 중추적인 역할을 담당하고 있다.[143] 이러한 점에서 용도지역제 도시 계획은 다른 도시계획들의 원형이라 할 수 있다.[144]

서울학연구소, 2000., 167~168면.; 염복규, 『서울의 기원 경성의 탄생』, 이 데아, 2016., 17~86면 참고.

140) 일본의 시구개정사업에 관한 자세한 내용은 鵜野 和夫·秋山 英樹·上野 俊 秀, 『新版 不動産有効利用のための都市開発の法律実務』, 清文社, 2020., 10 면 및 土地百年研究会·都市環境研究所·日本不動産研究所, 앞의 책, 39~41 면 참고.

141) 김종보, 앞의 책, 192면.; 같은 취지 荒 秀, 앞의 책(日韓土地行政法制の比 較研究), 6면 참고.

142) 渡邊 俊一, 「日本近代都市計画の成立期 : 研究の課題と成果」, 『土木学会論文 集』, 土木学会, 1993., 6~7면.; 五島 寧, 「朝鮮市街地計画令と台湾都市計画令 の特長に関する研究」, 『都市計画論文集』, 日本都市計画学会, 2014., 516면.; 荒 秀, 앞의 책(日韓土地行政法制の比較研究), 6면.; 같은 취지 염복규, 앞 의 책, 174면 참고.

143) 용도지역에 관한 자세한 내용은 김종보, 앞의 책, 205~206면 참고.

다만, 조선시가지계획령을 통해 도입된 용도지역제는 건축단위나 건축허용성을 규율하지 못하는 매우 불완전한 형태의 도시계획이었다. 예를 들어, 주거지역이라는 용도지역이 지정되었다고 하더라도, 개별 필지 단위로 각 필지상에 건축이 가능한지는 아직 미정이라는 점에서 용도지역제는 불완전한 도시계획의 성격을 가진다.[145] 현행 용도지역제 도시계획도 용도지역의 종류는 세분화되었으나, 건축허용성과 건축단위를 규율할 수 있는 권능이 없다는 점은 동일하다.[146] 그러므로 현재도 용도지역제 도시계획만 수립된 기성시가지에서는 도시계획을 통해 건축단위나 건축허용성에 대한 규율이 이루어지지 못한다는 한계가 있다.[147]

우리나라의 용도지역제는 도시계획법과 국토이용관리법이 통합되면서 용도지역제의 적용 범위가 전국으로 확대되었다. 그러나 현행 국토계획법상 도시지역 내에서 이루어지는 용도지역제로만 한정해보면, 종래 도시계획법에서 규정하고 있었던 용도지역제의 체계를 그대로 계승한 것으로 평가할 수 있다.

한편, 일본의 용도지역제는 1968년 도시계획법의 제정을 통해 구역구분제와 연계되면서, 1919년 제정된 도시계획법상의 용도지역제나 우리나라의 용도지역제와는 제도상 차이가 발생하였다. 구역구분제는 도시계획구역을 시가화구역과 시가화조정구역으로 구분하여, 시가화구역 내 토지만을 주거, 상업, 공업지역 등의 용도로 구분하고 해당 구역의 건축물의 용도나 형태를 제한하는 내용의 도시계획이다.[148] 원칙적으로 도시계획구역 중 시가화구역 내에서만 용도

---

144) 용도지역제는 전형적인 도시계획으로서 건축허가요건을 규제하는 일반적인 제도이다. 김종보, 앞의 책, 201면 참고.
145) 김종보, 앞의 논문(건축허용성의 부여와 반영), 151면 참고.
146) 김종보, 앞의 논문(건축허용성의 부여와 반영), 145면.
147) 기성시가지에서 수립되는 용도지역제 도시계획의 불완전성에 관해서는 김종보, 앞의 논문(건축허용성의 부여와 반영), 154~155면 참고.

지역이 지정된다는 점에서 도시 전체를 용도지역으로 지정하는 기
존의 용도지역제와는 상당한 차이가 존재한다. 1968년 도시계획법의
제정을 통해 도입된 구역구분제와 용도지역제를 연계하는 규율 방
식은 현재까지 그대로 유지되고 있다.

이처럼 우리나라와 일본의 현행 용도지역제는 용도지역을 지정
하는 대상지역이나 그 규율 방식에 있어 차이가 존재한다.149) 그러
나 도시 내 지역을 구획하여 건축허가요건에 관한 법적성격을 부여
한다는 큰 틀에서는 종래의 용도지역제의 모습이 그대로 유지되고
있고, 여전히 건축허용성과 건축단위를 규율하지 못하는 불완전한
형태의 도시계획이라는 점은 동일하다.

Ⅳ. 지적의 도시계획을 보완하는 기능

(1) 건축허용성과 건축단위의 반영

근대 도시계획법제를 통해 도입된 용도지역제는 도시 내 용도지
역을 지정하여 개략적인 내용의 건축허가요건을 정하는 것에 불과
하였고, 건축허용성과 건축단위를 규율할 수 있는 권능은 가지지 못
하였다. 그러한 권능은 차치하더라도 근대 도시계획법제에는 건축
단위와 건축허용성을 표시할 수 있는 제도조차 마련되어 있지 않았
고, 이러한 문제는 현행 도시계획법제에서도 마찬가지다.

건축단위를 표시하기 위해서는 도면상에 토지의 경계를 표시할

---

148) 자세한 내용은 '구역구분제와 용도지역제의 관계' 부분에서 논하기로 한다.
149) 현행 국토계획법에서는 도시 내 용도지역을 주거, 상업, 공업, 녹지지역
    으로 구분하고 시행령에서 이를 세분화하고 있으며(국토계획법 제34조,
    시행령 제30조), 현행 일본의 용도지역제는 크게 주거계, 상업계, 공업계
    로 구분되고 총 12 종류의 용도지역을 정하고 있다(일본 도시계획법 제8
    조 제1호).

수 있어야 하는데, 자연스럽게 지적 중 필지가, 정확하게는 지적도에 표시된 필지의 경계선이 건축단위를 반영하여 표시하는 기능을 하게 되었다. 건축허용성을 표시하기 위해서는 개별 토지의 현황을 기재할 수 있는 대장이 필요하였기 때문에, 토지대장에 등록된 지목을 통해 건축허용성이 반영되어 표시되기 시작하였다.150) 용도지역제 도시계획이 도입될 당시 토지조사사업을 통해 지적도와 토지대장이 작성되었는데,151) 당시 지적제도가 토지의 현황을 표시하는 유일한 제도였기 때문에 도시계획이 건축단위와 건축허용성을 반영하기 위해서는 지적을 활용할 수밖에 없었던 것이다. 지적은 현행 도시계획 법제에서도 여전히 건축단위와 건축허용성을 반영하는 도시계획적 효력을 가지고 있다.

(2) 용도지역제 도시계획과 지적의 관계

초기의 용도지역제 도시계획은 기성시가지에서 이미 존재하고 있는 지적의 상태를 그대로 받아들여 용도지역만을 정하는 수준으로 시작되었다.152) 이로 인해 기성시가지에서 수립된 용도지역제 도시계획은 이미 건축물이 존재하는 토지나 일제강점기시대 토지조사 사업을 통해 지목이 대지로 확인된 토지에 대해 건축허용성을 인정하는 것을 전제로 수립되었다. 기성시가지에는 용도지역제 도시계획이 수립되고 상당한 시간이 경과하였음에도, 용도지역제가 수립되기 이전의 지목과 필지 경계선이 그대로 유지되는 경우가 적지 않

---

150) 지목을 통해 건축허용성이 반영된다는 점에 관한 자세한 내용은 김종보, 앞의 논문(건축허용성의 부여와 반영), 165~168면 참고.
151) 토지조사사업은 1919. 3. 31. 완료되었고, 조선시가지계획령은 1934. 6. 20. 제정되었다.
152) 김종보, 앞의 책, 224면.

은데, 이는 용도지역제가 건축허용성과 건축단위를 규율하는 권능을 가지고 있지 않기 때문이다.153)

이러한 용도지역제 도시계획의 불완전성으로 인해, 주거지역으로 용도가 지정된 지역일지라도 개별 필지에 대한 건축허용성은 지목에 따라 판단될 수밖에 없었다. 용도지역제의 불완전성을 보완하기 위해 지목이 건축허용성을 판단하거나 나아가 건축허용성을 규율하는 도시계획적 기능을 수행하게 된 것으로 해석된다.154)

다만, 용도지역이 지정되면 해당 용도에 적합하지 않은 건축물의 건축은 허용되지 않기 때문에, 용도제한이라는 건축허가요건이 규율된다. 해당 용도에 적합하지 않은 건축물의 건축이 불허된다는 점에서 용도제한이라는 건축허가요건을 '광의의 건축허용성'이라는 개념으로 포섭할 수도 있다.155) 지목이 대지인 토지라도 하더라도 모든 건축행위가 자유롭게 허용되는 것은 아니고, 용도지역에 따라 건축물의 용도가 제한되는 효과가 발생하는 것이다.

(3) 일본에서의 지적의 기능

일본의 근대 도시계획법제 역시 용도지역제 도시계획만을 규정하고 있었고, 비록 지적이 등기제도로 통합되어 일원화되었지만 일본에서도 강학상 지적인 지목(등기부에 기재된 지목)과 필지 경계선('14조 지도'상의 필지 경계선)이 존재하기 때문에, 지적이 불완전한 도시계획법제를 보완하는 기능을 수행할 수밖에 없었을 것으로 추측된다.

---

153) 김종보, 앞의 논문(건축허용성의 부여와 반영), 154면.
154) 도시계획과 지적의 관계에 대한 자세한 내용은 김종보, 앞의 논문(도시계획의 핵심기능과 지적제도의 충돌) 참고.
155) 자세한 내용은 '건축허용성의 개념' 부분에서 논하기로 한다.

다만, 광복 이후 우리나라와 일본의 도시계획법제가 다르게 발전하여 오면서 제도상 차이가 발생하였고, 이러한 차이가 지적의 도시계획적 효력에도 영향을 미친 것으로 보인다. 이러한 차이점은 건축 허용성을 규율하는 측면에서 잘 나타나는데, 제3장에서 자세히 논하기로 한다.

제2절 도시의 형태에 따른 도시계획과 지적의 효력

Ⅰ. 개관

(1) 도시의 형태에 따른 도시계획의 구분

도시계획은 크게 두 가지 의미를 가진다.[156] 하나는 이미 존재하고 있는 도시의 관리·정비를 위한 것이고 다른 하나는 새로운 도시의 건설을 위한 것이다.

전자는 도시의 노후화 등으로 인해 본래 존재하고 있었던 시가지를 정비하여야 할 필요성이 제기됨에 따라 발전하게 된 도시계획이다. 서울 등 대도시의 기성시가지에 수립된 용도지역제 도시계획은 주로 도시를 정비 또는 관리하는 기능을 하였다.[157]

반면, 도시가 외곽지역으로 확대되고 도시 외곽 지역에 대한 개발수요가 늘어남에 따라 새로운 도시를 개발하기 위한 목적의 도시계획이 등장하기 시작하였다. 도시계획법령에 포함되었던 개발사업제도가 이에 속하는데, 현재는 개별적인 개발사업법령으로 분화되었다. 주택법에 따른 주택건설사업, 택지개발촉진법에 따른 택지개발사업, 도시개발법에 따른 도시개발사업, 「도시 및 주거환경정비법」(이하 '도시정비법'이라 한다)에 따른 정비사업 등이 이에 해당한다. 국토계획법에서는 신시가지를 건설하기 위한 사업이라는 의미에서 '도시·군계획사업'(이하 '도시계획사업'이라 한다)이라는 용어를 사용하고, 도시개발법에 따른 도시개발사업과 도시정비법에 따른 정비사업 등이

---

156) 도시계획의 이중적인 기능에 관한 자세한 내용은 김종보, 앞의 논문(건축허용성의 부여와 반영), 151면 참고.
157) 김종보, 앞의 책, 221~222면.

도시계획사업에 해당하는 것으로 정의하고 있다(제2조 제11호).

일본의 도시계획법에서는 우리나라의 도시계획사업과 유사한 개념으로 '시가지개발사업(市街地開發事業)'을 규정하고 있다. 시가지개발사업은 '지방공공단체 등이 종합적인 계획에 따른 공공시설의 정비 및 택지 또는 건축물의 정비를 통해 시가지의 개발을 적극적으로 추진하기 위한 사업'을 의미하고,158) 일본 도시계획법에서는 시가지개발사업의 종류로 '토지구획정리법(土地區画整理法)'에 의한 토지구획정리사업, '신주택시가지개발법(新住宅市街地開発法)'에 의한 신주택시가지개발사업, '도시재개발법(都市再開発法)'에 의한 시가지재개발사업 등을 열거하고 있다(제12조 제1항). 이 책에서는 새로운 시가지를 개발하기 위한 사업으로 우리나라의 도시계획사업과 일본의 시가지개발사업을 총칭하여 '개발사업'이라고 한다.

(2) 기성시가지와 신시가지, 도시지역 외 지역의 구분

도시계획은 크게 기성시가지를 관리·정비하기 위한 계획과 새로운 시가지를 건설하기 위한 계획으로 나뉜다. 기성시가지와 신시가지에서 실시되는 도시계획의 종류나 효력이 다르기 때문에, 지적이 가지는 도시계획적 효력도 기성시가지와 신시가지에서 큰 차이를 보인다. 이하에서는 신시가지에서 이루어지는 개발사업이라는 도시계획의 효력을 중심으로, 도시의 형태에 따른 도시계획과 지적의 효력을 분석해본다.

기성시가지와 신시가지에서의 도시계획의 효력을 논하기 위해서는 기성시가지와 신시가지, 도시지역과 그 외의 지역(이하 도시지역 외의 지역을 '도시지역 외 지역'이라 한다)을 구분하는 기준에 대한

---

158) 都市計画法制研究会, 『よくわかる都市計画法 第二次改訂版』, ぎょうせい, 2018., 91면.

개념 정의가 필요하다.

기성시가지는 자연적으로 또는 도시계획을 통해 형성되어 이미 도시로서 기능을 하고 있는 지역을 의미하고, 기성시가지의 도시계획은 도시의 관리·유지를 위한 목적으로 실시되는 것이 일반적이다. 물론 기성시가지가 도시로서의 기능을 완전히 상실한 경우에는 새로운 시가지를 개발하기 위해 개발사업이 진행되기도 한다. 한편, 신시가지는 새로운 도시를 개발하기 위해 도시계획이 진행되는 지역으로, 일반적으로는 기성시가지화되기 이전의 상태인 도시의 외곽지역에서 실시되는 것이 원칙이다.

국토계획법에서는 전 국토를 도시지역, 관리지역, 농림지역, 자연환경보전지역으로 용도를 구분하도록 정하고 있어(제6조), 용도지역에 따라 도시지역과 도시지역 외 지역(관리지역, 농림지역, 자연환경보전지역으로 구분되는 지역)이 구분된다. 도시지역 외 지역은 원칙적으로는 도시계획의 대상이 아니다. 과거 도시계획법에서는 도시계획구역을 지정하여,159) 도시계획을 수립하는 대상을 원칙적으로 도시지역으로 한정하였다. 그러나 현행 국토계획법에서는 도시계획법과 국토이용관리법이 통합되면서 도시계획구역이라는 의미가 사라지고, 도시계획(현행 국토계획법상 도시·군관리계획)이 수립되는 대상지역이 도시지역 외 지역으로 확대되었다.160)

현행 우리나라의 도시계획은 크게 행정기관 내부적으로만 구속력을 가지는 계획과 대외적으로도 구속력을 가지는 계획으로 구분된다. 2000년 도시계획법 전부개정(2000. 1. 28. 법률 제6243호로 전부개정된 것)에서는 '도시기본계획'이라는 개념을 창설하여, 도시계

---

159) 우리나라 구 도시계획법상 도시계획구역에 대한 자세한 내용은 김종보, 앞의 책, 199~201면 참고.

160) 국토계획법이 제정된 후에도 도시계획구역의 관념은 여전히 유효하다다는 견해는 김종보, 앞의 책, 200~201면 참고.

획은 구속적인 계획으로, 도시기본계획은 '도시의 기본적인 공간구조
와 장기발전방향을 제시하는 종합계획으로서 도시계획수립의 지침이
되는 계획'으로 정의하여 행정기관 내부적으로만 구속력을 가지는 계
획으로 구분하였다(제3조). 2003년 제정된 국토계획법에서는 구속적
도시계획을 '도시관리계획'으로 새롭게 정의하고 도시계획의 개념을
기존의 도시기본계획과 도시관리계획을 포섭하는 상위개념으로 변경
하였다(제2조). 2011년 국토계획법 일부개정(2011. 4. 14. 법률 제10599
호로 일부개정된 것)에서는 도시계획은 도시·군계획으로, 도시기본계
획과 도시관리계획은 다시 도시·군기본계획과 도시·군관리계획이라
는 용어로 변경하였다. 도시와 군을 모두 포괄하기 위해 도시·군을
관리하는 계획이라는 용어로 변경한 것이다. 이렇듯 국토계획법의 개
정 과정에서 도시계획이라는 용어는 도시관리계획으로 다시 도시·군
관리계획으로 변경되면서 그 범위와 의미가 모호하게 되었다. 도시
계획이 대외적인 구속력을 가지는 행정계획이라는 점에서는 현행
국토계획법상 도시·군관리계획만이 종래의 도시계획과 동일한 의미
의 도시계획으로 볼 수 있다. 행정기관 내부적으로 구속력을 가지는
도시·군기본계획은 본연의 도시계획이라 보기 어려우므로, 이 책에
서 지칭하는 도시계획은 현행법상 도시·군관리계획만을 의미한다.

일본은 현재까지도 1919년 제정된 도시계획법상 '도시계획구역
(都市計画区域)'이라는 체계를 유지하고 있는데, 도시의 정비 또는 개
발을 위해 도시계획을 수립하는 지역을 도시계획구역으로 지정하도
록 정하고 있다(현행 도시계획법 제5조). 일본 도시계획법에서는 도
시계획구역 내 지역 중 이미 시가지를 형성하고 있는 지역(기성시가
지) 또는 10년 내에 시가화를 추진해야 하는 지역(신시가지)을 시가
화구역으로 지정하도록 규정하고 있고(제7조 제2항), 이러한 시가화
구역은 기성시가지와 신시가지를 모두 포함하는 구역을 의미한
다.161) 다만, 도시지역 외 지역에 있어서도 도시계획이 필요한 지역

또는 관리가 필요한 지역을 준도시계획구역으로 지정할 수 있도록 규정하고 있다(일본 도시계획법 제5조의2). 이처럼 일본에서는 도시계획구역의 지정을 통해, 기성시가지와 신시가지를 포함하는 도시계획구역과 그 외의 지역, 즉 도시지역과 도시지역 외 지역이 구분된다.162)

다만, 일본의 '국토이용계획법(国土利用計画法)'에서도 도시지역을 지정하도록 정하고 있는데, 이는 우리나라에서 국토계획법이 제정되기 이전인 도시계획법과 국토이용관리법의 체계와 유사하다. 그러나 국토이용계획법상 도시지역과 도시계획법상 도시계획구역이 반드시 일치하는 것은 아니고, 도시계획적 관점에서는 도시계획이 수립되는지 여부가 중요하기 때문에, 이 책에서는 도시지역을 도시계획이 수립되는 대상지역, 즉 일본 도시계획법상 도시계획구역을 의미하는 것으로 전제한다.

II. 신시가지에서의 도시계획과 지적의 효력

(1) 개발사업을 통한 건축단위와 건축허용성의 규율

자연적으로 도시가 발생되기도 하지만, 인위적으로 개발사업이라는 도시계획을 통해 도시가 개발되기도 한다. 개발사업에서는 새로운 도시의 인구와 면적을 감안하여 토지이용계획을 수립하고, 그 계획에 기초하여 토지가 구획된다.163) 신시가지에서는 토지의 효율적인 이

---

161) 박재길, 「일본의 도시계획과 성장관리정책」, 『도시문제』 35권 378호, 대한지방행정공제회, 2000., 48면 참고.
162) 水本 浩·戸田 修三·下山 瑛二, 『不動産法制槪説』, 青林書院, 1996., 168면 참고.
163) 자세한 내용은 김종보, 앞의 논문(건축허용성의 부여와 반영), 152면 참고.

용을 위해 건축단위가 장방형의 일정한 면적으로 구획되는 것이 일
반적인데, 분당이나 일산과 같은 신도시에서 건축물이 장방형의 일정
한 토지 위에 건축된 모습은 개발사업의 결과로 볼 수 있다.164)

　일반적으로 건축단위의 설정은 해당 토지에 건축을 허용할 것인
지, 즉 건축허용성을 전제로 하여 이루어진다. 도시계획을 통해 대지
와 같이 건축을 허용할 토지와 임야와 같이 건축이 불허되는 토지가
구분되면, 건축허용성을 전제로 토지를 구획하여 개별 건축단위가
설정된다. 이 과정에서 개발사업에는 토지의 수용이라는 공법상 수
단과 절차를 통해 건축단위와 건축허용성을 결정할 수 있는 권능이
부여된다.165) 개발사업을 통한 도시계획은 건축단위를 설정하고 건
축허용성을 부여하는 권능을 가진다는 점에서 이상적인 도시계획에
가깝다고 할 수 있다.

　신시가지에서는 도시계획을 통해 건축허용성과 건축단위가 결정
되기 때문에 도시계획의 내용이 지적에 우선하는 효력을 가진다. 그
러므로 신시가지에서는 지적이 가지는 도시계획적 효력이 상대적으
로 약할 수밖에 없다. 이러한 특징은 일본의 신시가지에서도 마찬가
지다. 시가지개발사업이라는 개발사업을 통해 건축단위와 건축허용
성이 모두 결정되기 때문에 지적이 도시계획에 관여할 수 있는 여지
가 상대적으로 적다.

(2) 지구단위계획의 도시계획적 기능

1) 건축허용성과 건축단위를 반영하는 기능
도시계획을 통해 결정된 건축허용성과 건축단위는 이를 반영하

---

164) 김종보, 앞의 논문(건축허용성의 부여와 반영), 152면.
165) 개발사업을 통해 건축허용성이 부여되는 과정에 대한 자세한 내용은 김
　　종보, 앞의 논문(건축허용성의 부여와 반영), 155~156면.

여 외부에 표시할 수 있어야 한다. 기성시가지 또는 과거 도시계획
법제에서는 건축허용성과 건축단위를 반영할 수 있는 제도나 방법
이 없었기 때문에, 토지의 경계를 표시할 수 있는 도면인 지적도상
의 필지 경계선과 토지의 용도를 표시할 수 있는 토지대장상의 지목
이 이러한 기능을 수행하게 되었다. 지적이 건축허용성과 건축단위
를 반영하는 기능을 수행하면서 불완전한 도시계획을 보완한 것이
다. 그러나 우리나라 도시계획법제에 지구단위계획이 도입된 이후
로는 신시가지와 기성시가지에서 차이가 발생하기 시작하였다.

지구단위계획은 1991년 일본의 지구계획을 참고하여 도시계획법
상 상세계획구역과 건축법상 도시설계제도라는 명칭으로 도입되었
고, 2000년 도시계획법의 전부개정을 통해 기존의 제도들을 통합하
여 지구단위계획으로 변경되어 현행 국토계획법으로 이어지고 있다.

지구단위계획은 주로 신시가지에서 활용되는데, 2019년 기준, 지
구단위계획이 수립된 총 면적 대비 기성시가지에 수립된 지구단위
계획의 면적(기존시가지 정비, 기존시가지 관리, 기존시가지 보전 목
적의 지구단위계획을 합한 면적)은 24%, 신시가지에 수립된 지구단
위계획의 면적은 39.5%이다.[166] 국토계획법에서도 지구단위계획이
수립될 수 있는 지역을 원칙적으로 개발사업법제의 사업구역으로
정하고(법 제51조 제1항), 새로 도시지역으로 편입되는 구역 중 계획
적인 개발이 필요한 지역에 지구단위계획구역을 지정하도록 규정하
고 있다(제51조 제1항 제8호).

신시가지를 개발하는 사업의 경우에는 개발사업의 토지이용계획
이 지구단위계획으로 의제되기 때문에, 개발사업을 통해 결정된 건
축허용성과 건축단위가 지구단위계획으로 반영되어 나타난다. 예를
들어, 도시정비법에서는 정비계획이 수립되고 정비구역이 지정되면

---

166) 국토교통부, 『2019 도시계획현황』, 2020. 181~192면 참고.

지구단위계획이 수립되고 지구단위계획구역이 결정·고시된 것으로 의제하여(도시정비법 제17조), 정비계획을 통해 결정된 건축허용성과 건축단위가 지구단위계획으로 반영된다. 이처럼 지구단위계획은 개발사업에서 정한 건축허용성과 건축단위를 반영하는 기능을 한다.

다만, 법령상으로는 지구단위계획의 도시계획적 기능을 명확히 파악하기는 어렵다. 국토계획법에서는 지구단위계획에 '도로로 둘러싸인 일단의 지역 또는 계획적인 개발·정비를 위하여 구획된 일단의 토지의 규모와 조성계획'이 포함되도록 규정하고 있다(제52조 제1항 제3호). 이를 근거로, '일단의 토지의 규모'를 정할 수 있다는 점에서 건축단위를 반영하는 기능을 하고,[167] '조성계획'은 건축물을 건축한다는 의미에서 건축허용성을 반영하는 기능을 할 수 있는 근거 규정으로 해석해볼 수도 있다.

신시가지에서는 지적을 대신하여 지구단위계획이 건축허용성과 건축단위를 반영하여 표시하는 기능을 하고 있다. 현행 우리나라 도시계획법제에서 건축허용성을 가장 잘 반영하는 제도는 지구단위계획이고, 만약 지구단위계획에 건축허용성이 부여된 것으로 반영되어 있다면, 해당 토지의 공법적 지위는 매우 강력한 것으로 평가된다.[168]

2) 지구단위계획과 지적의 관계

개발사업을 통해 결정된 필지 경계선은 건축단위로서 지구단위계획의 내용이 되고 지적에도 동일하게 반영된다. 건축허용성은 단독주택용지, 종교시설용지 등 공간정보관리법상의 지목과는 다른 용어를 사용하여 지구단위계획에 반영된다.[169] 지구단위계획만으로

---

167) 지구단위계획의 건축단위 설정에 관한 자세한 내용은 김종보, 앞의 책, 303면 참고.
168) 김종보, 앞의 책, 233면.
169) 김종보, 앞의 책, 234면.

도 건축허용성이 부여된 토지인지 여부를 반영하여 표시할 수 있으나,170) 토지의 용도나 이용현황을 확인하기 위한 목적에서 해당 토지의 지목도 변경된다.171) 주의할 점은 이때 지적이 변경된다는 의미는 종전의 지적공부에 등록된 지적이 변경되는 것이 아니라 지적측량을 통해 새로운 지적공부가 작성되고 새롭게 지적이 편성된다는 것이다.

공간정보관리법에서는 개발사업을 통해 결정된 건축단위나 건축허용성을 지적에 반영하는 절차를 규정하고 있는데, 개발사업의 사업시행자는 사업의 착수·변경 및 완료 사실을 지적소관청에 신고하여야 하고(제86조 제1항), 사업의 내용에 따라 토지이동이 필요한 경우에는 토지이동을 신청하여야 한다(제86조 제2항). 토지의 이동은 토지의 형질변경 등의 공사가 준공된 때 이루어진 것으로 보기 때문에(제86조 제3항), 공사가 준공된 후에는 종전 지적공부는 폐쇄되고 지적확정측량172)에 따라 새로운 지적공부가 작성된다.

보다 상세한 절차는 지적업무처리규정(국토교통부훈령 제1312호)에서 정하고 있다. 지적소관청은 개발사업의 완료신고가 있는 경우, 확정될 토지의 지번별조서에 따라 토지대장을, 측량성과에 따라 경계점좌표등록부 등을 작성하여야 하고, 새로 작성된 지적공부는 일정 절차에 따라 게시하여야 한다(지적업무처리규정 제58조 제2항 제1호 내지 제3호). 또한, 개발사업의 완료로 인하여 폐쇄되는 지적공부는 폐쇄사유를 지적공부에 정리하여 별도로 영구 보관하여야 한

---

170) 김종보, 앞의 논문(건축허용성의 부여와 반영), 170면.
171) 지구단위계획이 건축허용성을 반영하는 기능을 하지만, 이를 보완하는 의미에서 지목도 변경된다는 견해로는 김종보, 앞의 논문(건축허용성의 부여와 반영), 165면 참고.
172) 지적확정측량은 도시개발법에 따른 도시개발사업, 주택법상 주택건설사업 등의 개발사업이 끝나 토지의 표시를 새로 정하기 위하여 실시하는 지적측량을 의미한다(공간정보관리법 제2조 제4의2호 및 제86조 제1항).

다(지적업무처리규정 제58조 제2항 제4호).

이러한 절차를 통해 지적공부가 새롭게 작성되기 때문에, 지목이나 필지 경계선 등의 지적이 새롭게 편성된다. 또한, 지적확정측량을 실시한 지역에서는 각 필지에 지번이 새로 부여되기도 한다(공간정보관리법 시행령 제56조 제3항 제5호). 개발사업이라는 도시계획을 통해 결정된 건축단위나 건축허용성이 새로운 지적으로 반영되는 결과가 나타나는 것으로, 건축단위와 건축허용성이 지구단위계획뿐만 아니라 종국적으로 지적에도 반영되는 것이다.

그러나 신시가지의 지적은 기성시가지의 지적과 동일한 공법적 효력을 가진다고 보기 어렵다. 신시가지에서는 지구단위계획이 건축단위와 건축허용성을 반영하는 기능을 하기 때문에, 지적의 기능과 효력을 어떻게 파악하여야 하는지 문제된다. 그러나 아직 이에 관한 명확한 판례가 있지도 않고, 그 해석도 불분명하다. 법원이 지목을 건축허용성을 판단하는 기준이라고 판단한 사례는 국토계획법상 농림지역 및 농업진흥구역으로 지정된 지역에서 건축허가의 취소처분이 다투어진 사례뿐이고,[173] 현재까지 지구단위계획이 수립된 지역에서 지목의 도시계획적 효력을 판단한 사례는 없는 것으로 확인된다.

지구단위계획구역으로 지정된 지역에서는 토지형질변경허가 등의 개발행위가 제한된다(국토계획법 제63조). 그러므로 지구단위계획이 수립된 지역에서 건축허용성을 변경하기 위해서는 지구단위계획의 변경절차에 의하는 것이 원칙이다.[174] 이러한 차이를 고려하면 신시가지에서 지목은 기성시가지와 달리 토지의 이용현황을 확인하는 기능만을 담당하고, 건축허용성을 반영하는 기능은 수행하지 않는다고 볼 수 있다. 또한, 개별 필지에 건축허용성을 부여하기 위한 토지형질변경허가가 제한되고 기성시가지와 같은 기능을 하지 못한

---

173) 대법원 2020. 7. 23. 선고 2019두31839 판결.
174) 김종보, 앞의 논문(건축허용성의 부여와 반영), 170면.

다는 점에서, 신시가지의 지목은 건축허용성을 판단하기 위한 기준으로 보기도 어렵다. 신시가지에서는 개발사업이라는 도시계획을 통해 건축단위, 건축허용성이 모두 결정되기 때문에, 지적이 이에 개입하기도 어렵고 도시계획적 기능을 수행할 필요성도 없는 것이다. 이러한 기능을 대신할 지구단위계획이 존재하기 때문이다.

그러나 지적은 기본적으로 토지소유권을 공시하고 토지의 이용현황을 나타내기 때문에, 필지 경계선이나 지목이 종국적으로는 개발사업을 통해 결정된 건축단위나 건축허용성을 반영할 수밖에 없다. 전술한 것처럼, 공간정보관리법에서는 개발사업이 완료된 후에는 지적공부를 새로 작성하여 지적을 새롭게 편성하도록 정하고 있고, 이러한 절차는 개발사업에서 정한 건축단위와 건축허용성을 지적에 반영하는 기능을 한다. 그러므로 신시가지에서도 지목이 대지가 아닌 토지에서는 건축행위가 불가능하고, 필지 경계선은 건축단위로 인식되는 것이다. 이러한 점을 고려하면, 지적의 도시계획적 효력이 지구단위계획에 우선한다고 보기는 어려우나 신시가지에서도 지적이 건축단위나 건축허용성을 반영하고 규율하는 효력을 완전히 상실하였다고 보기는 어렵다. 결국 지적이 가지는 도시계획적 효력이 기성시가지와 비교하여 상대적으로 약할 뿐, 여전히 신시가지에서도 도시계획적 기능을 수행한다고 보아야 할 것이다.

이처럼 신시가지에서 지적이 가지는 도시계획적 기능은 그 효력이 불분명하다는 문제를 가지고 있다. 또 다른 문제로는 기성시가지에서 용도지역제와 중복하여 지구단위계획이 수립된 지역이 존재하는데,175) 이러한 지역에서 지적이 가지는 도시계획적 기능은 무엇인지, 지구단위계획은 어떠한 효력을 가지는지 해석이 달라진다는 점

---

175) 기성시가지에 수립되는 지구단위계획은 건축허용성을 변경하거나 필지 경계선을 강제로 분합하는 역할을 가지는 못한다. 자세한 내용은 김종보, 앞의 논문(건축허용성의 부여와 반영), 170~171면 참고.

이다. 결국, 현행 도시계획법제는 지적이 가지는 도시계획적 기능이나 그 효력이 불분명한 채 용도지역제나 지구단위계획과 같은 도시계획이 운영되고 있다는 문제를 가지고 있다.

3) 지구단위계획의 도시계획적 효력의 한계

우리나라에서는 개발사업을 통해 결정된 건축허용성과 건축단위가 지구단위계획에 반영되어 도시계획적 효력을 가진다는 점에서 기성시가지와 큰 차이가 있다. 다만, 개발사업에서 정해진 건축허용성과 건축단위가 지구단위계획을 통해 반영되기 때문에, 지구단위계획이 마치 새로운 건축단위를 설정하고 건축허용성과 건축허가요건을 모두 결정하는 것처럼 해석될 여지가 있다.

지구단위계획의 전신인 '상세계획구역 지정'은 '가구 및 획지의 규모와 조성계획'을 의미하는데(도시계획법176) 제20조의3 제2항 제3호), 획지의 개념을 넓게 해석하면 건축단위를 설정한다는 의미로도 해석될 수 있었다.177) 다만, 2000년 도시계획법 전부개정을 통해 상세계획구역이 지구단위계획으로 변경되면서 가구는 '도로로 둘러싸인 일단(一團)의 지역', 획지는 '계획적인 개발 또는 정비를 위하여 구획된 일단(一團)의 토지'를 의미하는 것으로 변경되었고(법 제43조 제1항 제3호), 2003년 제정된 국토계획법에서는 '가구' 및 '획지'라는 용어가 삭제되면서 이러한 해석은 불가능해졌다.

또한, 과거 국토계획법에서는 지구단위계획에서 정한 내용에 따라 토지소유자의 동의를 얻어 토지를 분할·합병 또는 교환할 수 있는 규정을 두고 있었는데(제정 국토계획법 제55조),178) 해당 규정을

---

176) 2000. 1. 28. 법률 제6243호로 전부개정되기 전의 것.
177) 김종보, 앞의 논문(도시계획의 핵심기능과 지적제도의 충돌), 69면.
178) 해당 조문은 국토계획법이 2007. 1. 19. 법률 제8250호로 일부개정되면서 삭제되었다.

통해 지구단위계획이 건축단위를 설정할 수 있는 것으로 해석될 여지가 있었다. 그러나 토지소유자의 동의를 전제로 한다는 점에서 지구단위계획 자체에는 토지를 분할·합병할 수 있는 권능, 즉 건축단위를 설정할 수 있는 기능은 없는 것으로 해석되어야 한다.

지구단위계획은 개별 건축단위별로 건축허가요건을 정하는 기능만을 가질 뿐, 건축단위의 설정이나 건축허용성을 부여하는 도시계획적 효력은 없다. 법원도 "지구단위계획의 내용이나 취지가, 각 지정된 용도에 맞추어 건축물을 건축하거나 건축물의 용도를 변경하라는 범위를 넘어서, 토지소유자에게 부정형으로 되어 있는 지적 경계를 지구단위계획에서 정한 장방형의 용도구분의 경계와 일치시켜야 한다거나 기타 사용권의 취득을 강제하는 것이라고 볼 수는 없다."고 하여, 기성시가지에서 수립된 지구단위계획이 건축단위를 변경하는 효력을 가지지 못한다고 판단한 바 있다.[179] 결국 지구단위계획에는 기존에 지적이 표상하고 있는 건축단위의 효력을 부정하고 새로운 건축단위를 설정할 수 있는 효력은 없다고 보아야 할 것이다.

Ⅲ. 기성시가지에서의 도시계획과 지적의 효력

(1) 기성시가지에서 수립되는 도시계획의 특징

기성시가지는 자연적으로 발생되기 때문에, 도시계획이 수립되기 이전에 이미 건축허용성과 건축단위가 토지소유자의 소유권에 기초하여 결정된다는 특징이 있다. 신시가지와 달리 기성시가지에서는 토지소유권이 강하게 작용하기 때문에 도시계획이 건축허용성과 건축단위를 결정하는 권능을 가지지 못하는 경우가 대부분이다.[180]

---

179) 대법원 2006. 11. 9. 선고 2006두1227 판결.
180) 같은 취지 김종보, 앞의 책, 208면.

한편, 기성시가지에서도 시가지가 노후·불량화되어 더 이상 도시로서의 기능을 하지 못하는 경우에는 신시가지에서 수립되는 개발사업과 같은 도시계획이 실시된다. 이러한 개발사업의 전형적인 근거법은 도시정비법이며, 도시정비법에 의해 이루어지는 재건축, 재개발, 주거환경개선사업 등은 도시기능의 회복을 주된 목적으로 한다. 181) 기성시가지에서 수립되는 개발사업은 신시가지와 마찬가지로, 해당 지역의 토지를 모두 수용하여 건축허용성과 건축단위를 결정하는 권능을 가진다.

(2) 기성시가지에서 지적의 기능과 도시계획적 효력

기성시가지에서 건축단위는 토지소유권의 범위를 나타내는 필지경계선이, 건축허용성은 토지의 용도를 나타내는 지목이 이를 반영하는 기능을 수행하면서 불완전한 도시계획을 보완하고 있다. 이러한 현상은 근대 도시계획법제가 정립된 시기부터 현재까지 이어져오면서 지적이 가지는 법적성격이 변화하는 계기가 되었다. 근대 도시계획법제가 가지는 불완전성은 일본에서도 지적이 도시계획적 기능을 가지게 되는 원인이 되었을 것으로 추측된다.

나아가 기성시가지에서는 지적이 건축허용성과 건축단위를 반영하는 기능을 넘어, 건축허용성과 건축단위를 규율하는 기능까지 수행하기도 한다.182) 기성시가지에서 수립되는 용도지역제 도시계획은 주거지역, 상업지역 등과 같은 용도지역을 지정하여 개략적인 건축허가요건만을 규율할 뿐, 도시계획의 요소인 건축허용성과 건축단위를 규율하는 내용은 포함하고 있지 않다. 건축단위와 건축허용성에 대한 통제 없이는 도시를 계획적으로 관리하는 것이 불가능하

---

181) 김종보, 앞의 책, 700면 참고.
182) 김종보, 앞의 논문(도시계획의 핵심기능과 지적제도의 충돌), 77~78면.

다. 그러므로 용도지역제 도시계획이 수립된 기성시가지에서는 건축허용성과 건축단위를 규율할 수 있는 별도의 절차나 제도를 필요로 하게 되었다.

　기성시가지에서 건축단위는 국토계획법상 토지분할허가, 건축허용성은 국토계획법상 토지형질변경허가라는 절차를 통해 규율되고, 이렇게 규율된 건축허용성과 건축단위는 지목과 필지 경계선이라는 지적에 반영된다. 이처럼 기성시가지에서는 지적이 건축허용성과 건축단위를 규율하는 기능을 담당하기도 한다. 지적이 실질적인 의미의 도시계획적 기능을 수행한다는 점에서는 지적제도 자체를 도시계획법제에 포함시키는 견해도 가능하다. 이 책의 제3장과 제4장에서는 기성시가지에서 이루어지는 건축허용성과 건축단위에 관한 규율을 중심으로 우리나라와 일본의 도시계획법과 지적을 비교하기로 한다.

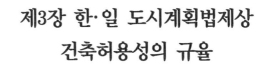

제3장 한·일 도시계획법제상
건축허용성의 규율

제1절 우리나라 도시계획법제상 건축허용성의 규율

Ⅰ. 지목의 도시계획적 기능

(1) 건축허용성의 개념

도시계획법제상 건축허용성에 대한 개념은 명확하지 않다. 최근 법원은 "건축물의 건축은 건축주가 그 부지를 적법하게 확보한 경우에만 허용될 수 있고, '부지 확보'란 건축주가 건축물을 건축할 토지의 소유권이나 그 밖의 사용권원을 확보하여야 한다는 점 외에도 해당 토지가 관계 법령상 건축물의 건축이 허용되는 법적 성질을 지니고 있어야 한다는 점을 포함한다"고 판단하여, 건축물을 건축하기 위해서는 해당 토지가 '건축물의 건축이 허용되는 법적 성질'을 가져야 한다는 점을 명확이 하였다.[183] 이는 건축물의 건축을 위해서는 해당 토지의 건축허용성이 전제되어야 함을 의미한다.

건축허용성은 법령상 개념이 아닌 관념적인 개념에 불과하지만 건축행위를 위해 필요한 전제 요건이라는 점은 분명하다. 이 책에서는 강학상의 개념인 건축허용성을 '해당 토지의 지상에 건축물의 건축이 허용되는 법적 성질'로 개념 정의한다.[184]

건축허용성의 개념을 넓게 보면, 건축허가요건도 특정 용도와 형태에 부합하는 건축물에 대해서만 건축을 허용한다는 의미에서 일종의 건축허용성을 부여하는 것으로 해석할 수 있다. 이러한 의미에

---

183) 대법원 2020. 7. 23. 선고 2019두31839 판결.
184) 같은 취지로 건축허용성은 '토지의 지상에 건축물을 건축할 수 있는 공법적 지위'로서 이를 승인하는 행정청의 공적인 견해표명에 의해 확정된다는 견해는 김종보, 앞의 논문(건축허용성의 부여와 반영), 148~149면 참고.

서 건축허가요건은 '광의의 건축허용성' 개념으로 포섭할 수 있다.

그러나 건축이 가능한지 여부와 어떠한 건축물의 건축을 허용할지는 전혀 다른 법적효과를 가지기 때문에, 도시계획의 요소 중 건축허용성과 건축허가요건은 명확하게 구별되어야 한다. 도시계획법제에 있어서도 건축허용성과 건축허가요건은 별개의 제도를 통해 규율되고 있다. 예컨대 용도지역제 도시계획은 건축허가요건만을 규율하고 건축허용성을 규율하는 권능을 가지지는 못한다. 반면, 토지형질변경허가라는 절차는 건축허용성을 부여하는 권능을 가지나 건축허가요건을 규율하지는 못한다.

(2) 건축허용성을 판단하는 기준

지목은 건축허용성을 반영하여 표시하게 되면서 건축허용성을 판단하는 기준이라는 도시계획적 기능을 가지게 되었다. 법원도 토지는 '토지의 용도(지목)'에 적합하게 이용되어야 하고, 지목과 다른 용도로 토지를 이용하기 위해서는 토지형질변경허가를 받아야 하고, 토지의 이용가능성은 실제 이용현황이 아닌 공부상의 지목을 기준으로 판단하여야 한다는 입장이다.[185] 그러므로 건축물의 건축이 허용되지 않는 지목의 토지에서 건축물을 건축하기 위해서는 토지형질변경허가를 통해 건축허용성을 부여받아야 하고, 이 과정에서 지목은 건축허용성을 판단하는 기준으로 기능하며, 도시계획적 효력을 가진다.

지목이 대지인 토지는 도시 내 개별 필지의 법적성격을 판단하는데 중요한 기능을 한다. 지목이 대지라는 점은 토지의 이용현황이나 용도가 대지라는 사실적인 의미보다는, 실무적으로는 해당 토지의

---

185) 대법원 2020. 7. 23. 선고 2019두31839 판결.

지상에 건축물을 건축할 수 있다는 권리가 부여된 토지라는 의미가
강하다. 토지의 가치를 평가함에 있어서도 지목이 대지인지 여부는 가
장 중요한 평가 요소이고, 토지의 이용가능성186)을 판단함에 있어서
도 가장 중요한 기준이 된다. 이처럼 지목이 대지인지 여부는 건축허
용성을 판단하는 가장 결정적인 기준이며, 지목으로서 대지는 건축허
용성이 부여된 특권적 지위가 인정되는 토지라는 것을 상징한다.187)

(3) 지목이 수행하는 도시계획적 기능의 불완전성

토지조사사업 당시부터 지목이 대지로 결정(확인)되어 본래부터
건축허용성을 부여받았던 토지와 토지형질변경허가를 통해 새롭게
지목이 대지로 변경되어 건축허용성을 부여받은 토지는 지목 자체
만으로는 구별이 어렵다. 또한, 신시가지에서 지목이 대지인 토지와
기성시가지에서 대지인 토지가 가지는 도시계획적 효력의 차이도
불분명하다. 지목이 도시계획을 보완하며 건축허용성을 반영하는
기능을 수행하고 있지만, 그 기능이 불완전하다는 점을 의미한다.

II. 토지형질변경허가의 도시계획적 기능

(1) 개관―지목이 가지는 도시계획적 효력의 한계

토지대장에 등록된 지목으로서의 대지는 그 자체가 도시계획이
아니라는 점에서 효력이 제한적일 수밖에 없다.188) 지목은 건축허용

---

186) 법원은 지목을 통해 확인되는 토지의 용도를 '법적으로 허용된 이용가능
　　성'으로 파악한다. 대법원 2020. 7. 23. 선고 2019두31839 판결 참고.
187) 김종보, 앞의 책, 236면.
188) 김종보, 앞의 책, 225면.

성을 판단하거나 이를 반영하는 기능만을 수행하고, 건축허용성을 확정적으로 결정하는 것은 아니다. 지목이 전, 답, 임야 등인 토지라 할지라도 종국적으로 건축허용성이 부정되는 것은 아니고, 토지형질변경허가라는 행정처분을 통해 건축허용성을 부여받아 대지로 변경될 수 있다.[189] 물론, 지목이 대지이나 아직 건축물이 건축되지 않은 나대지의 경우에도 토지의 형상에 따라서는 토지형질변경허가를 받아야 하는 경우도 있다. 이를 토지의 형상변경만을 위한 토지형질변경허가라고 한다.

법원도 지목이 대지가 아닌 토지의 경우에도 토지형질변경허가를 통해 건축허용성을 부여받을 수 있고(판례에서 의미하는 토지 이용가능성의 변경), 토지형질변경허가를 통해 건축허용성을 부여받은 토지에서는 건축물의 건축이 가능하다고 본다.[190] 이렇듯 토지형질변경허가는 개별 필지 단위의 토지에 건축허용성을 부여하는 도시계획적 기능을 담당한다.[191]

(2) 토지형질변경허가 개관

1)토지형질변경허가의 개념

국토계획법에서는 개발행위허가의 일종으로 토지형질변경허가를 정하고 있다(제56조 제1항 제2호). 개발행위허가에는 토지형질변경허가 외에도 건축물의 건축, 토석의 채취, 토지분할 등이 포함된다(제56조 제1항 각호 참고).

국토계획법에서는 토지의 형질변경을 '절토(땅깎기)·성토(흙쌓

---

189) 같은 취지 김종보, 앞의 책, 224~225면.
190) 대법원 2020. 7. 23. 선고 2019두31839 판결.
191) 토지형질변경허가가 개별 필지 단위의 도시계획이라는 견해는 김종보, 앞의 논문(토지형질변경허가의 법적 성질), 401~403면 참고.

기)·정지·포장 등의 방법으로 토지의 형상을 변경하는 행위와 공유
수면의 매립'으로 정의하고 있어(시행령 제51조 제1항 제3호), 토지
의 형질변경이 물리적인 형상을 변경하는 것만으로 좁게 이해되기
도 한다.[192] 법원도 토지형질변경은 토지의 형질을 외형상으로 사실
상 변경시키면 족하고 토지의 지목까지 변경시킬 필요는 없다고 판
단한 바 있다.[193]

그러나 토지의 형질변경은 대부분의 경우 지목이 전·답 등인 토
지를 지목이 대지인 토지로 변경하기 위해 이루어진다.[194] 토지형질
변경허가를 통해 해당 토지에 건축허용성을 부여받아 건축물을 건축
하는 것이 토지형질변경허가를 신청하는 주된 목적이기 때문이다. 그
러므로 국토계획법상 토지형질변경허가를 결정함에 있어서는 후속행
위인 건축물의 건축이라는 도시계획적 요소가 반드시 고려되어야 한
다. 법원도 위와 같은 견해를 밝힌 바 있다.[195] 반면, 우리나라의 토지
형질변경허가에 상응하는 일본의 개발행위허가는 '건축물의 건축'을
명시적인 요건으로 정하고 있어 이러한 해석론이 불필요하다.

2) 토지형질변경허가의 연혁

토지형질변경허가의 시초는 일본의 1919년 도시계획법으로 거슬
러 올라간다. 일본의 1919년 도시계획법 제11조에서는 '건축물, 토지
에 관한 공사 또는 권리에 관한 제한으로서 도시계획상 필요한 것은

---

192) 자세한 내용은 정태용, 『도시계획법』, 한국법제연구원, 2001., 269~270면.;
    이를 비판하는 견해로는 김종보, 앞의 논문(건축허용성의 부여와 반영),
    157면 이하 참고.
193) 대법원 1992. 11. 27. 선고 92도1477 판결.
194) 김종보, 앞의 논문(토지형질변경허가의 법적 성질), 393면.
195) 대법원 1990. 11. 27. 선고 90누2000 판결.; "토지형질변경신청의 당부를 판
    단함에 있어서 형질변경행위 자체로 인한 경관 등에의 영향만을 고려하
    면 되는 것이고 토지형질변경 후 그 지상에 아파트를 건축한다는 가상적
    인 계획은 고려하지 않아야 한다는 논지는 독자적인 견해에 불과하다."

칙령으로 정한다'고 규정하여, 토지에 관한 물리적인 공사 또는 권리를 제한하는 도시계획을 처음으로 도입하였다.

조선시가지계획령에서는 '토지의 형질을 변경'하는 경우에는 도지사의 허가를 받도록 규정하여(제10조), 토지형질변경이라는 용어를 처음으로 사용하였다. 도시계획법은 조선시가지계획령을 그대로 계승하여 '토지의 형질을 변경하는 행위'는 허가를 받도록 하였다(제정 도시계획법 제13조). 당시에는 도시계획법 시행령 제5조의2에 따른 건설교통부령인 '토지의형질변경등행위허가기준등에관한규칙'에 의해 '토지의 형질변경 등 행위허가제도'가 운영되었는데, 해당 규칙은 1982. 4. 17. 건설부령 제328호로 제정·시행되었다가 2000년 도시계획법의 전면개정에 따라 폐지되었다. 2000년 도시계획법 전부개정196)에서는 개발행위허가라는 개념에 토지형질변경허가를 포함하였는데, 이러한 개발행위허가의 개념은 현행 국토계획법까지 이어지고 있다.

토지형질변경허가를 개발행위허가로 포섭하면서 개발행위라는 용어를 사용한 것은 토지형질변경허가가 토지에 대해 개발가능성을 부여한다는 인식에서 비롯된 것으로 해석된다.197)

개발행위허가라는 용어의 도입과 관련하여, 유럽식의 '계획허가(Planning Permit)' 또는 '개발허가(Development Permit)' 제도를 도입한 것이라는 오해가 있다. 그러나 '형질변경'이라는 용어가 개발행위허가의 모든 행위를 포괄하는 것처럼 사용되거나 과거 '행위허가'라는 용어가 불분명하다는 문제점을 해결하기 위해 개발행위허가라는 용어가 도입되었다고 보아야 한다.198) 일본에서는 1968년 제정된 도시

---

196) 2000. 1. 28. 법률 제6243호로 전부개정되어 2000. 7. 1. 시행된 것.
197) 김종보, 앞의 논문(건축허용성의 부여와 반영), 159면.
198) 이러한 견해에 관한 자세한 내용은 박무익, 「개정 도시계획법 해설 Ⅳ : 개발행위허가」, 『도시문제』 378호, 대한지방행정공제회, 2000., 70~71면

계획법에서 처음 개발행위라는 용어를 사용하였는데, 일본의 도시계획법에서는 개발행위를 '주로 건축물의 건축으로 제공할 목적으로 이루어지는 토지의 구획형질변경'으로 정의하고 있다(현행 도시계획법 제4조 제12호). 토지형질변경허가의 연혁을 고려하면, 개발행위라는 용어 역시 우리나라에서 독자적으로 창설되었다기보다는 일본의 1968년 도시계획법에서 차용한 것으로 추측된다.

3) 일본의 개발행위허가와의 비교

우리나라의 개발행위허가의 대상에는 토지의 형질변경 외에도 건축물의 건축, 토석의 채취, 토지의 분할 등이 포함된다(국토계획법 제56조 제1항). 그러나 토석의 채취는 개발이라는 의미로 포섭하기 어렵다는 점에서 우리나라의 개발행위허가는 순수한 의미의 개발행위만을 의미한다고 보기 어렵다. 이에 반해 일본 도시계획법은 개발행위를 '주로 건축물의 건축 또는 특정공작물의 건설용으로 제공할 목적으로 행하는 토지의 구획형질변경'으로 정의하여, 개발행위허가를 토지의 형질변경과 토지의 구획변경(토지의 분합을 의미)에 대한 허가만을 포함하는 개념으로 정의하고 있다.

일본의 개발행위허가는 토지의 구획변경과 형질변경을 포함하는 개념이나, 우리나라와 달리 법령에서 이를 구분하여 규정하고 있지는 않다. 그러므로 법령상 용어로는 '개발행위허가' 또는 '토지구획형질변경'이 올바른 용어이다. 이 책에서는 법령상 용어를 사용하나, 논의의 필요에 따라서는 우리나라 제도와의 비교를 위해 토지형질변경만을 의미하는 용어로 '일본의 토지형질변경허가', 토지의 구획변경만을 의미하는 용어로 '일본의 토지구획변경허가'를 사용한다.

참고.

(3) 토지형질변경허가를 통한 건축허용성 부여

1) 기성시가지와 신시가지에서의 효력상 차이

용도지역제 도시계획이 수립된 기성시가지에서는 개별 필지에 건축허용성을 부여하기 위한 별도의 절차나 제도를 필요로 한다. 이를 위한 방법으로 국토계획법상 토지형질변경허가가 이용되고 있다. 토지형질변경허가는 원칙적으로 지적이 형성된 후 사후적으로 용도지역제 도시계획이 수립된 기성시가지를 적용 범위로 한다.[199]

기성시가지에서는 지목이 건축허용성을 판단하는 기준으로 기능하고, 토지형질변경허가는 건축허용성을 부여하는 기능을 한다. 그러나 건축허용성은 원칙적으로 도시계획에서 규율하여야 하는 사항이고, 토지형질변경허가와 같은 개별 처분에 의해 건축허용성이 부여되는 것은 본래 도시계획이 추구하는 이념이나 체계와는 맞지 않다.[200]

신시가지에서 개발사업을 통해 정해진 건축허용성은 지구단위계획에 반영되어 도시계획적 효력을 가진다. 지구단위계획이 존재하는 신시가지에서 토지형질변경허가를 매개로 사후적으로 건축허용성을 부여하는 것은 지구단위계획의 효력에 반하는 것으로, 건축허용성을 새롭게 부여하기 위해서는 지구단위계획의 변경이 필요하다. 개발사업을 통해 조성된 신시가지에서는 건축허용성이 개발사업의 단계에서 모두 결정되기 때문에, 사후적으로 토지형질변경허가가 관여할 수 있는 여지가 없고, 기성시가지와 달리 건축허용성을 부여하는 기능을 하지 못한다. 지목 또한 건축허용성을 판단하거나 반영하는 기능보다는 상대적으로 토지의 용도나 이용현황을 나타내는 확인적인 의미만을 가지므로, 신시가지에서는 지목이 수행하는 도시계획적 기능은 상대적으로 약하거나 소멸되었다고 볼 수 있다.

---

199) 김종보, 앞의 논문(건축허용성의 부여와 반영), 161~162면.
200) 김종보, 앞의 책, 231면.

그러나 신시가지에서도 지구단위계획이 도입되기 이전에 개발사업이 진행되어 용도지역제 도시계획만 수립된 지역에 대해서는 논란의 여지가 발생한다. 개발사업의 과정에서 이미 개별 필지 단위로 건축허용성이 부여되었으나, 현재는 지목만이 건축허용성을 반영하고 있으므로, 지목이 대지가 아닌 토지는 토지형질변경허가를 통해 건축허용성을 부여받을 수 있는 것으로 해석되어야 한다.201) 법원은 주택지조성사업(개발사업)을 통해 지목이 대지로 변경되었으나 택지로 조성되지 않은 채로 남아있는 토지(이른바 원형택지)에 대하여 토지형질변경허가가 거부된 사안에서, 신시가지에서 개발사업을 통해 지목이 대지로 변경된 토지에 대해 건축허용성을 부인한 바 있다.202)

한편, 국토계획법에서는 녹지지역 등 보전의 필요성이 높거나 개발행위로 인해 주변환경이 손상될 우려가 있는 지역, 지구단위계획구역으로 지정된 지역 등에서는 일정한 기간 개발행위허가를 제한할 수 있도록 규정하고 있다(제63조). 토지형질변경허가는 개별 필지에 건축허용성을 부여하는 기능을 수행하기 때문에, 일정 기간 개발행위허가를 불허하는 규정은 실질적으로 건축허용성을 통제하는 도시계획적 기능을 한다. 예로, 개발사업을 위한 정비구역의 지정은 지구단위계획구역의 지정으로 의제되기 때문에(도시정비법 제17조 제1항 등), 개발사업의 대상지역은 토지형질변경허가를 통한 건축허용성의 부여가 불가능하고 사실상 일정 기간 건축허용성이 통제된다.

2) 성질변경과 형상변경

토지형질변경허가는 건축허용성을 부여하는 기능과 함께 토지의

---

201) 같은 취지 김종보, 앞의 논문(건축허용성의 부여와 반영), 162면 참고.
202) 대법원 2001. 9. 28. 선고 2000두8684 판결.

물리적인 형상을 통제하는 기능을 한다. 이를 구분하여 토지의 법적 성질을 변경한다는 의미의 '성질(性質)변경'과 토지의 외형상의 상태를 변경한다는 의미의 '형상(形象)변경'이라 한다.[203)

토지의 형상변경(대지(垈地)[204)를 조성하는 물리적인 공사, 이하 '대지조성공사'라고 한다)은 절토나 성토 등의 방법으로 이루어지고, 절토는 기존 토지의 토석의 양을 줄이는 행위, 성토는 반대로 기존 토지의 토석의 양을 늘리는 행위를 의미한다.[205) 과거 도시계획법에 따라 제정된 '토지의형질변경등행위허가기준등에관한규칙'에서는 토지의 형질변경을 '절토·성토 또는 정지 등으로 토지의 형상을 변경하는 행위'로 정의하고, '조성이 완료된 기존 대지 안에서의 건축물 기타 공작물의 설치를 위한 토지의 굴착행위'는 형질변경의 대상에서 제외하였다(제2조 제1호). 이때의 '조성이 완료된 대지'라는 의미는 토지의 형상변경이 필요하지 않은 대지(대지조성공사가 완료된 토지)를 의미한다. 그러므로 종래에는 토지형질변경허가가 '토지의 형상을 외형상으로 사실상 변경하는 행위'가 필요한 것으로 이해되었고, 대지의 형상변경을 수반하지 않는 단순한 토지의 성질변경은 토지형질변경허가의 대상이 아닌 것으로 취급되었다.[206) 법원도 도시계획법 위반이 문제된 형사사건에 있어서는, 토지의 형질변경에 해당하기 위해서는 토지의 형상을 외형상으로 사실상 변경하는 행위가 필요하다고 판단한 바 있다.[207)

---

203) 토지의 성질변경과 형상변경에 관한 자세한 내용은 김종보, 앞의 논문(토지형질변경허가의 법적 성질), 404~406면 참고.
204) 건축법상 토지의 단위인 대지를 의미하고, 지목을 대지로 변경한다는 의미가 아니라는 점에 주의하여야 한다.
205) 대법원 1995. 3. 10. 선고 94도3209 판결.
206) 같은 취지 정태용, 앞의 책(도시계획법), 269~270면 참고.; 이는 일본에서 개발행위허가(토지형질변경허가)를 해석하는 견해와 유사하다.
207) 대법원 2005. 11. 25. 선고 2004도8436 판결, 대법원 1998. 4. 14. 선고 98도364 판결.

그러나 현행 국토계획법에서는 '토지의형질변경등행위허가기준등에관한규칙'상 토지형질변경의 개념을 가져오면서, 이를 개정하여 '조성이 완료된 대지'를 토지형질변경허가의 대상에서 제외하는 부분을 삭제하였다(국토계획법 시행령 제51조). 이러한 개정 취지는 조성이 완료된 대지라고 할지라도 건축허용성을 부여받을 필요가 있는 경우에는 토지형질변경허가를 받아야 한다는 점을 의미하고, 토지형질변경허가의 대상에 형상변경이 필요하지 않은 성질변경도 포함된다는 점을 명확히 한 것이다.208) 법원도 물리적인 형상을 변경하기 위한 공사가 필요하지 않더라도 지목의 변경, 즉 토지의 성질을 변경하기 위해서는 토지형질변경허가가 필요하다고 판단하고 있다.209) 만약, 지목이 단순히 토지의 현황을 확인하는 기능만을 한다면 대지조성공사가 완료된 지목이 대지가 아닌 토지는 형상이 이미 대지이기 때문에 토지형질변경허가를 받지 않더라도 지목변경이 가능하다고 보아야 한다. 그럼에도 토지형질변경허가가 필요하다고 판단한 판례의 취지는 지목이 단순히 토지의 현황을 확인하는 기능을 넘어 건축허용성을 반영하는 도시계획적 기능을 가진다는 것을 의미한다.

토지의 형상은 이미 대지로 조성되었으나 지목이 대지가 아닌 토지가 있을 수 있고, 반대로 지목은 대지이나 형상이 건축에 적합하지 않은 토지가 있을 수 있다. 전자의 경우에는 성질변경만을 위한 목적으로, 후자의 경우에는 형상변경만을 위한 목적으로 토지형질변경허가가 신청된다.210) 이처럼 토지의 형질변경은 성질변경과 형상변경을 모두 포함하는 개념으로, 일반적으로 성질변경은 토지의

---

208) 같은 취지 김종보, 앞의 논문(토지형질변경허가의 법적 성질), 402면 참고.
209) 대법원 2020. 7. 23. 선고 2019두31839 판결, 대법원 1999. 12. 16. 선고 98두18619 전원합의체 판결.
210) 김종보, 앞의 논문(건축허용성의 부여와 반영), 158면.

지목을 변경하여 건축허용성을 부여하기 위한 목적으로, 형상변경
은 토지의 외형을 대지로 조성하기 위한 목적으로 이루어진다.

3) 토지형질변경의 허가기준과 행정청의 재량

법원은 토지형질변경허가를 재량행위로 해석한다.[211] 도시계획
적 관점에서 건축허용성을 부여할지 여부를 결정한다는 점에서 토
지형질변경허가는 재량행위로 보아야 한다. 토지형질변경허가가 의
제되는 건축허가 역시 재량행위에 해당한다.[212] 다만, 토지형질변경
허가는 하나의 처분이지만 실질적으로는 토지의 성질변경과 형상변
경에 대한 허가로 구분되기 때문에, 각각의 허가에 대한 판단기준이
나 행정청의 재량의 범위도 다르다.

토지형질변경허가의 판단의 순서에 있어서는 해당 토지의 성질
을 변경하여 건축허용성을 부여할 것인지에 대한 판단이 선행하고,
긍정적인 판단이 내려지는 경우에 건축허용성을 전제로 토지의 형
상을 변경하기 위한 허가의 판단이 이어져야 한다.[213]

국토계획법에서는 개발행위의 허가기준(이하 '개발행위허가기준'
이라 한다)을 정하고 있다(시행령 별표 1의2 등). 개발행위허가기준
에서는 건축허용성의 부여기준은 분야별 검토사항(별표 1의2. 1. 가.)
에서, 조성공사의 허가요건은 개발행위별 검토사항(별표 1의2. 2.
나.)에서 각각 정하고 있다.[214] 성질변경과 형상변경에 관한 허가기

---

211) 대법원 2001. 9. 28. 선고 2000두8684 판결 등 다수.; 다만, 토지형질변경
　　 허가의 법적성질에 관해서는 학설은 통일되어 있지 않다. 자세한 내용은
　　 김종보, 앞의 논문(토지형질변경허가의 법적 성질), 388면 각주 4번 참고.
212) 대법원 2010. 2. 25. 선고 2009두19960 판결, 대법원 2005. 7. 14. 2004두
　　 6181 판결.; 자세한 내용은 김종보, 「건축허가에 존재하는 재량문제」, 『행
　　 정법연구』 제3호, 행정법이론실무학회, 1998. 참고.
213) 김종보, 앞의 책, 229면.
214) 토지형질변경의 허가기준에 관한 자세한 내용은 김종보, 앞의 책, 229~
　　 231면.

준이 구분되어 있으므로, 행정청은 토지의 형상변경만을 신청하는 토지형질변경허가에 있어 성질변경에 관한 허가기준을 원용하여 토지형질변경허가를 거부할 수는 없다.215) 한편, 국토계획법 시행령에 따라 제정된 '개발행위허가운영지침'에서는 개발행위의 허가기준을 보다 상세하게 규정하고 있으나, 개발행위허가운영지침은 대외적인 구속력을 가지지 않는 행정규칙으로 개발행위의 허가기준을 상세하게 정한 재량준칙에 불과하다.216)

토지에 건축허용성을 부여하는 성질변경은 도시계획적 요소가 고려되어 판단되어야 하기 때문에, 허가 여부에 대해 행정청에게 폭넓은 재량이 인정된다.217) 국토계획법에서는 특정 지역 또는 일정규모 이상의 토지형질변경허가에 대해서는 도시계획위원회의 심의를 거치도록 규정하고 있는데(제59조), 이는 토지형질변경허가에 건축허용성을 부여하는 도시계획적 판단이 필요하다는 점을 의미하는 것이다. 만약 토지의 형상도 아직 대지화되어 있지 않은 필지는 당연히 물리적인 공사허가의 측면에서 형상변경도 필요하기 때문에, 행정청의 재량도 매우 넓은 것으로 해석된다.

반면, 지목이 대지인 필지는 건축행위를 위해 별도의 성질변경을 필요로 하지 않는다. 그러나 토지의 경사도가 높거나 평탄하지 않는 등 물리적인 형상이 대지로 적합하지 않아 형상을 변경하여야 하는 경우에는 토지형질변경허가가 필요하다. 이때의 토지형질변경허가는 건축허용성을 부여하는 허가가 아닌 단순히 형상을 변경하기 위한 허가로 해석되어야 하므로, 행정청의 재량도 좁고 경우에 따라서는 재량이 존재하지 않는다고 볼 여지도 있다.218)

---

215) 김종보, 앞의 책, 230면.
216) 개발행위허가운영지침의 상세한 내용은 해당 훈령(2019. 8. 29. 국토교통부훈령 제1218호로 일부개정되어 2019. 8. 29. 시행된 것)을 참고.
217) 김종보, 앞의 논문(토지형질변경허가의 법적 성질), 404면.

또한, 도시지역 내 기성시가지에서 이루어지는 토지형질변경과 도시지역 외 지역에서 이루어지는 토지형질변경에는 행정청의 재량에 있어 차이가 있을 수밖에 없으나, 국토계획법에서는 허가기준을 동일하게 정하고 있다. 토지의 효율적이고 합리적인 이용이 더 강하게 요구되는 도시지역 내의 토지형질변경허가에 대해서는 도시지역 외 지역보다 더 엄격한 통제가 이루어져야 하고, 행정청의 재량 역시 더 넓게 인정되어야 한다.

한편, 국토계획법에서는 용도지역에 따른 개발행위허가의 규모를 정하고 있다(제58조 제1항 제1호 및 시행령 제55조 제1항). 예로, 도시지역 내 주거지역 용도로 지정된 지역에서는 1만㎡ 미만을 허가대상으로 정하고 있다. 이러한 제한은 토지의 형질변경면적에 관한 기준으로, 토지형질변경허가를 통해 건축허용성이 부여되는 토지의 최대규모에 관한 제한으로 해석할 수 있다. 그러므로 최대규모 이상의 토지에 대해서는 개발사업 등의 도시계획을 통해 건축허용성이 부여되어야 한다는 것을 의미한다. 토지형질변경허가는 도시계획이 아닌 행정처분이라는 점에서, 원칙적으로 소규모로 발급되어야 하기 때문이다.[219] 이러한 체계는 건축허용성의 규율이 본래 도시계획을 통해 이루어져야 함에도 불구하고, 그 불완전성을 토지형질변경허가라는 개별 처분이 보완하고 있음을 나타내는 것이다.

4) 토지형질변경허가가 의제되는 건축허가

지목이 대지가 아닌 토지에 건축물을 건축하기 위해서는 먼저 토지형질변경허가를 통해 건축허용성을 부여받아야 하고, 그 이후 건축법상 건축허가를 받아야만 한다. 그러나 건축법상 건축허가가 국토계획법상 토지형질변경허가를 의제하고 있어(제11조 제5항), 실무

---

218) 김종보, 앞의 논문(토지형질변경허가의 법적 성질), 405면.
219) 같은 취지 김종보, 앞의 논문(건축허용성의 부여와 반영), 160면 참고.

적으로는 건축허가와 동시에 토지형질변경허가에 대한 심사가 이루어진다.

건축법상 건축허가에는 국토계획법상 개발행위허가, 농지법상 농지전용허가, 산지관리법상의 산지전용허가 등이 의제된다. 건축법상 건축허가에 의제되는 국토계획법상 개발행위허가에는 토지형질변경허가(제56조 제1항 제2호) 외에도 건축물의 건축에 대한 허가(제56조 제1항 제1호) 등이 모두 포함된다.

다만, 건축법상 건축허가에 개발행위허가가 일괄적으로 의제되도록 규정한 것은 입법적 오류이다. 건축법과 국토계획법은 건축물의 건축을 통제한다는 기능면에서 서로 유사하다. 그러나 본래의 건축(경찰)법은 건축물의 위험방지를 목적으로 하는 반면, 국토계획법은 토지의 효율적, 합리적 이용을 위해 건축물의 건축허용성 또는 건축허가요건을 규율한다는 차이가 있다.[220] 국토계획법상 토지형질변경허가는 건축허가의 전 단계에서 건축허용성을 부여하는 처분이므로, 위험방지 요건만을 통제하는 기능을 하는 건축허가에 포함되는 내용이 아니다. 그러므로 건축법상 건축허가에 의제되는 토지형질변경허가는 전형적인 절차간소화 의제조항으로,[221] 건축허가를 통해 토지형질변경허가가 의제되기 위해서는 토지형질변경허가에 대한 별도의 심사가 필요하고 이에 필요한 서류를 제출하여야 한다. 국토계획법상 건축허가와 개발행위는 별도의 항목으로 분리하여, 국토계획법상 건축허가는 필수적 의제, 토지형질변경허가 등의 개발행위는 절차간소화 의제로 구별하여야 한다.[222]

---

220) 김종보, 「建築法과 都市計劃法의 關係」, 『공법연구』 제26집 제2호, 한국공법학회, 1998., 335~336면 참고.
221) 절차간소화 의제와 필수적 의제에 관한 자세한 내용은 김종보, 앞의 책, 126~127면 참고.
222) 이러한 견해에 관한 자세한 내용은 김종보, 앞의 책, 129면 참고.

Ⅲ. 지목변경의 도시계획적 의미

(1) 지목변경 개관

공간정보관리법에서는 지적공부상의 토지의 표시를 새로 정하거나 변경 또는 말소하는 것을 토지의 이동(異動)이라고 정의하고(제2조 제28호), 토지이동 중 지목변경은 지적공부에 등록된 지목을 다른 지목으로 바꾸어 등록하는 것으로 정의하고 있다(제2조 제33호).

과거 조선지세령에서는 지목변경을 '지목변환'이라는 용어로, '과세지 중의 지목을 변경하거나 혹은 비과세지 중의 지목을 변경하는 것'으로 규정하였다. 당시에는 지목의 종류가 과세지와 비과세지로 구분되어 있었고, 지목은 단순히 과세의 목적으로 토지의 이용현황을 확인하는 것에 불과하였기 때문이다. 이후 실질과세의 원칙에 따라 과세지와 비과세지의 구분이 토지의 실질에 따라 판단되기 시작하면서 '지목변경'이라는 단일 용어로 통합되었다.223)

공간정보관리법에서는 토지소유자가 지목변경을 할 토지에 대하여 지목변경사유(국토계획법상 토지형질변경허가를 통해 공사가 준공된 경우 또는 토지의 용도가 변경된 경우 등)를 기재한 신청서에 소정의 서류를 첨부하여 지적소관청에 지목변경을 신청하도록 규정하고 있으며(제81조 및 시행령 제67조), 지적공부의 등록사항에 오류가 있는 경우 지적소관청에 그 정정을 신청할 수 있도록 하여 토지소유자에게 지목의 정정을 신청할 수 있는 신청권을 부여하고(제84조 제1항), 지적소관청에게도 직권으로 이를 조사·측량하여 정정할 수 있는 권한을 부여하고 있다(제84조 제1항). 지목변경 신청서에 첨부되는 서류는 토지의 형질변경 등의 공사가 준공되었음을 증명하

---

223) 지종덕, 앞의 책, 313~314면 참고.

는 서류의 사본, 토지 또는 건축물의 용도가 변경되었음을 증명하는
서류의 사본 등을 의미하며, 개발행위허가·농지전용허가·보전산지
전용허가 등 지목변경과 관련된 규제를 받지 아니하는 토지의 지목
변경이나 전·답·과수원 상호간의 지목변경인 경우에는 서류의 첨부
를 생략할 수 있도록 정하고 있다(공간정보관리법 시행규칙 제84조).
법령상 규정들을 종합하면 지목변경은 '국토계획법상 토지형질변경
허가 등의 절차를 통해 지목을 다른 지목으로 변경하여 지적공부에
등록하는 행정행위'로 정의할 수 있다.

　토지형질변경허가는 개별 필지에 건축허용성을 부여하는 기능을
하고, 지목변경이라는 절차를 통해 건축허용성이 지목에 반영된다.
지목이 건축허용성의 판단 기준이라는 도시계획적 기능을 가진다는
점에서, 지목의 변경은 토지형질변경허가와 연계하여 건축허용성을
반영하는 기능, 즉 형성적인 효력을 가진다고 볼 수 있다.[224] 법원이
일련의 판례들을 통해 지목변경의 처분성에 관한 판단을 변경한 것
은 지목변경과 지목이 가지는 도시계획적 기능이 불명확하기 때문
이었다. 이하에서는 그동안의 판례의 변화 과정을 검토하여 지목변
경이 가지는 도시계획적 의미에 대해 논증해보기로 한다.

(2) 본래의 목적인 확인적 성격

　지적은 토지의 이용현황을 확인하여 지적공부에 등록한 것으로,
지적의 등록은 준법률행위적 행정행위인 공증의 성격을 가진다.[225]
법원은 행정사무집행상의 편의나 사실증명의 자료를 얻기 위한 공

---

224) 지목이 본래 확인적 성격에서 토지의 형질변경허가와 결합하여 개별 필
　　지의 법적 성질을 규율하는 수단으로 변화하면서, 형성적인 효력을 가지
　　게 되었다는 견해는 이상덕, 앞의 논문, 510~511면 참고.
225) 김동희, 앞의 책(행정법 I), 307면 참고.

증행위에 대해서는 처분성을 부정하여 왔으며, 토지대장에 일정한 사항을 등록 또는 변경하는 행위(지적의 등록)에 대해서도 처분성을 부인하여 왔다.226)

지적은 과세와 토지소유권을 공시하기 위한 목적으로 창설되었고, 그 중 지목은 토지의 이용현황을 확인하고 과세의 표준으로 활용되어 왔다. 본래 지목은 토지의 용도나 이용현황을 확인한다는 의미의 확인적인 성격만을 가졌고, 토지의 용도를 정하거나 규율하는 기능의 도시계획적 성격을 가지지는 못하였다. 지목이 확인적인 성격을 가진다는 것은 토지의 용도가 지적공부에 지목을 등록함으로써 결정되는 것이 아니라, 이미 존재하고 있는 토지의 주된 용도를 확인하여 지적공부에 지목을 등록한 것에 불과하다는 의미이다. 준법률행위적 행정행위인 확인과는 다른 개념으로, 이 책에서는 토지의 이용현황을 확인한다는 의미에서 확인적인 성격이라는 용어를 사용한다.

(3) 지목변경에 관한 판례의 변화

현행 공간정보관리법에서는 지목의 등록 또는 변경에 대해 확인적인 효력만을 부여하고 있을 뿐, 공법적 지위나 권리를 부여하는 내용은 규정하고 있지 않다. 과거 법원도 지목의 확인적인 성격만을 중시하여, 지목 등 토지대장의 등록사항을 변경하는 행위의 처분성을 부정하여 왔다.227)

---

226) 자세한 내용은 김동희, 앞의 책(행정법 I), 307면 각주 1번.; 박정훈, 『행정소송의 구조와 기능』, 박영사, 2005. 73면 각주 9번 참고.
227) 대법원 1995. 12. 5. 선고 94누4295 판결, 대법원 1981. 7. 7. 선고 80누456 판결 등.; 지목의 직권변경에 관해서는 대법원 1971. 8. 31. 선고 71누103 판결 등.

2004년에 이르러서야 처음으로 지목변경신청에 대한 거부처분의 처분성이 인정되었으나,228) 법원보다는 헌법재판소가 먼저 지목에 대한 소송가능성을 인정한 바 있다.229) 다만, 해당 헌법재판소 결정은 행정청이 지목이 대지인 토지를 직권으로 전, 답으로 변경하여 문제된 사안이라 일반화하기는 어려운 측면이 있다.230)

법원은 2004년 이전에도 건축물대장상 건축주 명의변경의 거부행위나,231) 지적공부상 토지분할신청의 거부행위에 대해 처분성을 인정한 바 있었다.232) 이는 지적공부의 등록이 단순히 사실증명을 위한 공부와는 구별되어야 함을 의미한다.233) 또한, 과거 개발제한구역 내 손실보상에 관한 헌법재판소 결정234)에서는 지목이 대지인 토지에 대해서는 손실보상을 하거나 건축제한을 해제하도록 결정하였는데, 이는 최소한 대지라는 지목이 단순히 확인적인 성격만을 가지지 않는다는 것을 의미한다.235)

---

228) 대법원 2004. 4. 22. 선고 2003두9015 전원합의체 판결.; 지목 이외의 토지대장의 등록사항에 대해서도 처분성이 인정될 것이라는 견해는 박정훈, 앞의 책(행정소송의 구조와 기능), 75면 각주 11번 참고.

229) 헌법재판소 1999. 6. 24. 자 97헌마315 결정.; 헌법재판소 결정에 관한 자세한 내용은 선정원, 「공부변경 및 그 거부행위의 처분성」, 『행정판례연구 Ⅶ』, 한국행정판례연구회, 2002. 참고.

230) 김종보, 앞의 논문(토지형질변경허가의 법적 성질), 414면 각주 34번 참고.

231) 대법원 1992. 3. 31. 선고 91누4911 판결.; 건축물대장의 처분성에 관한 자세한 내용은 김정중, 「건축물대장 변경행위 등의 처분성」, 『행정재판실무연구 Ⅲ』 재판자료 제120집, 법원도서관, 2010. 참고.

232) 대법원 1993. 3. 23. 선고 91누8968 판결.

233) 지적공부의 변경 및 정정 거부행위에 대한 판례의 흐름을 분석한 논문으로는 김영순, 「지적공부 등 변경 및 정정 거부행위의 처분성에 대한 소고」, 『인하대학교 법학연구』 제20집 제3호, 인하대학교, 2017. 참고.

234) 헌법재판소 1998. 12. 24. 자 89헌마214, 90헌바16, 97헌바78(병합) 결정.; 해당 헌법재판소 결정을 통해 「개발제한구역의 지정 및 관리에 관한 특별조치법」이 제정되었다. 김종보, 앞의 논문(도시계획의 핵심기능과 지적제도의 충돌), 66면 각주 16번 참고.

그러나, 처음으로 지목변경신청에 대한 거부처분의 처분성을 인정한 2004년 대법원 판례에서도 지목이 토지에 대한 공법상의 규제, 개발부담금의 부과대상, 지방세의 과세대상, 공시지가의 산정, 손실보상가액의 산정 등 공법상의 법률관계에 영향을 미친다는 이유로 지목변경신청에 대한 거부처분의 처분성을 인정하였을 뿐,236) 지목의 도시계획적 기능을 명시적으로 인정한 것인지는 불분명하였다.237) 과거 지목변경을 포함한 지적공부의 등록에 있어 처분성을 인정하여야 한다는 학계의 논의도 국민의 권익구제나 부실공문서의 방지 등을 이유로 처분성을 인정하여야 한다는 견해가 대부분이었다.238)

---

235) 김종보, 앞의 책, 236면.

236) 대법원 2004. 4. 22. 선고 2003두9015 전원합의체 판결.

237) 해당 판결을 대지인 지목에 대해 확인적 성격을 넘어 일정한 법적 지위를 인정한 것으로 해석하는 견해는 김종보, 앞의 논문(토지형질변경허가의 법적 성질), 419면 참고.

238) '실체적 권리관계와의 밀접한 관련성'에 의거하여, 토지대장 등의 기재행위라 하더라도 법령상 행정목적을 실현하기 위해 행정청의 일방적 결정에서 비롯된 행위이고 취소소송 외에는 이를 다툴 수 없는 경우에는 처분성을 인정하여야 한다는 견해로는 박정훈, 앞의 책(행정소송의 구조와 기능), 75면 참고.; 토지대장 직권말소 등의 처분성에 관한 자세한 논의는 안동인, 「토지대장의 직권말소 및 기재사항 변경거부의 처분성」, 『행정판례연구 XIX-1』, 한국행정판례연구회, 2014. 참고.; 부실공문서의 발생을 억제하기 위해 공적 장부의 기재와 관련한 행위에 대해서는 처분성을 인정하여야 한다는 견해로는 선정원, 앞의 논문, 참고.; 국민의 권익구제를 위해 건축물대장상의 변경행위에 대해 처분성을 인정하여야 한다는 견해로는 김정중, 앞의 논문, 106~107면 참고.; 지적공부 중 권리의무에 직접 영향을 미치는 부분과 단순히 사실을 확인하는 것에 불과한 부분을 구분하기는 쉽지 않으므로, 권리구제를 위해 지적공부의 변경행위 및 정정신청에 대한 거부행위에 대해서는 처분성을 인정하여야 한다는 견해로는 김영순, 앞의 논문, 220면 참고.; 지목은 토지소유권을 행사하기 위한 전제요건으로 토지소유자의 실체적 권리관계에 밀접하게 관련되어 있다는 점에서 지목변경에 대한 처분성을 인정하여야 한다는 견해로는

그러나 지목이 지목변경이라는 절차를 통해 대지로 변경되는 과정에서 건축허용성을 반영하고, 대지라는 지목은 건축이 가능한 법적 성질을 가지는 토지를 표상하며 건축허용성을 판단하는 기준으로 활용되고 있다는 점에서, 최소한 다른 지목에서 대지로의 지목변경은 국민의 권리관계에 직접적인 영향을 미치는 것으로 처분성이 인정되어야 한다.

2004년 법원이 기존의 입장을 변경하여 지목변경신청에 대한 거부처분의 처분성을 인정한 것도 지목의 도시계획적 효력을 인정한 것으로 이해되어야 한다.[239] 이러한 변화의 흐름은 최근 대법원 판결을 통해 명확하게 확인된다. 최근 법원은 지목이 답인 토지에 축사를 건축하기 위해서는 지목을 변경하여야 하고, 이를 위해서는 국토계획법상 토지형질변경허가를 받아야 하고,[240] 토지형질변경허가를 받은 후 지목변경을 신청하여야 한다고 판단하였다.[241] 지목은 건축허용성을 판단하는 기준으로, 토지형질변경허가와 지목변경이 건축허용성을 부여하고 반영하는 도시계획적 효력을 가진다는 점을 분명히 한 것이다.

(4) 소결 – 지목변경의 도시계획적 기능

토지형질변경허가에 의해 부여된 건축허용성을 표시하기 위해서는 지목이 대지로 변경되는 방식으로 지적에 반영될 수밖에 없다.

이현준, 「행정청의 지목변경신청반려처분 사례에 관한 법적 고찰」, 『토지공법연구』 제50집, 한국토지공법학회, 2010. 참고.

239) 같은 취지 이상덕, 앞의 논문, 510~511면 참고.; 해당 논문의 자세한 내용은 각주 256번 참고.

240) 대법원 2020. 7. 23. 선고 2019두31839 판결.

241) 대법원 2020. 7. 23. 선고 2019두31839 판결, 대법원 2009. 12. 10. 선고 2008두10232 판결.

지목변경은 해당 필지가 국토계획법상 토지형질변경허가 등의 절차를 통해 지목이 변경되는 것을 의미하고, 지목변경은 토지형질변경허가를 통해 부여된 건축허용성을 지목에 반영하는 도시계획적 기능을 한다.

이처럼 지목은 건축허용성을 공시하는 도시계획적 효력을 가진다. 특히, 대지인 지목은 건축물을 건축을 할 수 있는 토지로 인식되기 때문에 건축허용성이라는 특권적 지위가 인정되는 토지임을 상징하고,[242] 건축허용성을 판단하는 가장 결정적인 기준이 된다는 점에서 도시계획적 효력을 가진다.

---

242) 김종보, 앞의 논문(건축허용성의 부여와 반영), 167면.

제2절 일본 도시계획법제상 건축허용성의 규율

Ⅰ. 개관

일본의 근대 도시계획법제의 기원은 1888년 제정된 동경시구개정 조례로 거슬러 올라간다.[243] 이후 1919년 도시계획법의 제정으로 '도시계획구역(都市計画区域)', '지역·지구제(地域·地区制)', '토지구획정리(土地区画整理)' 등의 제도가 도입되었고, 용도지역에 따른 건축물의 제한(건축허가요건)을 규율하기 위해 시가지건축물법이 제정되어, 용도지역제 도시계획을 기본으로 하는 도시계획법제의 체계가 마련되었다.[244]

1968년 제정된 도시계획법에서는 도시의 무분별한 확장을 억제하기 위한 목적으로 '구역구분제(区域区分制)'와 구역구분제의 실효성을 담보하기 위한 목적으로 '개발행위허가(開発行為許可)'를 도입하여, 구역구분제와 개발행위허가를 중심으로 하는 현행 도시계획법제의 체계가 완성되었다.[245] 현행 우리나라와 일본의 도시계획법제의 가장 큰 차이는 구역구분제의 유무로 볼 수 있다.[246]

일본 도시계획법에서는 일체적 도시로서 종합적인 정비와 개발·보전이 필요한 구역을 도시계획구역으로 정하고(제5조), 도시계획구역을 다시 시가화구역과 시가화조정구역으로 구분하여, 시가화구역

---

243) 須田 政勝, 앞의 책, 32~39면 참고.; 같은 취지 荒 秀, 앞의 책(日韓土地行政法制の比較研究), 3면 참고.

244) 자세한 내용은 荒 秀, 앞의 책(日韓土地行政法制の比較研究), 3~4면 참고.

245) 일본 도시계획법제가 정립된 과정에 관해서는 鵜野 和夫·秋山 英樹·上野 俊秀, 앞의 책, 10~11면 참고.; 일본 도시계획의 변천 과정에 관한 국내 문헌으로는 류해웅·박수헌, 앞의 논문, 9~14면 참고.

246) 같은 취지 류해웅·박수헌, 앞의 논문, 113면 참고.

에서는 일정규모 이상의 개발행위에 대해서는 개발행위허가를 받도
록 하여 건축허용성을 규율하고, 시가화조정구역에서는 원칙적으로
개발을 금지하여 건축허용성을 통제하는 형식으로 도시계획을 통해
건축허용성을 규율하고 있다(제7조). 다만, 구역구분제가 실제적으로
효력을 가질 수 있도록 개발행위허가가 개별 필지에 건축허용성을
부여하는 기능을 하며 구역구분제를 보완하고 있다.[247] 후술하겠으
나, 일본에서 개발행위는 '건축물의 건축을 목적으로 행하는 토지의
구획형질변경'을 의미하고(도시계획법 제4조 제12항), 우리나라와 달
리 건축물의 건축을 목적으로 한다는 요건을 명확하게 규정하고 있
는 반면, 개발행위허가의 대상을 토지의 구획변경과 형질변경으로
한정하고 있다.

　이처럼 일본 도시계획법제에 있어 건축허용성에 관한 규율은 크
게 도시계획구역의 지정을 통한 규율, 도시계획구역 내에서 구역구
분제를 통해 이루어지는 건축허용성 규율, 개발행위허가를 통한 개
별 필지 단위의 건축허용성 규율로 구분해볼 수 있다. 이하에서는
위 구분에 따라 일본 도시계획법제상 건축허용성의 규율에 관해 상
세히 검토해본다.

Ⅱ. 도시계획구역에서의 건축행위 규율

(1) 도시계획구역 개관

1) 도시계획구역의 개념과 법적효과

　도시계획법에서는 '도시계획구역(都市計画区域)'의 지정을 통해 도
시계획법의 적용 대상지역을 도시지역으로 한정하고 있다. 도시계

---

247) 같은 취지 安本 典夫, 앞의 책, 29면 참고.

획구역은 도시계획법, 건축기준법 등에 따른 규제나 효과가 발생하는 지역으로, 국토이용계획법상 토지이용기본계획에 따른 '도시지역(都市地域)'과는 다른 도시계획을 위한 개념이라는 점에 유의하여야 한다.248) 현재 도시계획법의 직접적인 적용 대상인 도시계획구역은 일본 전 국토의 4분의 1에 불과한 약 10만㎢ 면적에 불과하지만, 도시계획구역 내의 인구는 약 1억 3천만명으로 일본 전체 인구의 90% 이상에 달한다.249)

도시계획구역은 도시계획을 수립하는 대상지역으로, 도시계획법에서는 도시계획구역의 지정대상을 '시정촌(市町村)의 중심 시가지를 포함하고, 자연 및 사회적 조건 및 인구, 토지이용, 교통 등의 현황 및 추이를 감안하여 일체의 도시로서 종합적으로 정비하고 개발 및 보전할 필요가 있는 지역과 수도권정비법 등에 의한 도시개발구역, 새로운 주거도시, 공업도시 등으로 개발 및 보전할 필요가 있는 지역'으로 정하고 있다(제5조). 전자는 자연발생적으로 도시화된 지역인 기성시가지를 의미하고, 후자는 개발사업을 통해 개발된 신시가지를 의미하는 것으로, 도시계획의 목적 또한 기성시가지의 정비, 신시가지의 개발로 구분하고 있다.

도시계획구역으로 지정되면 일정한 개발행위에 대해서는 허가를 받아야 하고(도시계획법 제29조), 건축물의 건축을 위해서는 건축기준법상 건축확인(건축기준법 제6조)을 받아야 한다. 또한, 토지거래행위의 제한(국토이용계획법 제12조) 등 공법상 규제가 이루어지기도 하는 등 도시계획법과 건축기준법 등에 따라 개발행위와 건축행위에 대한 규율이 이루어진다. 다만 후술하는 바와 같이, 도시계획구역의 지정만으로는 구체적인 법적효과가 발생하지는 않고, 구역구

---

248) 坂和 章平, 『建築基準法の読み解き方』, 民事法研究会, 2007., 93면 참고.; 자세한 내용은 '도시지역 외 지역에서의 건축행위 규율' 부분 참고.

249) 都市計画法制研究会, 앞의 책, 머리말 부분 참고.

분제와 연계하여 개발행위나 건축행위에 관한 구체적인 규율 내용
이 정해진다.

2) 준도시계획구역의 개념과 법적효과

도시계획구역 외의 지역에서 발생하는 무질서한 개발을 억제하
기 위한 목적으로 2000년 도시계획법 개정을 통해 도시계획구역으
로 지정되지 않은 지역에서는 '준도시계획구역(準都市計画区域)'을
지정할 수 있도록 하였다.[250] 현행 일본 도시계획법에서는 '시정촌
(市町村)'이 '도도부현(都道府県)'의 동의를 얻어 도시계획구역 외의
지역에서도 적극적인 정비 또는 개발을 필요로 하지는 않으나 토지
이용을 정비하지 않고 방치하면 장래에 도시로서의 정비, 개발, 보전
에 지장이 생길 우려가 있을 것으로 판단되는 지역을 준도시계획구
역으로 지정할 수 있도록 규정하고 있다(제5조의2 제1항).

도시계획구역이 일체적인 도시로서 종합적으로 정비·개발 또는
보전이 필요한 구역인데 반해(제5조 제1항), 준도시계획구역은 그대
로 방치할 경우 장래에 일체적인 도시로서 정비·개발 또는 보전에
지장이 발생할 우려가 있는 구역이라는 점에서 본질적인 차이가 있
다. 또한, 준도시계획구역을 지정하는 요건이 장래 도시계획구역으
로 지정될 것 또는 도시계획구역의 지정 요건을 완화한 것은 아니기
때문에, 준도시계획구역의 지정을 장래 도시계획구역으로 지정될
지역이나 도시계획구역이 확대된 개념으로 해석해서는 아니된다.[251]

준도시계획구역에서는 일정규모 이상의 개발행위에 대해서는 개
발행위허가를 받아야 하고(도시계획법 제29조 제2항) 이에 대한 판
단기준은 도시계획구역 내 시가화구역과 동일하게 '기술기준(技術基

---

250) 鵜野 和夫, 『改訂増補·都市開発と建築基準法』, 清文社, 2002., 130면.; 鵜野
和夫·秋山 英樹·上野 俊秀, 앞의 책, 14면.
251) 坂和 章平, 앞의 책, 95면.

準)'이 적용된다. 또한, 건축물의 건축에 있어서도 건축기준법상 건축확인을 받아야 하고, 집단규정의 적용을 받는 등 도시계획구역과 유사한 규율을 받는다(건축기준법 제41조의2).[252]

(2) 도시계획구역과 구역구분제의 관계

도시계획구역은 구역구분제와 밀접하게 관련되어 있다. 도시계획구역 중 시가화구역 내에서 일정규모 이상의 개발을 하려면 개발행위허가를 받아야 하고 시가화조정구역 내에서는 원칙적으로 개발이 금지되는 등 구체적인 법적효과가 발생하기 위해서는 구역구분이 전제되어야 하기 때문이다. 또한, 도시계획구역 내 시가화구역에는 원칙적으로 용도지역을 지정하여 건축허가요건에 대한 규제가 이루어지지만, 도시계획구역의 지정만으로는 건축허가요건에 관한 구체적인 법적효과가 발생하지도 않는다.

이처럼 도시계획구역과 구역구분은 별개의 제도라기보다는 도시계획구역의 지정이라는 요소와 시가화구역과 시가화조정구역을 구분하는 요소가 결합하여 구분구역제라는 하나의 도시계획을 구성한다고 해석되어야 한다. 도시계획구역의 지정 행위가 구체적인 법적효과를 발생하는 구역구분 행위를 전제하고 있어 항고소송의 대상인 처분에 해당하지 않는 점도 동일한 이유로 해석된다.[253]

(3) 도시지역 외 지역에서의 건축행위 규율

일본에서는 농촌과 같은 도시지역 외 지역에서는 원칙적으로 건축행위가 자유롭게 허용된다.[254] 다만, 일정규모 이상의 개발행위는

---

252) 鵜野 和夫·秋山 英樹·上野 俊秀, 앞의 책, 14면.
253) 같은 취지 荒 秀·小高 剛, 『都市計画法規概説』, 信山社出版, 1998., 22면 참고.

개발행위허가를 받아야 하고(도시계획법 제29조 제2항), 특정용도의 건축물은 건축확인을 받아야 하는 등(건축기준법 제6조 제1항 제1호 내지 제3호에 해당하는 건축물), 건축물의 규모나 용도에 따라서는 건축허용성과 건축허가요건이 규율되기도 한다.

일본에서는 토지의 투기적 거래와 지가의 폭등을 막기 위한 목적으로, 1974. 6. 25. 법률 제92호로 '국토이용계획법(国土利用計画法)'을 제정·공포하였다.255) 국토이용계획법은 크게 '국토이용계획(国土利用計画)'에 관한 부분과 토지거래규제에 관한 부분으로 구분된다. 국토이용계획은 '전국계획(全国計画)', '도도부현계획(都道府県計画)', '시정촌계획(市町村計画)'으로 구분되고(제2장 이하), 도도부현 지사는 국토이용계획을 기본으로 하여 '도시지역(都市地域)', '농업지역(農業地域)', '삼림지역(森林地域)', '자연공원지역(自然公園地域)', '자연보전지역(自然保全地域)' 등 5개 지역으로 지역을 구분하여, 토지이용에 관한 사항을 정한 '토지이용기본계획(土地利用基本計画)'을 수립하여야 한다(제3장 이하).256)

농업지역 등 도시지역 외 지역은 원칙적으로 국토이용계획법에 따라 규율되나, 지역이 구분되었다고 하더라도 직접적으로 건축행위에 규제가 발생하는 것은 아니다.257) 예를 들어, 국토이용계획법상 도시지역으로 지정된 토지라 하더라도 도시계획법상 도시계획구역 내 시가화조정구역으로 지정되어야만 도시계획법 제43조 등의 적용을 받아 개발행위 또는 건축행위에 대한 규율이 이루어지기 때문이다. 이렇듯 도시지역은 도시계획법, 농업지역은 '농업진흥지역

---

254) 鵜野 和夫·秋山 英樹·上野 俊秀, 앞의 책, 14면.
255) 土地利用研究会, 『早わかり 国土利用計画法』, 大成出版社, 1999., 1면.; 같은 취지 鵜野 和夫, 앞의 책, 125면.
256) 자세한 내용은 土地利用研究會, 앞의 책, 7면 참고.
257) 鵜野 和夫, 앞의 책, 126면.

의 정비에 관한 법률(農業振興地域の整備に関する法律)', 삼림지역은 '삼림법(森林法)', 자연공원지역은 '자연공원법(自然公園法)', 자연환경보전지역은 '자연환경보전법(自然環境保全法)' 등 각각의 개별 법령에 따라 개발행위나 건축행위 등이 규율된다.258)

'도시지역'은 국토이용계획법상 토지이용계획에 따라 정해진 지역이고, '도시계획구역'은 도시계획법에서 따라 지정된 구역으로 전혀 별개의 개념이라는 점에 주의하여야 한다. 도시지역은 도시계획구역과 관련되지만, 도시계획구역 전부가 도시지역인 것은 아니고, 도시계획구역 내에 농업지역이 포함되는 경우도 있다.259) 도시지역으로 구분되더라도 개발행위나 건축행위에 대한 규제가 발생하는 것은 아니기 때문에, 개발행위나 건축행위의 규율을 목적으로 하는 도시계획구역과는 법적효과가 상이하다. 다만, 국토이용계획법에서는 도시지역을 '일체의 도시로서 종합적으로 개발·정비 또는 보전할 필요가 있는 지역'으로 정의하고 있어(제9조 제4항), 도시지역을 도시계획법상 도시계획구역으로 지정되기에 상당한 지역으로 해석하는 견해도 있다.260)

우리나라에서도 2003년 도시계획법과 국토이용관리법이 국토계획법으로 통합되기 이전까지는 도시계획법상 도시계획구역이 존재하였다. 조선시가지계획령에서는 도시계획구역을 '시가지계획구역'으로 정의하고, 조선총독이 시가지계획구역을 결정하도록 정하였고(제정 조선시가지계획령 제2조), 과거 도시계획법에서도 도시계획구역을 지정하도록 정하고 있었다(제3조). 당시 도시계획법은 도시 내 일정한 지역에 도시계획을 수립하여 건축허가요건 등을 규율하는 것을 목적으로 하였고, 이를 위해서는 먼저 도시계획을 수립하는 지역을 구획하여야 하기 때문에, 도시계획법에서는 도시계획구역을

---

258) 자세한 내용은 須田 政勝, 앞의 책, 126면 참고.
259) 鵜野 和夫, 앞의 책, 126면.
260) 鵜野 和夫·秋山 英樹·上野 俊秀, 앞의 책, 5~6면 참고.

'도시계획이 실시될 지역'으로 정의하여(제2조 제1항), 도시계획구역을 지정하도록 하였다. 이처럼 국토계획법 제정 이전까지는 우리나라와 일본의 도시계획법제가 유사한 체계(도시계획법과 국토이용관리법이라는 이원적 체계)로 규율되어 왔다.

그러나 2003년 국토계획법의 제정으로 도시계획의 내용이 되는 용도지역에 농림지역 등이 포함됨으로써 도시계획이 전국을 대상으로 하는 도시·군계획으로 변화하였다. 종래 도시계획이 수립되는 지역이라는 의미의 도시계획구역은 그 의미를 상실하였고, 도시계획구역의 지정에 관한 규정 또한 삭제되었다. 다만, 현재도 도시계획구역이라는 관념은 유지되고 있다.261) 현행 법제에서도 도시계획이 수립되는 지역은 도시계획에 따라 건축허용성과 건축허가요건이 결정되는 반면, 국토계획법에 의해 관리지역, 농림지역 등으로 구분되고 도시계획이 별도로 존재하지 않은 지역은 원칙적으로 법령에 따라 건축허가요건 등이 통제되는 차이가 있다.262)

도시계획구역이 여전히 유효한 일본의 도시계획법제는 원칙적으로 도시계획구역만을 도시계획법의 규율 대상으로 한다. 이에 반해 우리나라는 도시계획법과 국토이용관리법을 통합하여 국토계획법을 제정함으로써, 도시계획의 대상이 전국으로 확대되어 법제상으로는 도시지역과 도시지역 외 지역의 차이가 명확하지 않다. 이러한 법·제도상 차이점은 그 나라의 정책적인 것으로, 어느 한쪽의 법제가 우월하다고 보기는 어렵다.263) 다만, 도시가 확대되고 전국적인 토지이용규제가 필요해짐에 따라 일본에서도 도시계획구역이라는 개념을 폐지하고 도시계획을 전국적인 계획으로 확대하여야 한다는

---

261) 김종보, 앞의 책, 200면.
262) 김종보, 앞의 책, 200~201면.
263) 독일은 전국을 규율하는 하나의 법률이 시행되고 있다(독일 도시계획법 전: BauGB). 자세한 내용은 김종보, 앞의 책, 16면 참고.

논의가 있다. 일본 도시계획법에서 도시계획구역 외의 지역에서도 도시계획시설의 설치가 가능하도록 규정한 점(제11조), 건축기준법에서 도시계획구역 외의 지역에서도 조례를 통해 건축물에 대한 형태제한이 가능하도록 한 점(제68조의9) 등은 이러한 움직임을 반영한 것으로 볼 수 있다.[264]

Ⅲ. 구역구분제를 통한 건축허용성 규율

(1) 구역구분제 개관

1) 구역구분제의 정의

1968년 도시계획법에서는 도시계획구역에 대한 무질서한 시가화를 방지하고 계획적인 시가화를 도모하기 위한 목적으로 '구역구분제(区域区分制)'를 도입하였다. 구역구분제는 도시계획구역을 '시가화구역(市街化区域)'과 '시가화조정구역(市街化調整区域)'으로 구분하여, 시가화조정구역에서는 무질서한 시가화를 방지하기 위해 개발행위 및 건축행위를 제한하고, 도시의 정비나 개발에 필요한 투자를 시가화구역에 집중하여 시가지를 계획적으로 정비·개발하기 위한 제도이다.[265] 이 책에서는 이를 '구역구분제' 또는 '구역구분제 도시계획'이라고 한다.

2) 구역을 구분하는 기준

시가화구역은 이미 시가지를 형성하고 있는 지역(이른바 기성시가지) 또는 10년 내에 시가화를 추진해야 하는 지역을 대상으로 지

---

264) 자세한 내용은 荒秀·小高剛, 앞의 책, 19면 참고.
265) 鵜野 和夫·秋山 英樹·上野 俊秀, 앞의 책, 11면.; 심나리, 「일본의 도시재생 관련 법령체계에 관한 연구」, 한국법제연구원, 2007., 58면.

정된다. 시가화구역으로 지정되는 '이미 시가지를 형성하고 있는 지역'은 50ha 이하의 정형화된 토지로 가정하여 인구밀도가 1ha 당 40명 이상인 지역으로 해당 구역의 인구가 3,000명 이상인 지역 등을 의미하고, '10년 내에 시가화를 추진해야 하는 지역'은 기성시가지와 연속되어 이미 상당 부분 택지화가 이루어진 구역으로 10년 내에 기성시가지화될 것이 예상되는 지역 등을 의미한다(도시계획법 시행령 제8조 및 시행규칙 제8조). 반면, 시가화조정구역은 시가화를 억제할 지역을 대상으로 지정된다(도시계획법 제7조).

주의할 점은 시가화조정구역이 개발행위나 건축행위를 금지하기 위한 목적으로 지정되는 것은 아니라는 것이다. 도로나 학교 등 기반시설[266]을 정비하기 위한 예산이 한정되어 있기 때문에, 시가화구역 내의 기반시설을 중점적으로 먼저 정비하고, 시가화구역의 정비 또는 개발이 완료되면 시가화구역에 인접한 시가화조정구역의 일부를 다시 시가화구역으로 편입하는 방식으로 단계적·효율적으로 도시를 정비 또는 개발하기 위한 목적에서 시가화조정구역이 지정되는 것이다.[267]

도시계획구역 안에서 시가화구역과 시가화조정구역을 구분하는 행위를 통상 '센비끼(線引き)'라고 하나,[268] 이는 실무상 사용되는 용어이며, 법령상 용어는 '구역구분제'이다.

---

266) 일본 도시계획법에서는 도시생활에 필요한 시설로 도시계획을 통해 설치되는 시설을 '도시시설'로 정의하고 있다(법 제11조). 우리나라 국토계획법상 기반시설과 유사한 개념으로, 이 책에서는 이해의 편의를 위해 '기반시설'이라는 용어로 통일하여 사용한다.
267) 鵜野 和夫, 앞의 책, 132면.; 鵜野 和夫·秋山 英樹·上野 俊秀, 앞의 책, 17~18면.
268) 坂和 章平, 앞의 책, 97면.

3) 구역구분제와 용도지역제의 관계

일본의 용도지역제 도시계획은 원칙적으로 시가화구역 내에서만 수립된다(도시계획법 제13조 제1항 제7호). 시가화조정구역은 개발행위나 건축행위가 불가능하기 때문에 용도지역 자체를 지정할 필요가 없다. 그러므로 이미 용도지역이 지정된 지역이 시가화조정구역으로 지정되는 경우 기존의 용도지역은 소멸된다. 다만, 소규모의 취락 또는 건축물이 다수 산재되어 있는 지역 등 특별한 사정이 인정되는 경우에는 예외적으로 기존의 용도지역이 인정된다.[269]

이처럼 일본 도시계획법에서는 구역구분제와 용도지역제를 연계하여 건축허가요건을 규율하는 방식을 채택하고 있다. 다만, 일본의 용도지역제는 그 의미가 축소되어 기본적으로 시가화구역에서만 건축허가요건을 규율하는 기능을 담당하고 있으며, 도시지역 외 지역에 대해서도 용도지역을 지정하는 우리나라의 용도지역제와는 체계상 차이가 존재한다.

4) 백지지역의 의미

도시계획구역 내이나 시가화구역 또는 시가화조정구역으로 구역구분이 어려워 방치된 토지를 실무상으로는 '백지(白地)지역'이라고 한다.[270] 도시계획구역을 구분한다는 구역구분제의 취지를 고려하면 도시계획구역 내 토지는 시가화구역 또는 시가화조정구역 중 하나로 구분되어야 한다. 그러나 2000년 도시계획법의 개정으로 지역의 실정을 고려하여 도도부현이 구역을 구분할지 여부를 결정할 수 있도록 선택제로 변경되면서 백지지역이 등장하기 시작하였다.[271]

---

269) 荒 秀·小高 剛, 앞의 책, 48면.
270) 坂和 章平, 앞의 책, 98면.
271) 都市計畵法制硏究会, 앞의 책, 24면.; 같은 취지 坂和 章平, 앞의 책, 97~98
   면.; 小嶋 俊洋, 「市街化調整区域における都市的土地利用と農業的土地利用

다만, 계획적인 시가화가 필요한 대도시의 기성시가지 등에서는 원칙적으로 구역구분이 의무화된다(도시계획법 제7조 제1항 각호 참고).

백지지역에 대해서는 법령상 명확하게 정의하고 있지 않기 때문에, 과거에는 '구역구분이 되지 않은 도시계획구역(未線引き都市計画区域)'을, 현재는 '구역구분이 이루어지지 않은 도시계획구역(非線引き都市計画区域)'을 의미한다고 본다.272)

백지지역은 도시계획구역 내이기 때문에 일정규모 이상의 개발행위에 대해서는 허가를 받아야 한다. 개발행위허가 규정이 원칙적으로 도시계획구역 전체에 적용되기 때문이다. 또한, 건축기준법에 따라 용적률 또는 건폐율이 강화되는 등 건축행위도 제한된다. 다만, 백지지역은 시가화구역으로 구분되지 않은 지역이기 때문에 용도지역이 지정되지는 않는다.273)

(2) 시가화구역과 시가화조정구역에서의 건축허용성

1) 시가화구역 내 건축허용성의 부여

도시계획법에서는 시가화구역에서의 개발행위가 시행령에서 정한 일정규모 이상인 경우에는 개발행위허가를 받도록 규정하고 있다. 이는 반대로 해석하면 일정 규모 미만의 개발행위는 허가를 받지 않더라도 건축기준법상 건축확인만을 받으면 건축이 가능하다는 것을 의미한다. 즉, 시가화구역에서는 토지의 지목이 택지274)가 아

の調整メカニズム」, 『横浜国際社会科学研究』, 横浜国立大学, 2007., 83~84면 참고.

272) 자세한 내용은 坂和 章平, 앞의 책, 98면 참고.

273) 坂和 章平, 앞의 책, 98면.

274) 일본에서 택지는 우리나라의 지목상 대(垈)에 해당한다. 다만, 이해의 편의를 위해 건축허용성에 관한 논의 부분에서는 일본에서 지목이 '택지'인 토지는 우리나라에서 지목이 '대지'인 토지를 의미하는 것으로 본다.

니더라도 원칙적으로 건축허용성이 부여되고, 일정규모 이상의 개
발행위에 한해서는 지목에 관계없이 건축허용성이 부정되기 때문에
개발행위허가를 받아야만 건축이 가능한 것으로 이해할 수 있다. 이
러한 견해에 따르면, 일본에서는 구역구분제라는 도시계획을 통해
시가화구역의 토지에 대해서는 건축허용성이 부여되고, 시가화조정
구역에서는 건축허용성이 통제된다고 해석할 수도 있다.[275]

　이에 대해서는 반대의 견해도 가능하다. 도시계획법 시행령 제19
조에서는 '허가를 요하지 않는 개발행위의 규모(許可を要しない開発
行為の規模)'를 정하고 있는데, 법령의 문언상 시가화구역에서는 원칙
적으로 개발행위를 받아야 하고, 일정규모 미만의 개발행위의 경우에
만 예외적으로 건축허용성이 부여되어 허가가 필요하지 않은 것으로
해석될 수 있다. 이러한 견해에 따르면 시가화구역에서의 건축허용성
은 개발행위허가를 통해 규율된다고 보아야 한다. 이는 우리나라의
기성시가지에서 토지형질변경허가가 건축허용성을 부여하는 기능을
수행하고 지목이 건축허용성을 반영하는 체계와 유사하다.

　다만, 시가화구역에서 '허가를 요하지 않는 개발행위의 규모'를
1,000㎡ 미만으로 정하고 있는 점[276]을 고려하면, 토지소유자가 통상
적인 규모의 주택 등을 건축하는 경우에는 사실상 개발행위허가가
필요하지 않다. 이는 시가화구역의 토지는 구역구분을 통해 원칙적으
로 건축허용성이 부여된다는 것을 의미한다. 시가화조정구역에서는
구역구분이라는 절차만으로 건축허용성이 통제되는 효과가 발생한다
는 점을 고려하면, 일본에서는 구역구분제라는 도시계획을 통해 도시

---

275) 시가화조정구역에서의 건축허용성 규율에 관한 자세한 내용은 '시가화
　　조정구역에서의 건축허용성의 통제' 부분에서 논하기로 한다.

276) 원칙은 1,000㎡ 미만이나 조례로 300㎡부터 1,000㎡ 미만의 범위에서 그
　　규모를 별도로 정할 수 있다.; 자세한 내용은 '개발행위허가를 필요로 하
　　지 않은 건축행위' 부분에서 논하기로 한다.

계획구역 내 토지의 건축허용성이 규율된다고 해석할 수 있다.

2) 시가화조정구역에서의 건축허용성의 통제

시가화조정구역으로 지정되면 도시계획법상 예외적으로 허가를 받거나 별도의 개발행위허가를 받지 않은 이상, 원칙적으로 개발행위가 금지된다.[277] 시가화조정구역에서 개발행위허가를 받기 위해서는 시가화구역에서의 개발행위 허가기준인 '기술기준(技術基準)'을 충족함과 동시에 '입지기준(立地基準)'을 충족하여야 하나, 허가기준이 엄격하여 사실상 개발행위가 제한된다.[278]

개발행위는 건축행위를 전제로 하는 행위라는 점에서, 시가화조정구역의 지정은 도시계획구역 내 토지를 구획하여 건축허용성을 통제하는 역할을 한다. 그러므로 최소한 시가화조정구역에서는 구역구분제라는 도시계획을 통해 건축허용성이 규율된다고 보아야 한다.

한편, 우리나라 국토계획법에서도 용도구역의 일종으로 시가화조정구역을 지정할 수 있도록 규정하고 있다(제39조). 국토계획법상 시가화조정구역은 '도시지역과 그 주변지역의 무질서한 시가화를 방지하고 계획적·단계적인 개발을 도모하기 위하여 5년 이상 20년 이내로 기간을 정하여 시가화를 유보하기 위해 지정되는 구역'으로, 시가화조정구역 내에서는 건축허용성이 통제된다.[279] 우리나라의 시가화조정구역이 1981년 도시계획법 개정[280]으로 도입되었다는 점,

---

277) 鵜野 和夫, 앞의 책, 124면.
278) 자세한 내용은 '개발행위의 허가기준' 및 '시가화조정구역에서 건축허가를 통한 건축허용성 부여' 부분에서 논하기로 한다.
279) 시가화조정구역에서는 건축물의 건축행위가 제한된다(국토계획법 시행령 별표 24. 참고). 국토계획법상 개발제한구역, 시가화조정구역 등에서 이루어지는 건축허용성의 통제에 관해서는 '개발제한제 개관' 부분에서 논하기로 한다.
280) 1981. 3. 31. 법률 제3410호로 일부개정되어 1981. 7. 1. 시행된 것.

일본 도시계획법상 시가화조정구역과 목적과 규율 내용이 유사하다
는 점을 고려하면, 우리나라의 시가화조정구역은 일본의 시가화조
정구역을 차용하여 도입된 것으로 추측된다.281) 다만, 일본의 시가
화조정구역은 도시계획구역 내에서 구역구분을 통해 지정되는 반면,
우리나라의 시가화조정구역은 용도구역의 일종으로 도시지역 외 지
역에서도 지정된다는 점에서 차이가 있다. 그러나 우리나라에서 시
가화조정구역으로 지정된 규모는 2019년 말 기준 2.0㎢에 불과하여,
시가화조정구역으로 지정된 지역의 규모가 매우 미미하고 사실상
활용되지 않고 있다는 점에서 일본의 시가화조정구역과의 비교는
큰 의미를 가지지는 못한다.

3) 건축허용성 규율에 관한 연혁적 배경

1968년 도시계획법 제정 당시 구역구분제를 도입한 목적은 무질
서한 도시화를 억제하고, 시가화가 필요한 지역에서는 자유로운 농
지전용을 통해 택지를 공급하려는 것이었다.282) 이를 위해 시가화구
역에서는 택지를 원활하게 공급하기 위해 건축허용성을 부여하고,
시가화조정구역에서는 도시화를 억제하기 위해 건축허용성을 통제
하는 방식으로, 도시계획을 통해 건축허용성을 규율하기 시작한 것
으로 추측된다.

한편, 일본의 구역구분제가 처음부터 시가화구역과 시가화조정구
역이라는 이분(二分)적인 구분을 전제한 것은 아니었다. 1968년 도시
계획법의 제정을 둘러싸고 구역구분제가 도입된 과정을 살펴보면,

---

281) 법 개정이유를 '도시의 계획적·단계적인 개발을 기하기 위하여 시가화조
정구역을 지정하여 일정기간 시가화를 유보할 수 있게 함'으로 밝히고
있을 뿐, 우리나라에 시가화조정구역이 도입된 구체적인 배경이나 이유
를 확인하기는 어렵다.
282) 小嶋 俊洋, 앞의 논문, 77면.; 같은 취지 田中 曉子, 「市街化区域·市街化調整
区域の成立過程に関する研究」, 『都市問題』, 東京市政調査会, 2009., 90면 참고.

당초에는 구역의 구분을 더 세분화하고 있었다.[283]

　1967년 '택지심의회(宅地審議会)'[284]의 제6차 '都市地域における土地利用の合理化を図るための対策に関する答申(도시지역에서　토지이용의 합리화를 도모하기 위한 대책에 관한 답신)'에서는 도시지역을 기성시가지, 시가화지역, 시가화조정지역, 보존지역 등 4가지 지역으로 구분하여, 기성시가지에서는 포괄적인 농지전용허가를 허용하여 건축의 자유를 보장하고, 시가화지역에서는 일정규모 이상의 개발에 대해서는 허가를 받도록 하며, 시가화조정지역은 도로, 상수도 등 기반시설을 설치하는 개발에 대해서만 허가를 하고, 보존지역에서는 전면적으로 개발을 금지하려고 하였다.[285] 그러나 보존지역의 지정이 토지의 일괄매입을 전제로 하고 있어 재정적으로 불가능하였고,[286] '농림수산성(農林水産省)'에서 시가화지역에서도 기성시가지와 동일하게 농지전용허가를 허용하자는 의견을 제시하는 등 시가화지역의 계획적인 개발을 개발규모에 의해 규제하기보다는 개발사업과 같은 적극적인 도시계획을 통해 진행하여야 한다는 논의들을 수용하여,[287] 구역구분을 세분화하기보다는 기성시가지와 시가화지역은 시가화구역으로, 시가화조정지역과 보전지역은 시가화조

---

283) 구역구분제의 도입에 관한 논의 과정을 자세하게 소개한 논문으로 田中 曉子, 앞의 논문, 참고.

284) 본래 명칭은 '택지제도심의회(宅地制度審議会)'로, 1962년 택지제도에 관한 중요사항을 조사·심의하기 위해 설치된 '건설성(建設省)'의 부속기관이다. 1963년 명칭이 '택지심의회(宅地審議会)'로 변경되었다. 田中 曉子, 앞의 논문, 91면 참고.

285) 小嶋 俊洋, 앞의 논문, 74면.; 김제국·中井 檢裕, 「각국 시가화억제구역제도의 구성원리와 개발규제에 대한 비교고찰」, 『국토계획』 95호, 대한국토도시계획학회, 1998., 99~100면 참고.

286) 김제국·中井 檢裕, 앞의 논문, 69면.

287) 小嶋 俊洋, 앞의 논문, 74면.; 1968년 도시계획법의 입법 과정에서 엄밀한 검토와 각 방면의 행정분야의 이해관계를 조정하면서 이분적인 구역구분제로 도입을 결정하였다는 견해는 田中 曉子, 앞의 논문, 100면 참고.

정구역으로 통합하여 이분적인 구역구분제를 도입하게 되었다.

제도가 도입되는 과정에서 규율의 정도가 완화된 측면은 있으나, 당초 구역구분제가 도시지역을 여러 종류의 구역으로 구획하여 상세하게 개발행위를 규율하려고 시도한 것은 구역구분제가 건축허용성을 규율하기 위해 도입되었다는 취지로 해석될 수 있다. 그러므로 구역구분제가 시가화구역과 시가화조정구역이라는 이분적인 규율로 완화된 점에 대해서는 제도상 유연성이 결여되고 모순이 발생하였다는 비판도 있다.[288] 이러한 비판은 구역구분제를 통한 건축허용성의 규율이 완벽하지 않다는 것을 의미하고, 불완전한 구역구분제를 보완하기 위해 개발행위허가가 활용될 수밖에 없었다는 것을 의미한다.

(3) 소결 – 도시계획을 통한 건축허용성 규율

도시계획구역은 도시의 정비, 개발 및 보전을 목적으로 지정된 구역으로, 도시계획구역에서는 토지의 계획적인 이용을 위해 건축허용성, 건축단위, 건축허가요건에 대한 규율이 필요하다.

일본 도시계획법에서는 도시계획구역을 시가화구역과 시가화조정구역으로 구분하고, 시가화구역에서는 일정규모 이상의 개발행위에 대해서는 개발행위허가를 받도록 하여 건축허용성을 규율하고 있으며, 시가화조정구역에서는 규모에 상관없이 개발행위를 금지하여 건축허용성을 통제하고 있다. 또한, 시가화구역에서는 원칙적으

---

288) 田中 曉子, 앞의 논문, 90면.: 개발을 억제하여야 하는 지역이 시가화구역으로 구분되거나, 우선적으로 시가화를 도모하여야 하는 지역이 시가화조정구역으로 구분되는 문제가 발생하였고, 시가화를 금지하여야 하는 보존지역에 개발가능성이 부여되는 문제가 발생하였다는 견해는 小嶋 俊洋, 앞의 논문, 75면 참고.

로 용도지역이 지정되어 건축허가요건에 대한 규율이 이루어지는 반면, 시가화조정구역에서는 건축허용성 자체가 통제되기 때문에 용도지역이 지정되지 않고 건축허가요건도 무의미해진다.

이렇듯 일본에서는 원칙적으로 구역구분제라는 도시계획을 통해 건축허용성이나 건축허가요건이 규율된다고 볼 수 있다. 다만, 구역의 구분만으로는 개별 필지의 건축허용성을 모두 결정하기는 어렵기 때문에 개발행위허가가 이를 보완하는 기능을 하고 있다. 개발행위허가의 도시계획적 기능에 대해서는 아래에서 자세히 살펴보기로 한다.

Ⅳ. 개발행위허가의 도시계획적 기능

(1) 개발행위허가 개관

1) 개관

시가화구역에서는 개발행위의 면적이 일정규모 이상인 경우에는 개발행위허가를 받아야 하고, 개발행위허가를 받아야만 건축행위가 가능하다. 반면, 시가화조정구역에서는 원칙적으로 개발행위가 금지된다. 일본 도시계획법상 개발행위는 '건축물의 건축을 목적으로' 행하는 토지의 구획형질변경으로 사실상 건축행위를 전제로 하는 행위라는 점에서, 일본 도시계획법제에서는 개발행위에 대한 규제(개발행위허가)를 통해 건축허용성을 규율한다고 볼 수 있다. 전술한 바와 같이, 원칙적으로는 구역구분제라는 도시계획을 통해 건축허용성이 규율되나, 개발행위허가가 불완전한 구역구분제를 보완하는 기능을 하고 있는 것이다.

2) 개발행위허가의 의의

1968년 제정된 도시계획법에서는 도시의 무분별한 개발을 방지하고 계획적으로 시가지를 개발할 목적으로 구역구분제와 함께 개발행위허가를 도입하였다. 개발행위허가는 구역구분제가 실제적으로 효력을 가질 수 있도록 도시계획적으로 개별 필지 단위의 토지에 건축허용성을 부여하는 기능을 수행한다.[289] 1968년 도시계획법에서는 구역구분제와 개발행위허가를 통해 도시 내 토지의 건축허용성을 규율할 수 있는 도시계획법제의 체계를 마련하였고, 이러한 도시계획법제의 기본적인 체계는 현재까지 이어지고 있다.

3) 개발행위의 개념

개발행위허가는 원칙적으로 개발행위를 제한하되 일정한 요건을 충족하는 경우에만 제한을 해제하는 제도를 의미한다.[290] 현행 도시계획법에서는 개발행위허가의 대상인 개발행위를 '주로 건축물의 건축 또는 특정공작물의 건설용으로 제공할 목적으로 행하는 토지의 구획형질변경(主として建築物の建築又は特定工作物の建設の用に供する目的で行なう土地の区画形質の変更をいう)'으로 정의하고 있다(제4조 제12항). 우리나라와 비교하여 건축물의 건축을 목적으로 한다는 점을 요건으로 규정하고 있는 반면, 개발행위허가의 대상을 토지의 '구획변경(区画変更)'과 '형질변경(形質変更)'으로 한정하고 있다는 차이가 있다.

'주로 건축물의 건축 또는 특정공작물의 건설용으로 제공'한다는 것은 개발행위의 주된 기능이 건축물의 건축 또는 특정공작물의 건설이라는 의미이다. 이때 건축물은 건축기준법 제2조 제1호에서 정하는 건축물을 의미한다(제4조 제10호). 특정공작물은 1974년 도시계

---

289) 구역구분제가 실효성을 가질 수 있도록 개발행위허가가 도입되었다는 견해는 安本 典夫, 앞의 책, 29면 참고.
290) 荒 秀, 「開発許可の法と実務 (一)」, 『独協法学』, 独協大学法学会, 1997., 6면.

획법 개정으로 개발행위의 규제 대상으로 포함되었고, 주변 환경에 미치는 영향에 따라 제1종과 제2종으로 구별된다. 제1종 특정공작물은 콘크리트 플랜트 그 외 주변지역의 환경의 악화를 초래할 우려가 있는 공작물로 아스팔트 플랜트, 위험물의 저장 처리용 공작물 등을 의미하고(도시계획법 시행령 제1조 제1항), 제2종 특정공작물은 골프 코스 그 외 대규모 공작물로 야구장, 정구장, 육상경기장, 유원지, 동물원, 1ha 이상인 묘원(墓園) 등을 의미한다(도시계획법 시행령 제1조 제2항). 개발행위허가를 판단함에 있어서는 제2종에는 기술기준만이 적용되는데 반해, 제1종에는 입지기준도 동시에 적용된다.

한편, 개발행위 정의 규정상 토지의 일부분에만 건축물이 건축되고 건축물의 기능이 전체 토지의 이용이라는 측면에서 부수적인 것에 불과한 경우에는 개발행위의 대상이 아닌 것으로 해석된다.291) 또한, 건축물의 건축, 특정공작물의 건설과 불가분·일체의 공사로 인정되는 기초공사, 토지의 굴삭(掘削) 등도 개발행위의 대상에 해당하지 않는다.292)

(2) 개발행위허가를 통한 건축허용성의 부여

1) 토지형질변경허가의 의미

우리나라와 달리 일본에서는 개발행위를 토지의 구획변경과 형질변경을 포함하는 개념으로 정의하고, 법령상 이를 구별하고 있지는 않다. 반면, 우리나라 국토계획법에서는 개발행위허가의 종류로 토지형질변경허가, 토지분할허가 등을 구분하여 규정하고 있다. 이 책에서는 일본 개발행위허가의 내용 중 토지형질변경만을 의미하는

---

291) 都市計画法制研究会, 앞의 책, 183면.
292) 荒 秀·小高 剛, 앞의 책, 70면.; 같은 취지 류해웅·정우형, 「개발허가제의 도입에 관한 연구」, 국토연구원, 2001., 19~21면 참고.

것으로 '일본의 토지형질변경허가'라는 용어를 사용한다.

일본 학계에서는 토지형질변경은 토지의 절토, 성토 또는 정지를 의미하는 것으로,[293] 토지구획변경은 하나의 토지를 2개 이상으로 분할하거나 2개 이상의 토지를 하나로 합병하는 것으로 해석한다.[294] 이는 우리나라 국토계획법상 토지형질변경에 관한 정의와 유사한데, 국토계획법에서는 토지의 형질변경을 '절토·성토·정지·포장 등의 방법으로 토지의 형상을 변경하는 행위와 공유수면의 매립'으로 정의한다(국토계획법 시행령 제51조 제1항 제3호). 토지의 구획변경은 건축단위와 관련되기 때문에 제4장에서 자세히 논하기로 하고, 이하에서는 건축허용성과 관련하여 토지형질변경의 의미를 검토해 본다.

우리나라에서는 토지의 형질변경을 형상변경과 성질변경으로 구분하여, 토지의 형상변경을 수반하지 않는 순수한 성질변경만을 위한 행위도 토지형질변경허가가 필요한 것으로 해석한다. 반면, 일본에서는 토지의 형질변경은 주로 형상변경만을 의미하고, 형상변경을 수반하지 않는 성질변경은 토지형질변경에 포함되지 않는다고 본다.[295] 건축물을 건축하기 위한 택지의 조성이 완료된 토지(우리나라의 대지조성공사가 완료된 토지에 해당)는 원칙적으로 개발행위허가의 대상이 아니라는 의미이다.[296] 이러한 일본의 견해에 대해서는 지목을 택지로 변경하는 행위는 '용도'의 변경에 해당할 뿐, 토지의 '성질' 변경이 아니라는 해석도 있다.[297]

---

293) 安本 典夫, 앞의 책, 71면.; 荒 秀·小高 剛, 앞의 책, 70면.; 都市計画法制研究会, 앞의 책, 183면.; 水本 浩·戸田 修三·下山 瑛二, 앞의 책, 177면.

294) 水本 浩·戸田 修三·下山 瑛二, 앞의 책, 176면.

295) 荒 秀, 「都市計画法施行規則六〇条の適合証明と建築確認との関係」, 『判例タイムス社』, 1988. 12., 334면.

296) 荒 秀·小高 剛, 앞의 책, 70면.

297) 국내 학자의 견해이기는 하나 자세한 내용은 류해웅·정우형, 앞의 논문,

토지형질변경의 의미에 관한 우리나라와 일본의 견해 차이는 지목의 도시계획적 효력에도 영향을 미치는 것으로 해석된다. 일본에서는 구역구분제라는 도시계획을 통해 건축허용성이 부여되기 때문에, 구역구분을 통해 건축허용성을 부여받은 토지로서 택지조성공사(우리나라의 대지조성공사에 해당)가 완료되었다면 지목에 관계없이 건축물의 건축이 가능하고, 별도로 건축허용성을 부여받기 위한 개발행위허가(토지형질변경허가)는 필요하지 않다. 이러한 차이는 지목을 변경하기 위해 또는 토지의 성질을 변경하기 위한 행위는 필요하지 않다는 것으로, 우리나라와 비교하여 지목이 가지는 도시계획적 효력이 약하다는 것을 의미한다. 다만, 시가화구역 내 일정규모 이상의 개발행위에 대해서는 개발행위허가를 받아야 하기 때문에, 일정규모 미만의 개발행위에 대해서만 토지의 형상이 택지로 조성되어 있지 않더라도 개발행위허가를 받을 필요가 없다는 의미이다

이처럼 우리나라와 달리 일본에서는 지목이 '답(田)', '전(畑)' 등인 토지에 대해 지목변경이나 개발행위허가를 받을 필요 없이 건축기준법상 건축확인만을 받으면 건축물의 건축이 가능한 경우가 존재한다. 일본 법원이 지목변경신청의 처분성을 부정하는 것도 일본에서는 지목이 단순히 토지의 이용현황을 확인하는 효력만을 가진다고 해석하기 때문으로 추측된다.[298] 그러나 지목이 답(田), 전(畑) 등인 농지에서 건축물을 건축하기 위해서는 사전에 '농지전용허가(農地転用許可)'를 받아야 하는 등의 규율은 존재한다(농지법 제4조). 또한, 일본 부동산등기법에서는 지목이 변경된 경우 지목변경등기를 하도록 정하고 있어(제37조 제1항), 실무적으로는 건축물을 건축한 후 등기를 하기 위해서는 지목변경등기를 하여야 하기 때문에, 택지

23면 참고.
298) 名古屋地裁 昭和57年2月26日 昭56(行ウ)34号 判決, 자세한 내용은 '지목이 가지는 도시계획적 효력' 부분에서 논하기로 한다.

조성공사가 완료된 후 또는 건축물의 건축이 완료된 후에는 지목의
변경이 이루어진다.

토지의 성질변경에 대해 토지형질변경허가를 필요로 하지 않는
다는 일본의 견해(또는 형상변경을 수반하지 않는 성질변경은 토지
형질변경에 포함되지 않는다는 견해)는 토지형질변경허가의 본래
목적을 간과한 것으로 건축허용성을 규율하는데 있어 실무상 법적
공백을 야기할 수 있다. 예를 들어, 일본에서는 노상주차장299)의 설
치는 건축물의 건축을 목적으로 하지 않기 때문에 구획변경이 필요
하더라도 개발행위허가의 대상이 아니다. 이후 해당 토지에 건축물
을 건축하는 경우에는 이미 건축물의 건축을 위한 택지가 조성되어
있기 때문에 개발행위허가는 필요하지 않고 건축기준법에 따라 건
축확인을 받으면 충분한 것으로 해석된다.300)

위 사례의 경우 개발행위허가의 대상이 아니기 때문에 건축기준
법상 건축확인을 통해 건축허용성이나 건축단위에 대한 규율이 이
루어져야 하나, 건축확인은 본래 건축허가요건을 규율하기 위한 제
도라는 점에서 건축허용성의 규율에 있어 법적 공백이 발생한다. 다
만, 건축확인의 단계에서도 절차적인 측면에서는 건축허용성에 대

---

299) 노상주차장은 건축물이나 특정공작물에 해당하지 않는다. 일본 '주차장
법(駐車場法)'에서는 '노상주차장(路上駐車場)'을 '주차장정비지구 내의 도
로 노면의 일정 구획에 한하여 설치되는 자동차의 주차를 위한 시설로,
일반 공공의 목적으로 제공되는 것'으로 정의한다(제2조 제1호). 우리나
라에서는 노상주차장을 '도로의 노면 또는 교통광장의 일정한 구역에 설
치된 주차장으로서 일반(一般)의 이용에 제공되는 것'으로 정의하고 있어
(주차장법 제2조 제1호 가목), 우리나라와 일본의 노상주차장은 동일한
의미로 해석된다.

300) 자세한 내용은 荒 秀·小高 剛, 앞의 책, 68면 참고.; 해당 사례는 상당수
문헌에서 개발행위허가에 대한 설명을 위해 인용되고 있다. 동일한 사례
를 인용한 문헌으로는 安本 典夫, 앞의 책, 70면 및 水本 浩·戸田 修三·下
山 英二, 앞의 책, 177면 참고.

한 규율이 이루어진다. 건축확인의 단계에서 '적합증명서(適合証明書)'를 첨부하도록 하여(건축기준법 제6조), 개발행위허가를 받았거나 개발행위허가의 대상인지 여부, 즉 건축허용성이 부여된 토지인지를 심사하도록 하는 절차를 두고 있다. 적합증명서를 통해 이러한 법적 공백을 보완하고 있으나, 실질적으로는 건축허용성을 부여하는 기능을 하지 못한다는 한계가 존재한다.301)

반면, 우리나라에서는 노상주차장으로 사용되는 토지는 지목이 '도로'이기 때문에,302) 노상주차장에 건축물을 건축하기 위해서는 지목을 대지로 변경하여야 한다. 지목을 변경하기 위해서는 토지형질변경허가를 받아야 하기 때문에, 동일한 사례에 있어 우리나라에서는 토지형질변경허가를 통해 건축허용성에 대한 규율이 이루어진다는 차이가 있다. 일본에서도 노상주차장의 지목은 '공중용도로(公衆用道路)'로 등기되기 때문에,303) 건축물의 건축을 위해서는 지목을 택지로 변경하는, 즉 건축허용성을 부여하는 절차가 필요하나, 이에 대한 규율이 이루어지지 않는다는 점에서 법적 공백이 존재하는 것이다.

---

301) 자세한 내용은 '개발행위허가와 건축확인의 상호 연관성' 부분에서 논하기로 한다.

302) 공간정보관리법에서는 지목의 종류로 '주차장'을 정하고 있으나(제67조), 지목인 주차장은 '자동차 등의 주차에 필요한 독립적인 시설을 갖춘 부지와 주차전용 건축물 및 이에 접속된 부속시설물의 부지'로(시행령 제58조 제11호), 주차장법상 노상주차장은 제외되는 것으로 정하고 있다(시행령 제58조 제11호 가목). 공간정보관리법에서는 지목인 도로를 '일반 공중(公衆)의 교통 운수를 위하여 보행이나 차량운행에 필요한 일정한 설비 또는 형태를 갖추어 이용되는 토지'로 정하고 있어(시행령 제58조 제14호), 노상주차장은 지목이 '도로'로 등록된다.

303) 일본에서는 지목의 종류로 주차장을 규정하고 있지 않다. 지목의 구분 기준을 정한 '부동산등기사무취급절차준칙(不動産登記事務取扱手続準則)' 제68조에서는 '공중용도로(公衆用道路)'를 '일반 교통용으로 제공하는 도로'로 폭 넓게 정의하고 있다. 노상주차장은 도로 노면에 설치된다는 점에서 해당 토지의 지목은 '공중용도로(公衆用道路)'로 등기된다.

그러나 일본의 토지형질변경허가 역시 주된 목적은 해당 토지에 건축허용성을 부여하여 건축물을 건축하기 위한 것으로 해석되어야 한다. 이는 개발행위가 건축물의 건축을 요건으로 하기 때문이다. 일본에서도 농지 등 택지가 아닌 토지를 택지로 조성하기 위해서는 토지의 형질변경허가가 필요하다는 견해가 존재하는데,[304] 이러한 견해는 토지형질변경에 토지의 성질변경이 포함된다는 의미로 해석할 수 있다. 그러므로 일본의 토지형질변경허가 역시 순수하게 토지의 성질변경만을 위한 행위를 허가의 대상에 포함한다고 보는 견해도 가능하다.[305]

이처럼 토지형질변경허가의 의미에 대해 견해가 갈리는 것은 일본의 개발행위허가가 토지의 구획변경이나 형질변경 또는 형상변경과 성질변경 등을 구분하지 않고, '토지의 구획형질변경허가'로 폭넓게 정의하고 있기 때문이다. 건축단위와 건축허용성에 관한 규율을 구분하지 않고 개발행위허가라는 하나의 절차로 규율하고 있기 때문에, 건축단위와 건축허용성이 동시에 규율되어야 하는 행위만을 개발행위허가의 대상으로 좁게 해석하는 것이다. 반면, 우리나라의 개발행위허가는 토지형질변경허가와 토지분할허가를 법령상 명확히 구분하고 있기 때문에, 건축허용성 또는 건축단위만 변경되는 경우에도 개발행위허가를 받아야 한다.

2) 개발행위의 허가기준

도시계획법에서는 개발행위의 허가기준을 시가화구역과 시가화

---

304) 坂和 章平, 앞의 책, 112면.; 같은 취지 류해웅·정우형, 앞의 논문, 23면 참고.
305) 같은 취지로 토지의 형질변경을 형(形)의 변경과 질(質)의 변경으로 구분하고, 질(質)의 변경은 택지 이외의 토지를 택지로 변경하는 행위를 의미한다는 견해는 鵜野 和夫·秋山 英樹·上野 俊秀, 앞의 책, 20면 참고.

조정구역으로 구분하여 '기술기준(技術基準)'과 '입지기준(立地基準)'으로 이원화하고 있다. 기술기준과 입지기준은 법령상 용어는 아니지만, 통상 전자는 시가지로서 최저 한도의 필요한 수준을 확보하기 위해 설계되는 기준이라는 의미에서 '기술기준', 후자는 개발행위 자체가 그 장소에서 행해지기 위한 요건이라는 의미에서 '입지기준'이라 한다.306) 기술기준은 시가화구역이나 시가화조정구역 등을 구분하지 않고 모든 개발행위에 적용된다(도시계획법 제33조). 이에 반해 입지기준은 본래 개발행위를 허용하지 않는 시가화조정구역에 있어 예외적으로 개발행위가 허용되는 기준을 정한 것이다(도시계획법 제34조).

시가화구역에서의 개발행위는 양호한 시가지의 형성이라는 관점에서 택지가 일정한 수준을 유지하기 위한 기술기준(공지의 배치, 도로의 설계, 상·하수도 시설 등에 관한 기준 등)에 부합하는 경우 원칙적으로 허용된다. 도시의 기반이 이미 형성되어 있기 때문에 원칙적으로 개발행위가 허용된다는 의미로, 개발행위허가가 개발행위의 허용 여부가 아닌 개발행위에 따라 형성되는 시가지의 수준을 검토하는 것에 한정되어야 한다는 의미이다.307)

반면, 시가화조정구역에서 이루어지는 개발행위허가는 기술기준과 입지기준을 모두 충족하여야 한다. 다만, 제2종 특정공작물은 시가화의 유인이 없기 때문에 시가화조정구역 내에서도 입지기준은 적용되지 않는다. 시가화조정구역은 시가화를 억제하기 위한 구역으로, 일상생활에 필요한 점포, 농림수산물의 저장·가공 시설, 주변의 시가화를 촉진할 우려가 없고 시가화구역 내에서 건축하기에 곤란하거나 현저히 부적당한 건물 등, 시가화의 유인이 없거나 특별한 필요성이 인정되는 개발행위에 한하여 개발행위허가가 이루어진다.

한편, 개발행위허가의 주된 목적은 건축물의 건축이기 때문에, 개

---

306) 坂和 章平, 앞의 책, 114면.
307) 荒 秀·小高 剛, 앞의 책, 81면.

발행위의 허가에 있어서도 건축물의 용도 등이 허가를 판단하는 기준이 된다. 개발행위허가 신청서에는 예정하는 건축물의 용도를 기재하여야 하고(도시계획법 제30조 제1항 제2호), 용도지역이 정해진 경우에는 건축물 용도가 해당 용도지역에 적합한지 여부에 따라 허가 여부를 판단하도록 규정하고 있다(도시계획법 제33조 제1항 제1호).

3) 개발행위허가에 있어 행정청의 재량

개발행위의 허가기준에 관하여 시가화구역에서는 기술기준을 충족하고 절차가 적법하면 '허가를 하지 않으면 아니된다'고 규정하여(도시계획법 제33조), 개발의 자유(건축의 자유)를 전제로 행정청의 재량을 한정하고 있다.[308] 건축자유의 원칙은 일본 도시계획법제의 가장 근본이 되는 원칙으로, 일본 헌법 제29조의 재산권 불가침 규정에 따라 토지소유자에게는 절대적인 토지소유권이 인정되고 원칙적으로 자신이 소유한 토지에 어떠한 건축물을 건축할 것인지에 대해 국가가 관여할 수 없다.[309] 이는 우리나라도 동일한데, 우리나라에서도 건축자유의 원칙에 따라 건축행위를 제한하는 규정이 없는 이상 건축행위는 자유롭게 허용된다.[310] 이에 반해 독일에서는 '건축부자유의 원칙'에 따라 건축행위가 규율된다.

시가화조정구역은 원칙적으로 개발행위가 금지되고 기술기준과 입지기준을 모두 충족하는 경우에 한해서만 개발행위허가가 가능하다. 입지기준에서는 '일정한 경우에 해당하지 아니하면, 개발행위허가를 하면 아니된다'고 규정하여, 개발행위허가에 관한 행정청의 재량을 제한하고 있다. 개발행위를 허가할 수 있는 요건이 제한적이라는 점에서 행정청의 재량을 인정할 수 없다는 해석도 가능하나, 시가화조정구역

---

308) 荒 秀·小高 剛, 앞의 책, 99면.; 같은 취지 須田 政勝, 앞의 책, 239면 참고.
309) 자세한 내용은 坂和 章平, 앞의 책, 15~16면 참고.
310) 류해웅·박수헌, 앞의 논문, 124면 각주 3번.

에서도 입지기준을 충족하는지에 대한 판단과 관련하여 행정청에게 재량이 존재한다.311) 개발행위허가에는 조건을 부여하는 것이 가능한데(도시계획법 제79조), 이는 시가화조정구역에서의 개발행위허가에 있어서도 행정청에게 재량이 존재함을 의미하는 것이다.312)

4) 시가화조정구역에서 건축허가를 통한 건축허용성 부여

시가화조정구역은 도시기반이 정비되어 있지 않아 시가화를 억제하여야 하는 구역이기 때문에, 개발행위허가를 필요로 하지 않는 건축행위 등에 대해서도 규제를 할 필요성이 존재한다. 이를 위해 도시계획법에서는 '개발행위허가를 받은 토지 이외의 토지에서의 건축 등의 제한(開発許可を受けた土地以外の土地における建築等の制限)'이라고 하는 예외적인 허가 규정을 두고 있다(제43조 제1항). 실무에서는 건축에 필요한 허가라는 의미에서 '건축허가(建築許可)'라는 용어를 사용하기도 한다.313) 이 책에서는 도시계획법 제43조에서 규정하는 예외적인 허가를 '일본의 건축허가'라는 용어로 지칭한다.

일본 도시계획법제에서 사용하는 건축허가라는 용어는 강학상의 개념에 불과하다는 점에 유의하여야 한다. 우리나라의 건축법상 건축허가와 유사한 제도로 오해할 수도 있으나, 우리나라의 건축허가는 건축법상 규정된 제도로 건축물의 건축허가요건을 규율하는 기능을 한다는 점에서 차이가 있다. 이에 반해, 일본의 건축허가라는 개념은 시가화조정구역에서 예외적으로 건축허용성을 부여하기 위한 제도로 '예외적으로 개발행위를 허가'한다는 의미이다. 우리나라의 건축허가가 건축허가요건을 규율하기 위한 건축법상의 제도이고, 일본의 건축허가가 건축허용성을 규율하기 위한 도시계획법상의 절

---

311) 安本 典夫, 앞의 책, 87면.
312) 安本 典夫, 앞의 책, 87면.
313) 荒 秀·小高 剛, 앞의 책, 109면.; 安本 典夫, 앞의 책, 71면.

차라는 점에서 전혀 상이한 제도로 이해되어야 한다.314)

일본의 건축허가 기준은 시가화조정구역에서의 개발행위의 허가 기준인 기술기준과 입지기준에 준하여 정해진다(도시계획법 제43조 제2항). 건축허용성을 부여한다는 점에서는 건축허가와 개발행위허가의 기능과 목적이 유사한 점, 개발행위의 허가기준에 준하여 건축허가의 기준이 정해진다는 점 등을 고려하면 건축허가를 개발행위허가의 일종 또는 개발행위허가에 포섭하여 해석하는 견해도 가능하다. 그러나 건축허가가 '개발행위허가가 제외되는 건축행위'에 대해 건축허용성을 규율하는 기능을 한다는 점에서, 개발행위허가와는 별개의 제도이고, 개발행위허가를 보완하는 기능을 한다고 해석하는 것이 타당하다.

(3) 개발행위허가를 필요로 하지 않은 건축행위

1) 소규모 개발행위에 있어 건축허용성 규율

도시계획법에서는 시가화구역, 구역구분이 정해지지 않은 도시계획구역(이른바 백지지역) 또는 준도시계획구역(이해의 편의를 위해 총칭하여 '시가화구역'이라 한다)에서 이루어지는 소규모의 개발행위에 있어서는 개발행위허가의 적용을 제외하도록 정하고 있다(제29조 제1항 제1호). 반면, 시가화조정구역에서는 규모에 상관없이 소규모 개발행위에 대해서도 개발행위허가를 받아야 한다.

시가화구역에서는 이미 도시기반이 정비되어 있어 소규모 개발행위를 규율할 필요성이 없고,315) 시가화구역 내에서 이루어지는 소

---

314) 일본의 건축허가를 우리나라의 건축허가와 유사한 것으로, 개발행위가 아닌 건축행위를 허가하는 제도로 오해하기도 한다. 이러한 국내 문헌으로는 김제국·中井 檢裕, 앞의 논문, 69면 참고.

315) 水本 浩·戸田 修三·下山 瑛二, 앞의 책, 177면.

규모 개발행위의 경우에는 통상 건축행위가 동시에 이루어지기 때
문에 건축기준법상 규율을 통해서도 일정 수준의 도시환경을 유지
하는 것이 가능하다는 이유로,316) 소규모 개발행위를 개발행위허가
의 대상에서 제외하고 있다. 다만, 시가화구역의 소규모 개발행위를
개발행위허가의 대상에서 제외함으로써, 오히려 시가화구역에서의
난개발이라는 혼란을 가져왔다는 분석도 있다.317)

이처럼 시가화구역에서의 소규모 건축행위에 있어서는 해당 토
지의 지목이나 형상에 관계없이 모든 토지에 건축허용성이 부여되
기 때문에, 개발행위허가를 받을 필요 없이 건축기준법상 건축확인
만을 받으면 건축물의 건축이 가능하고, 건축허용성에 대한 규율없
이 건축허가요건만이 규율되는 특징을 가진다.

2) 각 구역별 소규모 개발행위의 규모

도시계획법 시행령 제19조에서는 '허가를 요하지 않는 개발행위
의 규모'를 정하고 있는데, 시가화구역에서는 그 규모를 원칙적으로
1,000㎡ 미만으로 정하고, 시가화의 정도에 따라 무질서한 시가화를
방지하기 위하여 필요하다고 인정되는 경우에는 조례로 300㎡부터
1,000㎡ 미만의 범위에서 그 규모를 별도로 정할 수 있도록 규정하고
있다. 실무에서는 개발행위허가의 규제를 피하기 위해 기준규모 미
만으로 택지의 조성이 이루어지기도 하고, 이러한 문제를 방지하고
자 일부 지역에서는 조례로서 개발행위허가의 규모 요건을 강화하
여 정하고 있다.318) 이에 반해, 구역구분이 정해지지 않은 도시계획
구역(이른바 백지지역)이나 준도시계획구역에서는 3,000㎡ 미만으로

---

316) 都市計画法制研究会, 앞의 책, 184면.
317) 稲本 洋之助, 「地価バブルと土地政策」, 『東京大学社会科学研究所資料』, 東京
     大学社会科学研究所, 1996., 17면.; 같은 취지 小嶋 俊洋, 앞의 논문, 77면.
318) 安本 典夫, 앞의 책, 73~74면 참고.

규정하여 개발행위허가가 필요한 규모 요건을 완화하고 있다.

한편, 도시계획구역 및 준도시계획구역 외의 지역, 즉 도시지역 외 지역에서는 개발행위 허가를 받지 않아도 되는 것이 원칙이 다.[319] 다만, 일정한 시가지를 형성한다고 예상되는 규모인 1ha 이상 의 개발행위에 대해서는 예외적으로 개발행위허가를 받도록 규정하 고 있다(도시계획법 제29조 제2항 및 시행령 제22조의2).

토지소유자가 주택 등을 건축하는 경우에는 그 규모가 1,000㎡ 미 만인 경우가 일반적이다. 그러므로 시가화구역에서 토지소유자가 행 하는 통상적인 건축행위의 경우에는 개발행위허가를 필요로 하지 않 고 건축기준법상 건축확인만을 받으면 건축물의 건축이 가능하다.[320] 다만, 이러한 경우에도 건축확인의 단계에서 개발행위허가의 대상 이 아니거나 개발행위허가가 필요하지 않다는 취지의 적합증명서를 첨부하여야 하고, 이를 통해 절차적으로나마 건축허용성에 대한 규 율이 이루어진다.

3) 개발행위허가를 필요로 하지 않는 기타 개발행위 유형

시가화구역 등에서 이루어지는 소규모의 개발행위 외에도, 시가 화조정구역 등에서 이루어지는 농업, 임업, 어업에 종사하는 자가 업 무 또는 주거용으로 필요한 건축물,[321] 철도시설이나 도서관 등의 공익상 필요한 건축물, 도시계획사업이나 토지구획정리사업 등으로 인한 개발행위 등의 경우에는 개발행위허가의 적용이 제외된다(도 시계획법 제29조 제1항 각호 참고).

---

319) 鵜野 和夫·秋山 英樹·上野 俊秀, 앞의 책, 23면.
320) 水本 浩·戸田 修三·下山 瑛二, 앞의 책, 177면.
321) 해당 건축물에 대해 예외적으로 개발행위허가가 제외되는 것은 시가화 조정구역이 본래 농림수산업을 영위하기 위한 지역이기 때문이다. 荒 秀·小高 剛, 앞의 책, 73면 참고.

V. 개발행위허가와 건축확인의 관계

(1) 건축기준법의 도시계획적 성격

1) 논의의 필요성

일본의 도시계획법제는 토지의 개발행위와 그 지상에서 이루어지는 건축물의 건축행위를 구분하여 규율하는 것이 특징이다.[322] 이러한 특징은 도시계획법상 개발행위허가를 통해 개발행위를 규율하고, 건축기준법상 건축확인을 통해 건축행위를 규율하는 형태로 나타난다.

개발행위는 건축물의 건축을 전제로 한다는 점에서, 도시계획법과 건축기준법은 밀접하게 상호 연관되어 기능한다.[323] 이하에서는 도시계획법상 개발행위허가와 건축기준법상 건축확인이 어떠한 관련성이 있는지, 건축확인을 심사하는 과정에서 개발행위허가를 통해 부여된 건축허용성이 어떻게 심사되는지 중점적으로 검토해 보기로 한다.

2) 건축기준법 개관

일본에서 개별 건축물의 건축행위를 규율하기 위한 법제가 정립된 것은 1919년 제정된 시가지건축물법으로 거슬러 올라간다. 시가지건축물법은 1950. 5. 24. 법률 제201호로 건축기준법이 제정되면서 폐지되었다. 건축기준법은 1968년 도시계획법의 제정과 함께 이루어진 1970년 개정, 내진기준을 채용한 1981년 건축기준법 시행령 개정, 건축확인 업무를 민간에 개방한 1998년 개정 등을 중심으로 발전해

---

322) 水本 浩·戸田 修三·下山 瑛二, 앞의 책, 168면.
323) 건축기준법의 도시계획적 특징에 관한 자세한 내용은 荒 秀, 「建築基準法の行政法的特質」, 『独協法学』, 独協大学法学会, 1992. 참고.

왔다.324)

일본 건축기준법상의 규제는 '단체규제'와 '집단규제'로 구분된다. 단체규제는 건축물의 안전·위생의 측면에서 일정한 수준을 확보하기 위한 목적의 규제로, 이를 위한 규정을 '단체규정(単体規定)'이라고 한다.325) 건축기준법 제2장에서 규정하고 있는 '건축물의 부지, 구조 및 건축설비' 관련 규정들이 단체규정에 해당하고, 단체규정은 모든 건축물에 적용된다.

한편, 도시는 건축물의 집합체이기 때문에 안전하고 양호한 도시를 형성하기 위한 목적에서도 건축물을 규율할 필요가 있다. 도시계획적 관점에서 건축물의 용도, 형태 등을 규율하기 위한 규제를 집단규제, 이에 관한 규정들을 '집단규정(集団規定)'이라고 한다.326) 건축기준법 제3장에서 규정하고 있는 '도시계획구역 등에 있어 건축물의 부지, 구조 및 건축설비 및 용도' 관련 규정들이 집단규정에 해당한다.327)

단체규정이 모든 건축물에 적용되는 반면, 집단규정은 도시계획적 관점에서 건축물을 규율하기 때문에 원칙적으로 도시계획구역과 준도시계획구역 내에 건축되는 건축물에만 적용된다(건축기준법 제41조의2).328) 집단규정은 도시계획법과 연계되어 도시계획구역 내에서 이루어지는 건축허가요건을 규율하기 위한 규정으로, 용도지역에 따른 용도제한, 건폐율 및 용적률 등의 제한이 대표적이다.329)

---

324) 安本 典夫, 앞의 책, 98면.
325) 坂和 章平, 앞의 책, 3면.; 鵜野 和夫, 앞의 책, 142면.
326) 坂和 章平, 앞의 책, 3면.
327) 鵜野 和夫, 앞의 책, 142면.
328) 鵜野 和夫, 앞의 책, 142면.; 鵜野 和夫·秋山 英樹·上野 俊秀, 앞의 책, 26면.
329) 坂和 章平, 앞의 책, 4면 및 89면.; 鵜野 和夫·秋山 英樹·上野 俊秀, 앞의 책, 26면 및 349면.

3) 도시계획법과 건축기준법의 관계

도시계획에 있어 현행 도시계획법과 건축기준법의 관계는 1919년 도시계획법과 시가지건축물법의 제정으로 거슬러 올라간다. 1919년 도시계획법에서는 최초로 용도지역제라는 도시계획을 도입하였고, 용도지역제가 실효성을 가질 수 있도록 시가지건축물법상 건축허가가 이용되었다. 건축허가를 통해 용도지역제 도시계획에서 정한 용도지역에 따라 건축물의 건축이 이루어질 수 있도록 절차적인 규제를 시도한 것이다.330) 이후 제정된 도시계획법과 건축기준법도 건축물의 건축을 규율하기 위해 상호 연관되어 기능하고 있다.

과거 우리나라에서는 도시계획법과 건축법을 구분하지 않고, 일본의 1919년 도시계획법과 시가지건축물법의 내용을 통합하여 조선시가지계획령이 제정되었다. 일제강점기시대에는 하나의 법령에 도시계획과 건축에 관한 규정들이 혼재되어 있었던 것이다. 광복 이후 도시계획법과 건축법이 분리되었으나, 이러한 연혁적인 배경으로 인해 건축법에 도시계획적 성격의 조문들이 다수 포함되었고, 이러한 체계는 현행 건축법까지 이어지고 있다.331)

(2) 건축확인 개관

1) 건축확인의 의의

건축확인은 건축주가 공사의 착수 전에 건축물의 건축이 '건축기준관계규정(建築基準関係規定)'에 적합한지 여부에 대해 '건축주사(建

---

330) 安本 典夫, 앞의 책, 97면.
331) 자세한 내용은 김종보, 앞의 책, 18면.; 우리나라의 건축법과 도시계획법의 관계에 관한 자세한 내용은 김종보, 앞의 논문(建築法과 都市計劃法의 關係) 참고.; 건축경찰법과 도시계획법의 차이점, 건축행정법의 체계에 관한 자세한 내용은 김종보, 「행정법학의 새로운 과제와 건축행정법의 체계」, 『고시계』 제513호, 고시계, 1999. 참고.

築主事)'의 확인을 받도록 하는 것으로(건축기준법 제6조 및 시행령 제9조), 우리나라의 건축법상 건축신고 또는 건축허가에 상응하는 제도로 볼 수 있다. 건축주사는 일급건축사시험합격자로, 건축행정·확인검사업무 등에 2년 이상의 실무 경험이 있는 자가 건축기준적합판정자격자검정을 받아 국토교통대신의 등록을 받도록 정하고 있다(건축기준법 제5조 및 제77조의58). 인구 25만 이상의 시는 건축주사를 두어야 하고(건축기준법 제4조 제1항), 하나의 시정촌에 복수의 건축주사를 두는 경우도 있다.

1998년 건축기준법 개정을 통해 건축확인 업무가 민간에 개방되었고, 현재는 대부분의 건축확인이 민간기관인 '지정확인검사기관(指定確認検査機関)'에 의해 이루어지고 있다.[332] 다만, 업무를 담당하는 주체만 변화하였을 뿐, 건축확인의 기능과 법적성격은 큰 변화 없이 그대로 유지되고 있다.[333]

건축주사는 건축물의 건축이 건축기준관계규정에 적합한 경우 '확인제증(確認済証)'을 교부하거나 또는 불확인의 통지를 하여야 하고, 확인제증을 교부받지 않으면 건축물의 건축은 불가능하다(건축기준법 제6조). 한편, 건축주는 공사가 완료되면 건축주사 또는 지정확인검사기관에 신청하여 완료검사를 받아야 하는데(건축기준법 제7조의6), 건축주사로부터 '검사제증(検査済証)'을 교부받아야만 건물의 사용이 가능하다는 점에서 우리나라 건축법상 사용승인에 해당한다고 볼 수 있다.

건축기준법상 건축확인이 모든 지역이나 건축물에 대해 필요한 것은 아니다. 도시계획구역 이외의 지역은 원칙적으로 개발행위에 제한이 없고, 건축물의 건축에 있어서도 소규모의 건축물 등은 건축

---

332) 자세한 내용은 鵜野 和夫·秋山 英樹·上野 俊秀, 앞의 책, 341면 및 安本 典夫, 앞의 책, 120면 참고.
333) 坂和 章平, 앞의 책, 4면.

확인이 필요하지 않다. 그러나 건축확인이 필요하지 않다는 의미일 뿐, 이러한 건축물도 건축기준법에 적합하게 건축되어야 한다. 즉, 자신의 책임으로 건축기준법 등에 적합한지 여부를 판단하여 건축을 하여야 한다는 의미이다.[334]

한편, 도시지역 외 지역에서도 일정한 건축물에 대해서는 건축확인을 받아야 하는데(건축기준법 제6조 제1항 제1호 내지 제3호), 제1호에서는 특정 용도에 제공하는 특수 건축물로서 그 용도에 제공하는 부분의 바닥 면적의 합계가 200㎡이상인 것, 제2호에서는 목조 건축물로 3개 이상의 층이 있거나 연면적이 500㎡, 높이가 13m 또는 처마의 높이가 9m 이상인 것, 제3호에서는 목조 이외의 건축물에서 2개 이상의 층이 있거나 연면적이 200㎡ 이상인 것을 규정하고 있다.

2) 건축확인의 법적성격

일본 법원은 "건축기준법 제26조 소정의 건축주사의 확인은 지방공공단체의 기관인 건축주사가 당해 건축계획이 건축물의 부지, 구조 및 건축설비에 관한 법령을 준수하는지를 공권적으로 판단하여 확정하는 것으로서, ~ 생략 ~ 준법률행위적 행정행위"라고 판단하여, 건축확인은 '적법하게 건축을 하는 것이 가능하다'는 법적인 효과를 부여하는 행정법상 처분으로 준법률행위적 행정행위인 확인에 해당한다는 입장이다.[335]

건축확인은 적법한 건축이 가능하다는 것을 확인하는 것에 불과하므로, 건축확인을 받아 건축물을 건축하였더라도 해당 건축물이 적법한 건축물로 확정되는 것은 아니다.[336] 그러나 실무에서는 건축

---

334) 安本 典夫, 앞의 책, 128면.
335) 山口地裁岩国支部 昭和36年2月20日 昭33(ワ)138号 判決.; 자세한 내용은 楠元 茂, 「建築確認に関する法的考察」, 『商経論叢』, 鹿児島県立短期大学, 1975., 20면 참고.

확인을 '허가'의 의미로 오해하는 경우가 있다.[337] 이는 과거 시가지
건축물법에서 인가(또는 허가)라는 용어를 사용하여, 건축행위에 대
한 규율이 실질적으로는 허가에 가까운 법적성격을 가지고 있었기
때문이다.[338] 이러한 점을 고려하여, 건축확인이 '건축의 자유를 회
복한다'는 의미에서 허가의 성질을 가지는 새로운 행정행위로 분류
되어야 한다는 견해도 있다.[339]

3) 기속행위인 건축확인

건축확인은 법령의 규정상 현지조사를 필요로 하지 않고, 제출된
건축계획이 건축관계법령에 적합하지 여부만 판단하도록 정하고 있
어 원칙적으로 건축주사의 재량이 개입될 여지가 없다.[340] 건축주사
에게 재량이 인정되지 않는다는 점에서 건축확인은 기속행위에 해
당한다.[341] 전술한 바와 같이 건축확인의 법적성격에 관해서는 확인
설과 허가설에 관한 논의가 있으나,[342] 허가설의 입장에서도 건축확
인은 재량이 없는 기속행위에 가깝다는 입장이다.[343] 우리나라에서
도 개발행위허가 등이 의제되지 않는 건축신고는 자족적 신고로 보

---

336) 鵜野 和夫, 앞의 책, 21면.
337) 鵜野 和夫, 앞의 책, 18면.
338) 鵜野 和夫·秋山 英樹·上野 俊秀, 앞의 책, 353면.
339) 塩野 宏, 『行政法Ⅰ行政法総論』, 제6판, 有斐閣, 2015., 127~136면.; 그 외
    건축확인의 법적성격에 관한 학설에 대해서는 楠元 茂, 앞의 논문, 21면
    참고.
340) 鵜野 和夫, 앞의 책, 19면.
341) 坂和 章平, 앞의 책, 63면.; 같은 취지 鵜野 和夫, 앞의 책, 20면 참고.; 우리
    나라도 행정법학상 확인행위는 '특정한 사실 또는 법률관계의 존재를 확
    정하는 행위'에 불과하여 기속행위에 해당한다는 입장이다. 김동희, 앞의
    책(행정법Ⅰ), 305~306면 참고.
342) 자세한 내용은 鵜野 和夫, 앞의 책, 20면 이하 참고.
343) 荒 秀, 『建築基準法入門』, 靑林書院, 1980.; 鵜野 和夫, 앞의 책, 21면에서 재
    인용.

아 행정청의 재량을 인정하지 않는다.[344]

다만, 일본 학계에서는 건축확인에 있어 재량을 인정하여야 한다는 견해도 있다.[345] 건축물의 용도 등을 규율하는 집단규정은 건축물의 안전 등을 규율하는 단체규정과는 성격이 다르기 때문에, 특정 건축물이 어떠한 용도의 건축물에 해당하는지를 판단함에 있어서는 행정청에게 재량권이 부여되어야 하고, 이를 기속행위에 해당하는 건축확인에 모두 위임하는 것은 제도상 타당하지 않다는 견해이다.[346] 1968년 도시계획법을 제정하는 과정에서도 단체규정에 관해서는 확인제를 집단규정에는 허가제라는 안이 논의되었는데, 이 또한 같은 견해로 추측된다.[347]

건축물의 부지, 구조, 설비 및 용도에 관한 최저기준을 규율하기 위한 건축기준법의 목적을 고려하면(제1조), 건축확인은 해당 기준에 적합한 이상 규제를 하지 않겠다는 취지로 해석되어야 하고,[348] 시가지건축물법에서 도도부현 지사의 '인가' 또는 '허가'로 정하였던 것을 건축기준법에서 건축확인으로 변경한 것도 건축확인에 있어 행정청의 재량을 인정하지 않으려는 취지로 해석되어야 한다.[349] 또한, 1998년 건축기준법 개정에서는 건축주사뿐만 아니라 민간기관인 지정확인검사기관에게도 건축확인의 권한을 부여하였는데, 민간기관인 지정확인검사기관에게는 행정청과 같은 재량권이 부여될 수 없고, 지정확인검사기관이 확인한 내용과 건축주사의 확인 내용이 동일하여야 한다는 점에서도 건축확인은 재량이 없는 처분이라고 보는 것이 타

---

344) 대법원 2011. 1. 20. 선고 2010두14954 전원합의체 판결.
345) 安本 典夫, 앞의 책, 124면.
346) 安本 典夫, 앞의 책, 119면.
347) 安本 典夫, 앞의 책, 119면.
348) 坂和 章平, 앞의 책, 63면.
349) 安本 典夫, 앞의 책, 124면.; 같은 취지 鵜野 和夫·秋山 英樹·上野 俊秀, 앞의 책, 355면 참고.

당하다.350) 후술하는 건축기준법상의 허가는 조건을 부과하는 것이 가능하나(제92조의2), 건축주사는 건축확인에 있어 조건을 부과하지 못한다는 점에서도 건축확인은 기속행위로 보아야 한다.351)

건축기준법에서는 건축확인을 원칙으로 하고, 특별한 경우 허가 (통상 '예외허가'라고 한다)를 받도록 정하고 있다.352) 예를 들어, 용도지역에서 정한 용도에 적합하지 않은 건축물은 건축이 금지되나, 예외적으로 공익상 필요가 있는 경우에는 이해관계자의 의견청취 등을 거쳐 허가를 할 수 있도록 정하고 있다(제48조).353) 예외허가가 허용되는 기준인 '예외적으로 공익상 필요가 인정되는 경우'에 관해서는 법령상 구체적으로 정하고 있지 않아 행정청에게 넓은 재량이 인정된다.354) 건축확인은 재량이 없는 처분으로 건축주사나 지정확인검사기관이 담당하나, 예외허가와 같은 재량 판단을 수반하는 처분은 '특정행정청(特定行政庁)'이 담당한다. 특정행정청은 건축주사를 두는 시정촌에서는 해당 시정촌의 장(長)을 의미하고, 그 외 시정촌에서는 도도부현 지사를 의미한다(건축기준법 제2조 제35호).

4) 건축기준관계규정의 범위

건축기준법에서는 건축확인의 신청을 위해서는 신청서, 건축계획 개요서, 첨부도면 등을 제출하도록 정하고(시행규칙 제1조의3), 건축주사는 해당 건축계획이 '건축기준법과 이에 따른 명령 및 조례의 규정, 그 외 건축물의 부지, 구조 또는 건축설비에 관한 법률 등(이하

---

350) 鵜野 和夫, 앞의 책, 20면.; 같은 취지 鵜野 和夫·秋山 英樹·上野 俊秀, 앞의 책, 354면 참고.
351) 坂和 章平, 앞의 책, 63~64면.
352) 鵜野 和夫, 앞의 책, 19면.
353) 鵜野 和夫·秋山 英樹·上野 俊秀, 앞의 책, 354면.
354) 鵜野 和夫, 앞의 책, 19면.; 같은 취지 鵜野 和夫·秋山 英樹·上野 俊秀, 앞의 책, 354면 참고.

'건축기준관계규정'이라 한다)'에 적합한지 여부를 심사하도록 정하고 있다(제6조 및 시행령 제9조).

그러나 건축기준법에서는 건축기준관계규정의 범위를 명확하게 규정하고 있지 않다. 1986. 3. 28. '건설성(建設省)'355)의 '건축확인대상 법령에 관한(建築確認対象法令について)' 통달(通達)356)에서는 '제도의 취지나 목적이 건축기준법의 취지나 목적과 상이하지 않을 것, 구체적인 기술적 기준일 것, 재량이 적을 것, 원칙적으로 영업허가나 공물관리상의 허가 등에 관한 것이 아닐 것'이라는 개략적인 요건만을 정하고, 이에 해당하는 법률로 도시계획법, 소방법, 옥외광고물법, 주차장법 등을 열거하고 있을 뿐이다.357)

민법 등이 건축확인의 대상인 법령에 포함되는지가 문제된 사례에서, 일본 법원은 건축확인의 대상은 건축물의 규율에 관한 법규 중 안전, 방화, 위생에 관한 기술적인 규제에 적합한지 여부만을 심사하고 민법의 상린관계(相隣關係) 규정은 이에 포함되지 않는다고 판단한 바 있다.358) 또한, 처분의 직접 상대방이 아닌 제3자가 건축확인의 위법성을 다투면서 제기한 소송에서는 핵연료재처리시설에서 방출되는 방사성물질의 위험성은 심사의 대상이 아니라고 판단한 바 있다.359)

---

355) 현재는 '국토교통성(国土交通省)'으로 명칭이 변경되었다.
356) 상급 행정기관이 관계 하급 행정기관 및 직원에 대하여 그 직무 권한의 행사를 지휘하고 직무에 관해 명하기 위해 발급하는 것을 의미한다.
357) 広岡 隆, 『判例·建築基準法』, 有斐閣, 1990., 11~12면.; 자세한 내용은 鵜野 和夫·秋山 英樹·上野 俊秀, 앞의 책, 427면 이하 참고.
358) 最高裁第三小法廷 昭和55年7月15日 昭54(行ツ)103号 判決.; 자세한 내용은 鵜野 和夫·秋山 英樹·上野 俊秀, 앞의 책, 347~348면 참고.
359) 東京高裁 昭和48年9月14日 昭47(行コ)54号 判決.

(3) 개발행위허가와 건축확인의 상호 연관성

1) 건축확인에 있어 개발행위허가에 대한 심사

도시계획법상 개발행위허가는 개발행위에 대한 규율이고, 건축기준법상 건축확인은 건축행위에 대한 규율로서, 현행 일본 도시계획법제에서는 양 제도가 서로 연계하여 토지의 합리적인 이용을 도모하고 있다.360) 이를 도시계획적 관점에서 해석하면, 개발행위허가는 건축확인의 전 단계로 건축허용성을 규율하는 기능을 하고, 건축확인은 주로 건축허가요건을 규율하는 기능을 하며, 건축행위 전반에 대한 규율이 연계되어 원활하게 이루어질 수 있도록 개발행위허가와 건축확인이 상호 연관되어 기능한다고 해석할 수 있다.

구체적으로 일본 건축기준법에서는 개발행위허가와 건축확인이 상호 연관되어 기능할 수 있도록, 건축확인의 단계에서 개발행위허가를 받았는지 등에 대한 심사를 하도록 정하고 있고, 이를 통상 '적합증명서(適合証明書)' 제도라고 한다. 건축물을 건축하기 위해 택지를 조성하는 경우에는 건축확인을 신청하기에 앞서 도시계획법상 개발행위허가를 받아야 한다. 이러한 개발행위허가를 수반하는 건축확인의 경우에는 건축확인의 신청시 '협의의 적합증명서(도시계획법상 개발행위허가를 받았음을 증명하는 서면)'를 첨부하여야 한다(건축기준법 제6조, 시행령 제9조 제12호 및 시행규칙 제1조의3). 만약 개발행위에는 해당하지만 시가화구역 내 일정규모 미만의 개발행위(도시계획법 제29조 제1항 단서) 등에 해당하여 개발행위허가를 받을 필요가 없는 경우에는 '개발허가불요증명서(開発許可不要証明書)' 또는 개발행위에 해당하지 않음을 증명하는 '개발행위비해당증명서(開発行為非該当証明)'를 첨부할 수도 있다(도시계획법 시행규칙

---

360) 坂和 章平, 앞의 책, 112면.

제(60조).361) 이러한 증명서들을 총칭하여 '적합증명서(適合証明書)'라
고 한다.362)

우리나라에서는 건축법상 건축허가에 국토계획법상 토지형질변
경허가가 의제되도록 하여, 건축허용성을 규율하는 토지형질변경허
가와 건축허가요건을 규율하는 건축허가가 서로 연관되어 기능하도
록 한다. 일본에서는 적합증명서가 건축확인의 단계에서 개발행위
허가를 통해 건축허용성이 부여되어 있는 토지인지를 심사하는 기
능을 하며, 개발행위허가와 건축확인이 상호 밀접하게 연관되어 기
능하도록 한다. 다만, 엄밀하게는 우리나라에서는 건축허가에 토지
형질변경허가가 의제될 뿐이고 건축허용성에 관한 규율은 토지형질
변경허가를 통해 이루어지나, 일본에서는 적합증명서에 대한 심사
를 통해 건축확인의 과정에서도 절차적으로나마 건축허용성에 대한
규율이 이루어진다는 차이가 있다.

2) 개발행위허가에 관한 건축주사의 심사권한

건축확인의 과정에서 이루어지는 개발행위허가에 대한 심사와
관련하여, 건축주사는 개발행위허가라는 처분의 존부만을 형식적으
로 판단하여야 하고, 개발행위허가의 당부를 판단할 수 있는 실질적
인 심사권한은 가지지 못한다.363) 개발행위를 허가할지에 대한 실질
적인 심사권은 개발행위허가권자인 도도부현 지사에게만 부여되기
때문이다.

일본 법원도 개발행위허가에 관한 건축주사의 심사는 형식적·외
형적인 것에 불과하고, 이러한 심사는 건축기준법 제2장에서 정하고

---

361) 広岡 隆, 앞의 책, 33면.; 曾和 俊文·金子 正史, 『事例硏究 行政法』, 日本評論
    社, 2011., 214면.
362) 曾和 俊文·金子 正史, 앞의 책, 213면.
363) 広岡 隆, 앞의 책, 34~35면.

있는 '건축물의 부지, 구조 및 건축설비에 관한 규정'(이른바 단체규정)에 대한 실질적인 심사와는 다르다고 본다.364) 전술한 1986. 3. 28. 건설성의 '건축확인대상 법령에 관한' 통달에서도, 건축확인의 심사대상에 도시계획법 제29조의 개발행위 등을 포함하면서도 '건축주사는 적합증명서가 첨부되어 있는지를 심사하는 것이고, 해당 증명서에 포함된 개발행위허가권자의 판단이 적법한지에 대해서는 심사권이 없다'고 설명하고 있다.365)

다만, 과거 일부 판례에서는 개발행위허가를 필요로 하지 않는다는 취지의 증명행위(개발허가불요증명서의 발급)가 항고소송의 대상인 행정처분이 아니라고 판단하면서, 그 근거로 건축주사가 개발행위의 필요 여부에 대해 개발행위허가권자의 판단에 구속되지 않고 실질적인 심사권을 가진다고 하여,366) 개발행위가 필요한지 여부에 한정해서는 건축주사가 실질적인 심사권을 가진다고 본 사례들도 존재한다.367)

그러나 개발행위허가에 관한 실질적인 심사권은 개발행위허가권자인 도도부현 지사에게 있기 때문에, 건축주사는 형식적·외형적인 심사권만을 가진다. 그러므로 위 사례에 있어서도 건축주사는 개발행위허가가 필요한지 여부에 대해서는 실질적인 심사권을 가지지 못하고, 형식적·외형적으로 적합증명서(개발허가불요증명서)가 첨부되어 있는지 여부만을 심사하여야 한다.368) 만약 건축주사에게 실질

---

364) 横浜地裁 平成11年10月27日 平10(行ウ)53号 判決, 大阪高裁 昭和60年7月31日 昭60(行ス)5号 判決, 仙台地裁 昭和59年3月15日 昭57(行ウ)5号 判決 등.; 자세한 내용은 広岡 隆, 앞의 책, 42면 참고.

365) 廣岡 隆, 앞의 책, 43면.

366) 大分地裁 昭和59年9月12日 昭57(行ウ)9号 判決.; 같은 취지의 판결로는 京都地裁 昭和62年3月23日 昭61(行ウ)19号 判決.

367) 자세한 내용은 荒 秀, 앞의 논문(都市計画法施行規則六〇条の適合証明と建築確認との関係), 334~335면 참고.

368) 자세한 내용은 荒 秀·小高 剛, 앞의 책, 63면 참고.

적인 심사권을 인정하면 도시계획법상 개발행위허가의 권한을 도도
부현 지사에게 부여하고 있는 취지에 반하기 때문이다.369)

3) 적합증명서 발급의 처분성과 건축확인 취소소송

토지소유자는 건축확인을 위해 도도부현 지사에게 적합증명서의
발급(교부)를 신청할 수 있는데(도시계획법 시행규칙 제60조), 과거
개발허가불요증명서 또는 개발행위비해당증명서의 발급이 거부된
경우 거부처분의 처분성이 문제된 사례가 있었다. 이에 대해 일본
법원은 '개발행위비해당증명서는 개발행위허가권자가 해당 건축행
위가 토지의 구획형질변경을 수반하는지 여부에 관한 단순한 사실
을 증명하는 효과에 지나지 않고, 그 교부행위는 건축주(신청인)에게
증명된 사실을 통지하는 행위에 불과하여, 사인의 권리의무에 영향
을 미치지 않는다'고 판단하여 처분성을 부인한 바 있다.370) 행정처
분은 행정청이 행한 행위이어야 하나, 개발행위비해당증명서의 교
부는 법률이 아닌 시행규칙에 근거한 행위라는 점에서 처분성을 인
정하기 어렵다는 판례도 존재한다.371)

결국 적합증명서의 발급을 다투기 위해서는(예컨대 개발허가불요
증명서 또는 개발행위비해당증명서가 발급되지 않는 경우), 건축확
인 자체를 다툴 수밖에 없다.372) 일본 법원도 건축확인의 취소소송
등을 통해 적합증명서 발급의 위법성을 다투어야 한다는 입장이
다.373) 이에 대해 적합증명서는 일정한 법적 판단이 포함되어 있으

---

369) 曾和俊文·金子正史, 앞의 책, 224면.
370) 東京高裁 平成12年4月13日 平11(行コ)262号 判決.
371) 이러한 취지의 판결로는 橫浜地裁 平成11年10月27日 平10(行ウ)53号 判決.;
　　자세한 내용은 曾和俊文·金子正史, 앞의 책, 221면 참고.
372) 安本 典夫, 앞의 책, 126면.
373) 橫浜地裁 平成17年2月23日 平15(行ウ)39号 判決.; 자세한 내용은 曾和俊文·
　　金子正史, 앞의 책, 245면 참고.; 개발행위비해당증명서의 발급을 거부한

나 도시계획법상 명확하게 규정된 제도가 아니고, 통상은 적합증명서의 발급과 동시에 건축확인의 신청이 이루어지기 때문에 처분성을 인정하기 어렵다는 견해가 있다.[374] 또한, '처분권자의 판단권의 존부는 소송에서 주장할 수 있는 처분의 위법사유와 직결되지 않는다'고 하여 건축주사에게 개발행위허가에 관한 실질적인 심사권이 인정되지 않음에도 건축확인을 다투는 소송에서 개발행위허가와 관련한 적합증명서의 발급을 다툴 수 있다고 판단한 사례도 있다.[375]

적합증명서의 존부는 건축확인의 과정에서 건축허용성을 심사하기 위한 기준에 해당한다. 적합증명서의 발급에 관한 처분성을 부인하고 건축확인 자체를 다투도록 하는 견해는 건축확인이 건축허가 요건뿐만 아니라 건축허용성에 대한 규율을 포함한다는 의미로 해석된다. 우리나라에서는 건축법상 건축허가와 국토계획법상 토지형질변경허가에 대한 심사가 분리되어 있어,[376] 건축허용성에 대한 규율은 토지형질변경허가를 통해 이루어지고 건축허가는 건축허용성의 규율에 관여할 수 없다는 점과 차이가 있다.

행위의 처분성을 부인하면서 건축확인의 취소소송을 통해 이를 다툴 수 있다고 판단한 사례로는 東京高裁 平成12年4月13日 平11(行コ)262号 判決.

374) 金子 正史, 「開発許可制度管見(三完)都市計画法施行規則60条に定める適合証明書に関する法的諸問題」, 『自治研究』 77권 7호, 2001., 32면 참고.

375) 横浜地裁 平成17年2月23日 平15(行ウ)39号 判決.; 자세한 내용은 安本 典夫, 「都市計画過程における争訟のあり方」, 『立命館法学』, 1993., 137면 이하 참고.

376) 건축법상 건축허가를 통해 토지형질변경허가가 의제되는 경우에는 건축법상 건축허가의 요건과 국토계획법상 토지형질변경허가의 요건이 동시에 심사된다. 다만, 두 허가요건이 혼화되어 단일한 허가요건이 되는 것은 아니다. 자세한 내용은 '토지형질변경허가가 의제되는 건축허가' 부분, 김종보, 앞의 책, 128~129면 및 248면 참고.

VI. 지목이 가지는 도시계획적 효력

(1) 개관

일본에서는 구역구분제라는 도시계획을 통해 도시계획구역을 시가화구역과 시가화조정구역으로 구분하여 개략적인 건축허용성을 부여하기 때문에, 우리나라와 비교하여 지목이 수행하는 도시계획적 기능이 상대적으로 약하다. 그러나 일본에서도 개발행위허가나 건축확인의 단계에서 지목이 사실상 건축허용성을 반영하는 기능을 수행하고 있어, 지목이 도시계획적 기능을 완전히 상실하였다고 보기는 어렵다.

먼저 시가화구역 내 토지들은 다양한 목적과 용도로 사용되기 때문에, 시가화구역과 시가화조정구역이라는 이분적인 구분만으로는 다양한 용도로 활용되는 시가화구역 내 토지들의 건축허용성을 상세하게 규율하기 어렵다는 한계가 있다. 이러한 한계를 개발행위허가가 보완하고 있다.

개발행위허가는 구역구분제가 실질적인 효력을 가질 수 있도록 시가화구역에서 개별 필지에 대해 건축허용성을 부여하는 기능을 수행하고 있다.377) 그러므로 일본의 도시계획법제는 구역구분제를 통해 개략적인 건축허용성을 규율하고, 시가화구역 내 토지들에 있어 개별 필지들의 건축허용성은 개발행위허가를 통해 규율하는 방식으로 상호 보완적으로 운영되고 있다고 이해되어야 한다.

(2) 농지전용허가와 임지개발허가의 의미

일본에서는 지목이 '답(田)', '전(畑)' 등인 토지(이른바 농지)에 건

---

377) 安本 典夫, 앞의 책, 29면.

축물을 건축하기 위해서는 사전에 '농지법(農地法)'상 농지전용허가를 받아야 한다(농지법 제4조). 다만, 시가화구역 내에서는 '농업위원회(農業委員会)'의 신고로 요건이 완화된다(농지법 제4조 제1항 제8호). 농지전용허가를 받은 후에는 지목이 전, 답인 토지라고 하더라도 건축물을 건축할 수 있으나, 건축물을 건축하기 위한 택지조성공사가 완료된 후(토지의 현상지목이 택지로 변경된 시점)에는 부동산등기법에 따라 지목을 택지(宅地)로 변경하여야 한다. 일본 부동산등기법에서는 지목이 변경된 경우 토지소유자는 변경이 있은 날로부터 1개월 이내에 이를 변경하는 등기를 신청하여야 하고(제37조 제1항), 만약 이를 해태한 경우에는 10만엔 이하의 과료(過料)를 부과하도록 정하고 있다(제164조).

농지전용허가에 관한 규율은 우리나라도 유사하다. 다만, 우리나라에서는 건축법상 건축허가에 농지법상 농지전용허가가 의제되기 때문에, 실무적으로는 건축허가와 동시에 농지전용허가에 대한 심사가 이루어진다.

한편, 우리나라의 산지관리법상 산지전용허가(제14조)와 유사하게, 일본에서도 '삼림법(森林法)'상 '개발행위허가'를 규정하고 있다(제10조의2). 도시계획법상 개발행위허가와 구분하여 통상 '임지개발허가(林地開発許可)'라고 부른다.378) 지목이 산림(山林) 등인 토지에서는 삼림법상 임지개발허가를 받아야 하고, 택지조성공사가 완료된 후에는 지목이 택지로 변경된다.

이렇듯 지목이 전, 답, 산림 등인 토지는 건축물을 건축하기 위해 농지전용허가, 임지개발허가를 받아야 한다는 점에서 전, 답, 산림 등의 지목은 건축이 불가능한 토지임을 표시하는 기능을 한다. 결국 일본에서도 지목은 건축허용성을 반영하는 기능을 수행한다는 해석

---

378) 법령상 용어는 아니나, 일본 임야청(林野庁)에서도 임지개발허가라는 용어를 사용하고 있다.

이 가능하다.

다만, 이에 대해서는 건축허용성에 대한 규율이 도시계획적 측면이 아닌 농지법 또는 삼림법적 측면에서 이루어진다는 점에서는 지목이 도시계획적 기능을 한다기보다는 농지임을 표상하는 농지법상 기능, 또는 삼림법상 기능을 한다는 반론도 가능하다. 또한, 부동산등기법에서 지목이 변경된 경우 지목변경등기를 하도록 정하고 있고(제37조 제1항), 건물을 등기하기 위해서는 지목변경등기를 하여야 하기 때문에, 농지전용허가를 받아 택지조성공사가 완료된 후 또는 건축물의 건축이 완료된 후에는 택지로 지목변경이 이루어진다. 사후적으로 지목변경이 이루어진다는 점에서는 지목이 단순히 토지의 이용현황을 반영하는 기능만을 한다고 해석할 수도 있다.

한편, 일본에서는 우리나라의 기성시가지와 유사한 지역인 시가화구역에서, 일정규모 이상의 개발행위에 대해서만 개발행위허가를 받도록 규정하고 있다(도시계획법 제29조). 이는 일정규모 미만의 개발행위(건축행위)는 농지전용허가를 받으면 도시계획법상 개발행위허가(토지형질변경허가)를 받지 않더라도 건축물의 건축이 가능하다는 의미이다. 또한, 도시지역 외 지역은 도시계획법의 적용 대상이 아니기 때문에 원칙적으로 토지형질변경허가를 받을 필요가 없다.379) 일본에서는 농지 등의 토지에 대해 도시계획적 측면에서 건축허용성이 규율되지 않는 경우도 존재한다는 점에서, 토지형질변경허가의 필요 여부, 즉 도시계획적인 측면에서 건축허용성이 규율되는지 여부에 있어 우리나라와 제도상 차이가 존재한다.

다만, 시가화구역 내 일정규모 이상의 개발행위(건축행위)로만 논

---

379) 우리나라에서도 국토계획법이 제정되기 이전까지는 현행 일본의 규율 체계와 유사하였다. 도시지역 외 지역, 즉 농지 등의 토지에 대해서는 도시계획법이 적용되지 않았기 때문에, 토지형질변경허가를 필요로 하지 않고 농지전용허가만을 받으면 건축물의 건축이 가능하였다.

의를 한정하면 우리나라와 유사한 체계로, 농지전용허가 후에도 개발행위허가를 통해 건축허용성에 대한 도시계획적 규율이 이루어진다. 개발행위허가가 개별 필지에 건축허용성을 부여하는 기능을 하는 것으로, 이에 대한 상세한 분석은 아래에서 논하기로 한다.

(3) 시가화구역 내 토지형질변경허가의 기능

일본의 개발행위허가가 시가화구역 내 일정규모 이상의 개발행위(건축행위)에 대해 건축허용성을 부여하기 위한 절차라고 해석하면, 시가화구역 내 일정규모 이상의 개별 필지에 한정해서는 개발행위허가가 건축허용성을 부여하는 기능을 하고 지목이 건축허용성을 반영한다고 해석할 수 있다. 이는 우리나라 기성시가지에서 건축허용성이 규율되는 형태와 유사하다. 나아가, 시가화구역에서는 용도지역이 정해진다는 점에서 우리나라 기성시가지와 유사하게 불완전한 용도지역제를 보완하기 위해 지목이 건축허용성을 규율하고 있다고 해석할 수도 있다.

그러나 우리나라와 비교하여 시가화구역 내 개발행위허가는 지목에 관계없이 규모에 따라 적용된다는 점에서 상당한 차이가 존재한다. 지목이 이미 택지인 토지라고 하더라도 일정규모 이상의 개발행위(건축행위)에 있어서는 건축허용성을 부여받기 위해 개발행위허가를 받아야 하고, 반대로 일정규모 미만의 개발행위에 있어서는 지목이 택지가 아닌 토지의 경우에도 건축허용성이 부여된 것으로 전제하여 개발행위허가를 받지 않더라도 건축물의 건축이 가능하다. 이는 구역구분제라는 도시계획을 통해 건축허용성이 규율되고, 개발행위허가는 시가화구역 내 일정규모 이상의 개발행위(건축행위)에 한정하여 건축허용성을 규율(부여)하는 기능을 하기 때문에, 엄밀하게는 지목에 상관없이 건축허용성이 규율된다는 의미이다. 이는 우

리나라와 비교하여 건축허용성을 규율하는 지목의 도시계획적 기능
이 상대적으로 약하다고 평가되는 원인으로 해석된다.

(4) 일본 법원의 지목변경 처분에 대한 해석

우리나라와 달리 일본 법원은 지목변경에 대한 처분성을 인정하
지 않고 있다.380) 일본 법원은 토지소유자가 등기관이 직권으로 등
기부상의 지목을 '택지(宅地)'에서 '잡종지(雜種地)'로 경정등기한 처
분에 대해 취소를 청구한 사례에서 "표시등기 내지 그 경정등기는
해당 부동산의 권리관계, 물리적 형상 등을 확정하는 효력을 가지는
것은 아니므로, 본건 토지가 택지인지 잡종지인지는 본건 토지의 객
관적 형상으로 결정되어야 하고, 본건 처분이 본건 토지에 관하여
원고의 권리에 법적인 변동을 발생시킨다고 볼 수 없다"고 판단하
여, 지목변경(경정)등기의 처분성을 부정한 바 있다.381) 해당 사례에
서는 토지소유자가 지목이 '산림(山林)'인 토지를 매수하여 '택지(宅
地)'로 변경등기를 하였으나, 이후 등기관이 해당 토지에 대한 재조
사를 진행하여 직권으로 지목을 '잡종지(雜種地)'로 변경등기한 행위
가 다투어졌다.

일본 법원은 최근까지도 지목변경의 처분성을 부정하고 있다.382)
이는 일본 법원이 지목에 단순히 토지의 이용현황을 확인하는 효력
만을 인정하는 것으로 해석된다.

---

380) 우리나라에서는 대법원 2004. 4. 22. 선고 2003두9015 전원합의체 판결을
통해 지목변경신청에 대한 거부처분의 처분성이 처음으로 인정되었다.
381) 名古屋地裁 昭和57年2月26日 昭56(行ウ)34号 判決.
382) 같은 취지의 판례로 大阪地裁 平成24年2月23日 平22(行ウ)173号 判決, 名古
屋地裁 平成13年10月19日 平13(行ウ)36号 判決, 千葉地裁 平成元年4月12日
昭63(行ウ)11号 判決, 福岡高裁 昭和55年10月20日 昭54(行コ)15号 判決, 長崎
地裁 昭和54年10月26日 昭53(行ウ)7号 判決 등 참고.

다만, 강제경매 과정에서 지목이 '전(畑)'인 토지를 '원야(原野)'로 평가하여 경매절차가 진행된 후 토지소유권을 취득한 토지소유자가 지목의 변경등기를 신청하였으나 신청이 각하된 사례에서는 "부동산등기법상 등기부의 지목 표시에 중대한 이해관계를 가진 당사자로 지목변경등기에 관한 절차상의 신청권이 인정되며, 등기관의 지목변경등기의 신청을 각하하는 취지의 결정은 절차상의 신청권을 침해하는 것으로 항고소송의 대상인 행정청의 처분에 해당한다"고 판단하여, 토지소유자의 지목변경등기에 관한 신청권을 침해한다는 이유로 지목변경등기신청을 각하한 결정에 대해 처분성을 인정한 사례도 존재한다.383) 이처럼 지목변경등기신청의 처분성을 인정한 이례적인 판례도 있어, 일본 법원이 지목변경의 처분성을 부정하고 있다고 단정하기는 어렵다.

그러나 지목변경의 처분성을 인정하는 판례에서도, 지목에 건축허용성을 규율하거나 또는 우리나라와 같이 건축허용성을 판단하는 기준이라는 도시계획적 기능을 인정하고 있지는 않다. 이는 일본에서 지목은 토지의 이용현황을 확인하는 효력만을 가지고, 건축허용성을 규율하는 형성적인 효력은 인정되지 않는다는 것을 의미한다.

(5) 소결 – 우리나라와 일본의 차이점

우리나라와 일본의 차이는 우리나라에서는 대지라는 지목이 건축허용성을 반영하는 기능을 강하게 수행하기 때문에 대지가 아닌 토지는 토지형질변경을 통해 개별 건축단위별로 건축허용성을 부여

---

383) 東京高裁 昭和63年12月12日 昭63(行コ)18号 判決.; 자세한 내용은 小野 剛, 「地目変更登記申請を却下する決定が抗告訴訟の対象となる行政処分にあたるとされた事例」, 『判例タイムズ 主要民事判例解説』, 判例タイムズ社, 1990. 참고.; 같은 취지의 판례로 宇都宮地裁 昭和63年3月31日 昭58(行ウ)1号 判決.

받아야 하지만, 일본은 도시계획을 통해 건축허용성이 부여되고 지목에 우선하는 효력을 가지는 것으로 해석할 수 있다. 우리나라와 비교하여 지목이 가지는 도시계획적 효력이 약하고, 지목이 수행하는 도시계획적 기능이 구역구분제 등의 도시계획을 통해 규율되는 방식으로 변화한 것으로 평가된다.

제3절 건축허용성 규율에 관한 제도상 차이점

Ⅰ. 개관

우리나라와 일본의 도시계획법제는 건축허용성을 규율하는 방식에 있어 큰 차이가 있다. 우리나라 기성시가지에서는 토지형질변경이라는 절차를 통해 개별 건축단위별로 건축허용성이 부여되고, 지목이 건축허용성을 판단하는 기준이 된다. 반면, 일본에서는 구역구분제라는 도시계획을 통해 도시지역 내 토지들에 대한 건축허용성이 일괄적으로 결정된다는 차이가 있다. 이러한 제도상 차이점으로 인해 지적인 지목이 가지는 도시계획적 효력에도 차이가 발생한 것으로 추측된다. 본 절에서는 우리나라와 일본의 도시계획법과 지적에 있어 건축허용성의 규율에 관한 차이점을 비교하고, 이러한 차이가 발생하게 된 원인을 분석해 본다.

Ⅱ. 건축허용성을 통제하는 도시계획의 비교

(1) 개발제한제 개관

현행 우리나라 도시계획법제에서는 건축허용성을 통제하는 도시계획으로 개발제한제 도시계획, 용도지역제 중 녹지지역 등이 있다. 일본에서는 시가화조정구역이 그 역할을 담당하고 있다. 다만, 각 유형의 도시계획들에 있어 건축허용성을 통제하는 수준이나 방식에는 차이가 있다. 이하에서는 건축허용성을 통제하는 기능을 하는 도시계획인 우리나라의 개발제한제와 일본의 시가화조정구역을 비교 분석해본다.

우리나라의 개발제한제 도시계획은 1971년 도시계획법 전부개정384)을 통해, 구역제의 일종으로 '개발제한구역의 지정'이라는 규정을 통해 도입되었다(제21조). 개발제한구역의 지정만으로 개발제한구역 내 건축물의 건축, 공작물의 설치, 토지의 형질변경 등의 행위가 원칙적으로 금지되는 효력을 가진다는 점에서,385) 개발제한구역의 지정은 단순한 도시계획의 기법이 아닌 도시계획 자체로 보아야 한다.386)

개발제한제 도시계획은 개발제한을 전제로 하는 도시계획으로, 원칙적으로 새롭게 건축허용성을 부여하거나 건축단위를 설정하는 행위, 즉 토지의 형질변경허가나 토지의 분합이 금지된다.387) 이러한 의미에서 개발제한제 도시계획은 그 자체로서 대상지역 내 개별 필지에 대한 건축허용성이나 건축단위를 완결적으로 확정하는 기능을 한다.388)

현행 국토계획법에서는 개발제한구역과 유사하게 건축허용성이 제한되는 구역으로 시가화조정구역389), 수산자원보호구역390), 도시자연공원구역391), 입지규제최소구역392) 등을 규정하고 있다. 1971. 7.

---

384) 1971. 1. 19. 법률 제2291호로 전부개정되어 1971. 7. 20. 시행된 것.

385) 대법원 2004. 7. 22. 2003두7606 판결.

386) 김종보, 앞의 책, 198면.

387) 개발제한구역 내의 토지는 토지의 형질변경이 엄격하게 제한되므로, 실질적인 토지의 가액에 있어 많은 영향을 받게 된다. 대법원 1997. 6. 24. 선고 96누1313 판결(수용보상가산정) 및 김종보, 앞의 책, 310~311면 참고.

388) 김종보, 앞의 책, 221면.

389) 도시지역과 그 주변지역의 무질서한 시가화를 방지하고 계획적이고 단계적인 개발을 유도하기 위하여 5년 이상 20년 이내로 기간을 정하여 시가화를 유보하는 지역을 의미한다(국토계획법 제39조).

390) 공유수면이나 그에 인접된 토지에 대해 수산자원의 보호·육성을 위하여 지정하는 구역을 의미한다(국토계획법 제40조).

391) 도시의 자연환경 및 경관을 보호하고 도시민에게 건전한 여가·휴식공간을 제공하기 위하여 도시지역 안에서 식생이 양호한 산지의 개발을 제한할 필요가 있다고 인정되는 지역을 의미한다(국토계획법 제38조의2).

392) 도심 내 쇠퇴한 주거지역, 역세권 등을 주거·상업·문화기능이 복합된 거점으로 개발해 지역경제 활성화를 촉진하기 위한 구역을 의미한다(국토

우리나라 최초로 서울 외곽 지역(473.8㎢)이 개발제한구역으로 지정
되었고, 2019년 말을 기준으로 지정된 전국의 용도구역 중 개발제한
구역이 3,837.3㎢로 가장 크고, 수산자원보호구역(2,839.9㎢), 도시자
연공원구역(283.6㎢), 시가화조정구역(2.0㎢), 입지규제최소구역(0.1㎢)
순으로 지정되어 있다.[393]

　한편, 우리나라의 용도지역제는 원칙적으로 건축허가요건만을 규
율하는 도시계획으로 건축허용성에 대한 통제는 불가능하다. 그러
나 우리나라에서는 녹지지역이라는 용도지역을 창설하여,[394] 사실
상 용도지역을 통해 건축허용성을 규율하는 기능을 일부 수행하고
있다. 녹지지역은 '자연환경·농지 및 산림의 보호, 보건위생, 보안과
도시의 무질서한 확산을 방지하기 위하여 녹지의 보전이 필요한 지
역'으로, 보전녹지지역, 생산녹지지역, 자연녹지지역으로 구분되며,
녹지지역에서의 건축은 근린공공시설이나 교정시설, 군사시설에 한
하여 매우 한정적으로 허용된다. 녹지지역의 특성은 건축물의 종류
보다는 오히려 형태제한에서 잘 나타나는데 건폐율은 20% 이하, 용
적률은 100% 이하로 제한되고, 이는 200㎡ 미만인 대지의 분할제한
요건(건축법 시행령 제80조)과 결합하여 매우 엄격한 건축허가요건
을 구성한다.[395]

　녹지지역은 매우 제한적인 건축허가요건을 통해 사실상 녹지지
역 내에서 건축허용성을 통제하는 기능을 하고, 녹지지역 위에 개발
제한제 도시계획을 중첩적으로 수립하여 건축행위 자체를 금지하기

계획법 제40조의2).
393) 국토교통부, 앞의 책, 27면 참고.; 각 용도구역 내에서 제한되는 건축행위
　　에 관해서는 국토계획법 시행령 제83조 및 별표 24 등 참고.
394) 1940. 12. 18. 조선총독부제령 제41호로 조선시가지계획령이 개정되면서
　　용도지역에 녹지지역이 추가되었고, 현행 국토계획법에서도 도시지역
　　내 용도지역을 주거, 상업, 공업, 녹지지역으로 구분하고 있다(제34조).
395) 자세한 내용은 김종보, 앞의 책, 296면 이하 참고.

도 한다.396) 용도지역제가 발전해 오면서 그 규율 범위를 확대하여 건축허용성에 대한 규율도 일부 포함하게 된 것으로 해석할 수도 있다. 현재 도시지역 전체면적의 약 71% 상당이 녹지지역으로 지정되어 있다.397)

(2) 개발제한제와 시가화조정구역

과거에는 개발제한제 도시계획이 일본의 시가화조정구역과 동일하다고 보는 견해도 있었고,398) 건축허용성을 통제한다는 도시계획적인 측면에서 시가화조정구역을 우리나라의 개발제한제에 준하는 도시계획으로 파악하는 견해도 있다.399)

그러나 시가화조정구역은 구역구분제라는 도시계획을 구성하는 요소에 불과하고, 개발제한제와 같은 도시계획으로 보기 어렵다는 점에서 도시계획법제의 체계상 동일하다고 보기는 어렵다. 또한, 시가화조정구역과 개발제한제는 건축허용성을 통제하는 수준에 있어서도 차이가 있다. 개발제한제는 건축행위를 엄격하게 금지하여 건축허용성 자체가 부여되기 어려우나, 일본의 시가화조정구역은 시가화를 억제해야 하는 구역에 불과하고 개발행위허가 또는 일본의 건축허가(도시계획법 제43조) 등을 통해 건축허용성이 부여되기도 한다.

건축허용성을 통제하는 수준이 더 완화된다는 측면에서, 시가화조정구역은 개발제한제보다는 우리나라의 용도지역제상 녹지지역

---

396) 개발제한제와 용도지역제가 중복 수립되는 문제점에 관한 자세한 내용은 김종보, 앞의 책, 202면 참고.
397) 국토교통부, 앞의 책, 12면 참고.
398) 우리나라의 개발제한제와 일본의 시가화조정구역이 '시가화억제구역제도(Urban Containment Program)'의 일종이라고 보는 견해는 김제국·中井檢裕, 앞의 논문, 64면 참고.
399) 김종보, 앞의 책, 198면.

에 가까운 법적효력을 가지는 것으로 평가할 수 있다. 일본 도시계획법에서는 시가화구역 내에서만 용도지역을 지정할 수 있도록 규정하고 있어, 일본의 도시계획구역 내에는 시가화구역 내에서 지정되는 용도지역들과 시가화조정구역으로 구분되는 일종의 용도지역이 존재한다고 가정해 볼 수도 있다. 즉, 시가화구역 내에 지정되는 주거, 상업, 공업지역 등의 용도지역은 우리나라의 용도지역 중 주거, 상업, 공업지역에 대응되고, 시가화조정구역은 우리나라의 용도지역 중 녹지지역에 대응된다고 해석해 볼 수도 있다. 용도지역제와 구역구분제가 연계되어 있는 일본 도시계획법제의 특징, 일본의 용도지역제에는 녹지지역에 존재하지 않는다는 점400) 등을 고려하면, 사견으로는 시가화조정구역은 개발제한제보다는 일종의 용도지역이라 해석하여 우리나라의 녹지지역과 유사한 법적효력을 가진다고 해석하는 견해가 타당하다고 생각한다.

다만, 엄밀하게는 시가화조정구역은 용도지역제의 종류가 아니라는 점에서 우리나라의 녹지지역과는 체계상 차이가 존재한다. 시가화조정구역 내에서는 용도지역이 지정되지 않고, 시가화조정구역으로 구분되면 기존의 용도지역이 폐지되기 때문이다. 그러므로 시가화조정구역은 일본의 독자적인 제도인 구역구분제에 따라 건축허용성을 통제하기 위해 구분되는 지역으로 보는 것이 타당하다. 다만,

---

400) 우리나라는 용도지역의 종류로 녹지지역을 두고 있으나, 일본은 지구제의 종류로 '도시녹지법(都市綠地法)'에 따른 '녹지보전지역(綠地保全地域)', '특별녹지보전지구(特別綠地保全地区)' 및 '녹화지역(綠化地域)'과 '생산녹지법(生産綠地法)'에 따른 '생산녹지지구(生産綠地地区)' 등을 규정하고 있다(일본 도시계획법 제8조 제12호 및 제14호). 과거 1946. 9. 10. 법률 제19호로 제정된 '특별도시계획법(特別都市計画法)'에서는 '녹지지역(綠地地域)'이라는 용어를 사용하기도 하였으나(제3조), 특별도시계획법이 1954년 폐지되고 1968년 도시계획법이 제정되면서 기존에 지정된 녹지지역도 해제되었다.

건축허용성을 통제하는 수준에서는 개발제한제보다는 용도지역제인 녹지지역에 가깝다고 평가할 수 있을 것이다.

Ⅲ. 개발행위허가의 규율 대상과 범위

우리나라와 달리 일본에서는 기본적으로 개발행위의 규모에 따라 건축허용성을 규율하는 방식을 채택하고 있다. 개발행위가 사실상 건축물의 건축을 목적으로 한다는 점에서, 개발행위의 규모는 건축물의 규모와 연결되기 때문에, 개발행위를 통한 건축물 규모에 대한 규제는 건축허가요건에 해당한다고 보아야 한다. 일정규모의 이상의 건축물을 건축할 수 있는지(건축허가요건 규율)는 해당 토지에 건축이 허용되는지(건축허용성 규율)와는 별개의 개념이기 때문이다.

그러므로 시가화구역 내 모든 토지에 대해서는 건축허용성이 부여되어 있고, 개발행위허가는 개발행위(또는 건축물)의 규모에 따라 광의의 의미의 건축허용성(건축허가요건을 포함하는 개념)401)만을 규율한다고 해석할 수도 있다. 반면, 우리나라의 토지형질변경허가는 규모에 상관없이 모든 토지에 대해 건축허용성을 부여하는 기능을 한다는 점에서 일본의 개발행위허가와는 제도상 차이가 있다.

우리나라의 토지형질변경허가도 국토계획법상 개발행위허가의 한 종류이고, 일본의 개발행위허가도 토지의 형질변경과 토지의 구획변경을 포함하는 개념이라는 점에서 규율 내용뿐만 아니라 명칭도 매우 유사하다. 그러나 개발행위허가의 대상이 되는 개발행위의 범위에는 다소 차이가 있다. 일본의 개발행위는 건축물의 건축이라는 요건이 추가로 고려되어야 하고, 토지의 구획변경(토지의 분합)과 토지의 형질변경만을 대상으로 한다. 반면, 우리나라의 개발행위는

---

401) 건축허가요건은 광의의 건축허용성 개념으로 포섭할 수 있다. 자세한 내용은 '건축허용성의 개념' 부분 참고.

건축이라는 요건을 포함하지 않으므로, 건축행위를 수반하지 않는 단순한 토지의 형질변경이나 분할도 개발행위허가의 대상이라는 점에서 차이가 있다. 다만, 우리나라의 개발행위허가도 건축행위를 전제한 것이 대부분이라는 점에서 토지형질변경허가가 의제되는 건축허가와 일본에서 개발행위허가를 통한 건축확인의 논의에서는 차이가 없어진다.

한편, 우리나라의 개발행위허가는 그 대상에 토지형질변경이나 토지분할 외에도 건축물의 건축, 토석의 채취 등을 포함하고 있어, 일본의 개발행위허가보다 규율 대상의 범위를 더 넓게 규정하고 있다. 또한, 일본의 개발행위허가는 주로 시가화구역 내 일정규모 이상의 개발행위에만 적용되고, 우리나라의 토지형질변경허가는 규모에 상관없이 도시지역 외 지역을 포함한 모든 토지에 대해 건축허용성을 규율하는 기능을 수행한다는 근본적인 차이는 여전히 존재한다.

Ⅳ. 건축허용성 규율에 있어 차이가 발생하게 된 원인

(1) 도시계획법 규율 대상의 차이

동일한 제도에서 출발하였던 우리나라와 일본의 도시계획법제가 건축허용성을 규율하는 방식에 있어 차이가 발생하게 된 가장 근본적인 원인으로는 건축법과 도시계획법의 상호 관계가 다르게 발전하여 오면서 도시계획법이 규율하는 대상이 달라졌기 때문으로 추측된다.

우리나라는 국토계획법으로 도시계획법과 국토이용관리법이 통합되면서 도시계획이라는 의미가 희석된 반면,402) 일본은 일제강점

---

402) 우리나라에서도 과거 일본과 같은 규율 체계를 구성하고 있었으나, 현재는 국토계획법의 제정으로 도시계획법에서 규율하고 있었던 도시계획구

기시대의 도시계획법제 체계를 그대로 유지하면서 도시지역만을 규율 대상으로 하고 농촌과 같은 도시지역 외 지역에 대해서는 원칙적으로 자유롭게 건축을 허용하고 있다.[403] 도시지역 외 지역에서 건축이 자유롭게 허용된다는 점에서 건축허용성을 규율하는 지목의 기능과 효력도 상대적으로 약해진 것으로 평가된다. 반면, 우리나라에서는 도시계획법과 국토이용관리법이 국토계획법으로 통합되면서, 도시지역 외 지역에서도 건축허용성을 부여받기 위해서는 토지형질변경허가를 받도록 변화하였고, 이 과정에서 지목은 도시지역 외 지역에서도 건축허용성을 판단하는 기준으로 기능하면서 지목의 중요성이 강해지는 차이가 발생하였다.

또한, 도시계획법과 건축법이 규율하는 대상에 있어서도 차이가 발생하였기 때문으로 추측된다. 일본에서는 도시계획을 주로 일정 규모 이상의 개발행위(건축행위의 전제가 되는 행위)를 허가 또는 금지하는 목적으로만 운영하고, 개별 건축물의 건축 전반에 관해서는 건축기준법에서 규율하고 있다. 이러한 사실은 건축확인의 단계에서 적합증명서를 첨부하도록 하여(건축기준법 제6조), 절차적으로나마 개발행위허가를 받았거나 개발행위허가의 대상인지 여부, 즉 건축허용성이 부여된 토지인지에 대해 심사가 이루어진다는 점에서 잘 드러난다. 다만, 절차적이라는 의미는 건축확인의 단계에서 건축주사는 개발행위허가에 관한 실질적인 심사권을 가지지 못한다는 점

역과 국토이용관리법에 의해 규율하였던 도시지역 외 지역이 동일한 법률에 의해 규율되고 있다는 차이가 있다. 두 법률을 무리하게 통합하면서 현행 도시계획법제의 이해를 더욱 어렵게 하였다는 비판적인 견해에 관해서는 김종보, 앞의 책, 187면 참고.

403) 다만, 일정규모 이상의 개발행위는 개발행위허가를 받아야 하고(도시계획법 제29조 제2항), 특정용도의 건축물(건축기준법 제6조 제1항 제1호 내지 제3호에 해당하는 건축물)은 건축확인을 받도록 하여, 건축물의 규모나 용도에 따라 건축허용성과 건축허가요건이 규율되기도 한다.

을 의미한다. 그러므로 실질적으로 건축확인은 건축허가요건을 규율하는 기능을 하고, 개발행위허가는 건축확인의 전 단계로 도시계획적 관점에서 건축허용성을 규율하는 기능을 한다고 보아야 한다.

한편, 일본에서는 개발행위허가를 건축기준법상 집단규정 등과 통합하여 독립적인 법률로 정하고, 도시계획법에서는 용도지역제와 유사한 수준으로 구역구분제의 개략적인 내용만을 정하는 것이 바람직하다는 견해도 존재하는데,404) 이는 도시계획은 개략적인 건축허용성만을 규율하여야 하고, 개별 필지의 건축허용성 등 건축행위에 대한 상세한 내용은 건축기준법이나 별도의 법률을 통해 규율해야 한다는 의미로도 해석된다.

반면, 우리나라에서는 건축법상 건축허가에 국토계획법상 토지형질변경허가가 의제될 뿐, 각각 별개의 절차를 통해 심사가 이루어지고, 건축허용성은 국토계획법상 토지형질변경허가라는 절차를 통해 규율하도록 운영하고 있다. 특히, 우리나라는 2000년 도시계획법 전부개정을 통해 과거 건축법에서 규율하였던 도시계획적 성격의 조문들이 도시계획법으로 이동하면서, 도시계획이 건축단위, 건축허용성, 건축허가요건까지 규율하는 넓은 개념으로 인식되고 있다. 그러므로 우리나라에서는 불완전한 도시계획을 보완하기 위해 지목을 통해 건축허용성을 규율하게 되었고, 일본은 건축기준법이 도시계획을 보완하면서 건축허용성이나 건축허가요건을 규율하게 된 것으로 평가된다.

(2) 지적제도의 운영상 차이

우리나라와 일본에서 건축허용성 규율에 있어 차이가 발생하게 된 원인으로, 지적제도 자체도 큰 영향을 미친 것으로 추측된다. 강

---

404) 荒 秀·小高 剛, 앞의 책, 15면.

학상 지적이 건축허용성과 건축단위의 기능을 수행한다는 점은 유사하지만, 일본에서는 지적이 등기제도로 통합되어 운영되기 때문에 지적제도에 대한 사회적인 인식이 우리나라와는 차이가 있다.

일본에서 지목은 부동산등기부에 표시되는 하나의 항목에 불과하지만,405) 우리나라에서는 토지대장에 등록된 토지의 용도라는 인식이 강하다. 더구나 민사적인 효력이 강한 등기제도의 취지상 등기를 통해 표시되는 지목은 확인적인 효력에 불과하다는 인식이 강하다. 일본 법원도 부동산등기법상 지목변경신청의 처분성을 부정하는 입장이다.406) 또한, 일본에서는 필지의 분할측량이 단순히 측량을 통해 새로운 지번과 면적 등을 등록하는 정도로만 인식되기도 한다. 이러한 인식의 차이가 발생한 원인으로, 지적과 등기의 일원화로 토지대장이 등기부의 표제부로 통합되면서 지적에 대한 이념이 점차 상실되었기 때문으로 추측된다.407) 지적제도의 운영상 차이로 인해 지적에 대한 사회적인 인식의 차이가 발생하였고, 이러한 사회적인 인식 때문에 지목이 수행하는 도시계획적 기능이 우리나라와 비교하여 축소된 것으로 해석된다.

이러한 변화의 과정에서 일본에서는 강학상 지목이 수행하였던 도시계획적 기능이 축소되고, 건축허용성은 본연의 도시계획을 통해 규율되기 시작한 것으로 평가된다. 동일한 제도에서 출발하였던 우리나라와 일본의 도시계획법제가 제도적인 변화로 인해 차이가 발생하였고, 이러한 차이가 지목이 가지는 도시계획적 기능과 역할에도 큰 영향을 미친 것으로 평가된다.

---

405) 일본에서는 지적의 목적성이 희박해져 가고 있는 실정이라는 견해는 한국국토정보공사, 앞의 책, 205면 참고.
406) 名古屋地裁 昭和57年2月26日 昭56(行ウ)34号 判決.
407) 자세한 내용은 신동현, 앞의 논문, 112면 참고.

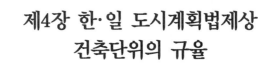

제4장 한·일 도시계획법제상
건축단위의 규율

제1절 건축단위와 필지 경계선의 관계

Ⅰ. 개관

일반적으로 집이 지어져 있거나 집을 지을 수 있는 토지를 대지 (垈地) 또는 택지(宅地)라고 한다.408) 그러나 법령상 건축이 이루어지 는 토지의 단위가 무엇인지는 명확하지 않다. 건축법에서는 토지의 단위로 대지(垈地)를 규정하고 있으나, 대지를 '필지로 나눈 토지'로 정의하여(건축법 제2조), 지적인 필지에 의존하여 건축법상 토지 단위 가 결정되고 있기 때문이다. 전술한 바와 같이 건축법상 대지와 지목 인 대지는 전혀 다른 개념으로, 건축법상 대지는 토지의 단위를 의미 하고, 지목에 관계없이 건축물이 건축되는 모든 토지를 의미한다.

현행 도시계획법제에서 필지는 건축법상 대지 또는 건축단위와 어떠한 관계를 가지는지, 필지 경계선이 건축단위를 반영 또는 설정 한다는 의미는 도시계획적으로 어떠한 효력을 가지는지 불분명하다. 건축단위에 대한 명확한 정의 없이 지적인 필지에 의존하여 건축단 위를 규율하고 있어 이러한 끊임없는 의문을 야기하는 것이다.

일본 도시계획법제에서는 건축단위를 어떻게 정의하는지, 필지 경계선과 건축단위가 어떠한 관련성을 가지는지, 이러한 물음에 대 한 해답은 필지 경계선의 도시계획적 기능을 규명하는데 도움을 줄 수 있을 것으로 기대한다. 이하에서는 건축단위의 규율에 관한 본격 적인 논의에 앞서, 우리나라와 일본에서 건축단위와 지적인 필지 경 계선의 관계를 살펴보기로 한다.

---

408) 정태용, 『건축법해설』, 한국법제연구원, 2006., 43면.

Ⅱ. 건축단위의 개념

(1) 건축단위의 정의

1) 법령상 토지의 단위

토지의 단위는 그 용도에 따라 다양하게 정의될 수 있다. 현행 법령상 토지의 단위로는 공간정보관리법상의 필지(筆地) 외에도 건축법상 대지(垈地), 국토계획법, 도시개발법, 택지개발촉진법 등에서 사용하는 획지(劃地), 부지(敷地) 등의 용어가 있다.

먼저, 획지나 부지에 대해서는 법령상 명확한 정의가 없다. 공공측량 작업규정(2019. 12. 31. 국토지리정보원고시 제2019-153호로 개정된 것) 제111조 제4호에서는 획지를 '환지설계에서 정해진 환지 또는 환지를 사용·수익할 수 있는 권리 목적이 되는 환지'로 정의하고 있으나, 이는 측량에서 사용하는 용어의 정의에 불과하다. 국토계획법 시행령 제25조에서는 '획지면적의 30퍼센트 이내의 변경인 경우' 등으로 획지라는 용어를 사용하고 있으며, 2000년 개정된 도시계획법(2000. 1. 28. 법률 제6243호로 전부개정되어 2000. 7. 1. 시행된 것)에서는 획지를 '計劃的인 開發 또는 整備를 위하여 區劃된 一團의 土地'로 정의하고 있었다(제43조). 유추하건대 획지는 '일정한 목적에 따라 구획(區劃)된 토지'를 의미하는 것으로 건축에 관한 토지 단위로 보기는 어렵다.[409] 한편, 국토계획법 제40조의2에서는 '기반시설 확보를 위하여 필요한 부지' 등으로 부지라는 용어를 사용하고 있는데, 이에 기초하면 부지는 '기반시설의 설치를 위한 토지' 정도로 그 의미를 유추해볼 수 있다.

최근 법원은 "건축물의 건축은 건축주가 그 부지를 적법하게 확

---

409) 획지의 의미가 여러 필지를 묶은 개발사업 대상지 정도로 바뀌었다는 견해는 김종보, 앞의 책, 216면 참고.

보한 경우에만 허용될 수 있다. 여기에서 '부지 확보'란 건축주가 건축물을 건축할 토지의 소유권이나 그 밖의 사용권원을 확보하여야 한다는 점 외에도 해당 토지가 관계 법령상 건축물의 건축이 허용되는 법적 성질을 지니고 있어야 한다는 점을 포함한다"고 판단하여, 부지를 건축이 이루어지는 토지의 단위라는 의미로 사용한 바 있다.410)

그러나 법원이 법령상 용어가 아닌 부지를 토지의 단위로 사용하고 있는 점은 토지의 단위나 건축단위에 대한 혼동을 가져올 수 있다는 점에서 타당하지 않다. 위 판례는 축사부지의 건축허가가 문제된 사안으로, 법원이 축사의 부지를 확보한다는 의미에서 '부지 확보'라는 용어를 사용하는 오류를 범한 것으로 추측해볼 수 있다. 해당 판례를 제외하고는 법원은 건축허가 등이 문제된 사안에서 주로 대지라는 용어를 토지의 단위로 사용하고 있다.411)

2) 건축법상 대지와 공간정보관리법상 필지

현행 건축법상 대지는 '공간정보관리법에 따라 각 필지로 나눈 토지'로 정의된다(제2조 제1항 제1호). 건축법 제정 당시에는 건축법상 대지를 '하나의 건축물 또는 용도상 불가분의 관계에 있는 둘 이상의 건축물이 있는 일단의 토지'로 정의하여(제2조 제1호), 현행 일본 건축기준법상 토지의 단위인 '부지(敷地)'와 동일하게 정의하고 있었다. 연혁적으로는 우리나라의 제정 건축법이 일본 건축기준법상의 토지 단위인 부지의 개념을 차용하여 대지를 정의한 것으로 추측된다. 이후 1980년 건축법 개정으로 지적인 필지에 의해 대지를 개념 정의하는 방식으로 변경되었다.

건축법상 토지의 단위인 대지는 건축허가가 발급되는 토지의 기

---

410) 대법원 2020. 7. 23. 선고 2019두31839 판결.
411) 대법원 2019. 10. 31. 선고 2017다48003 판결, 대법원 2018. 6. 28. 선고 2015두47737 판결, 대법원 2009. 3. 12. 선고 2008두18052 판결 등.

본 단위로 건축단위의 기능을 하여야 한다. 그러나 건축법에서는 독자적으로 토지의 단위를 정의하지 못하고, 지적인 필지에 의존하여 대지를 정의하고 있다. 건축법상 대지가 건축단위의 기능을 하지 못하고 필지에 의존하여 정의되기 때문에 필지가 건축단위를 의미하는 것으로 오해되기도 한다.412)

그러나 사법상 토지소유권을 표상하기 위한 필지와 공법상 건축물의 건축을 위한 토지 단위를 나타내는 건축단위는 그 법적성격이 다르다. 공간정보관리법상 필지는 민사적 거래와 과세의 기준이 되는 하나의 토지 단위로 이해되어야 한다.413)

또한, 대지와 필지가 항상 일치하는 것도 아니다. 현행 건축법에서는 대지를 '각 필지로 나눈 토지'로 정의하고 있으나, 2개 이상의 필지를 하나의 대지로 하거나 필지의 일부분을 대지로 할 수 있는 예외규정을 두고 있다(제2조 제1호 단서). 2개 이상의 필지를 하나의 대지로 할 수 있는 경우로 '하나의 건축물을 두 필지 이상에 걸쳐 건축하는 경우', '도시계획시설을 설치하는 경우', '주택법상 사업계획 승인을 받아 주택(아파트 등)을 건축하는 경우' 등을 정하고 있으며(시행령 제3조 제1항), 하나인 필지의 일부분을 대지로 할 수 있는 경우로는 '농지법, 산지관리법, 국토계획법 등에 의해 전용허가 또는 개발행위허가를 받은 경우'를 정하고 있다(시행령 제3조 제2항). 원칙적으로는 대지와 필지는 일치하나,414) 이러한 예외규정에 따라 대지와 필지가 불일치하는 경우도 발생할 수 있는 것이다. 그러므로 2개 이상의 필지에 걸쳐 하나의 건축물이 건축되는 경우에는 2개 이

---

412) 김종보, 앞의 책, 213면.

413) 김종보, 앞의 책, 211면.

414) 1필지로 구성된 대지에 하나의 건축물이 건축될 수 있도록 법적으로 규율하는 것으로 '1필지 1대지의 원칙'이라고도 한다. 자세한 내용은 김종보, 앞의 책, 51면 참고.

상의 필지를 합쳐 하나의 건축단위로 보아야 한다.

3) 소결-건축단위의 정의

건축법상 토지의 단위인 대지가 필지에 의존하여 정의된다는 점, 원칙적으로 필지는 사법적인 성격을 가진다는 점, 필지가 대지와 항상 일치하는 것은 아니라는 점 등을 고려하면 건축법상 대지나 공간정보관리법상 필지를 건축단위로 보기는 어렵다.

결국 건축단위는 건축물을 건축하기 위한 목적으로 건축허가가 발급되는 대상 또는 건축신고의 대상인 토지의 기본 단위로 강학상 개념으로 정의할 수밖에 없다. 이 책에서는 강학상의 개념인 건축단위를 '토지의 단위로서 하나의 건축허가가 발급될 수 있는 기준 단위'로 정의한다.[415]

(2) 일본 건축기준법상 부지(敷地)의 의미

일본 도시계획법제에서는 건축을 위한 토지의 단위로 '부지(敷地)'를 사용한다. 부지는 '하나의 건축물 또는 용도상 불가분의 관계에 있는 두 개 이상의 건축물이 있는 일단의 토지(一の建築物又は用途上不可分の関係にある二以上の建築物のある一団の土地)'로 정의된다(건축기준법 시행령 제1조 제1호). 과거 건축기준법의 전신인 시가지건축물법 시행령에서는 부지를 '하나의 구조인 건축물이 있는 일단의 토지'로 정의하였다(제16조). 우리나라 도시계획법제에서는 부지가 특정 용도로 제공되는 토지를 의미한다는 점과 혼동될 수 있으므로 주의가 필요하다. 이 책에서는 일본 도시계획법의 논의에 한정하여 '부지'라는 용어를 사용하고, 이때의 부지는 일본의 건축기준법상 건

---

415) 건축단위를 '건축허가를 위해 기준이 되는 토지의 단위'로 정의하는 견해는 김종보, 앞의 책, 211면 참고.

축확인의 대상이 되는 토지의 단위를 의미한다.

우리나라 건축법상 대지와는 달리 부지는 사실상의 경계에 의해 구분되는 토지일 뿐, 등기부상의 필지와는 직접적인 관련이 없다.416) 그러므로 하나의 필지에 2개 이상의 부지가 존재할 수도 있고, 하나의 부지에 2개 이상의 필지가 존재할 수도 있다. 일본에서는 '1필지 1대지의 원칙'이 적용되지 않는다고 해석할 수도 있다. 건축기준법상 토지의 단위인 부지가 필지에 의존하지 않고 정의된다는 점에서, 강학상의 개념인 건축단위와 그 의미가 유사하다고 볼 수도 있다.

우리나라에서 건축법상 토지의 단위인 대지를 필지에 의존하여 정의하게 된 목적이나 이유는 명확하지 않다. 1980년 건축법 개정 과정을 살펴보아도 그 개정 이유에 대해서는 명확한 설명을 찾기 어렵다. 다만, 건축법상 대지를 필지에 의존하여 정의하고 있는 것은 민사상 토지소유권과 건축허가의 대상을 일치시키기 위한 목적으로 해석된다.417)

일본 건축기준법상 부지의 원칙적인 형태는 '하나의 건축물이 있는 일단의 토지'이나, 예외적으로 '용도상 불가분의 관계에 있는 두 개 이상의 건축물이 있는 일단의 토지'도 부지에 해당하는 것으로 규정하고 있다. 이러한 예로 하나의 부지에 위치한 여러 동의 공장 건물과 창고, 사무소 등을 생각해볼 수 있다. 통상적으로 공장들은 서로 밀접하게 연관되기 때문에, 각 공장들을 구별하여 부지로 구분하는 경우에는 접도(接道) 의무 요건에 따라 각각의 부지가 도로에 접하여야 한다는 문제가 발생한다. 또한, 공장 건축물마다 건폐율, 용적률 등의 제한이 달리 결정되는 경우에는 토지의 합리적인 이용도 불가능하다는 문제도 발생한다. 일본에서는 이러한 문제를 해결하기 위해 위 사례와 같은 경우를 '용도상 불가분의 관계에 있는 두

---

416) 鵜野 和夫·秋山 英樹·上野 俊秀, 앞의 책, 164면.
417) 김종보, 앞의 책, 51면.

개 이상의 건축물이 있는 일단의 토지'에 해당한다고 보아 하나의 부지로 취급한다.[418]

건축단위는 하나의 건축허가(일본에서의 건축확인)가 발급될 수 있는 기준 단위로, 건축행위와 관련되는 공법상 개념이다. 위 사례의 경우에는 하나의 부지에 2개 이상의 건축확인이 발급된다는 점(공장, 창고 등 각 건축물마다 건축확인이 필요함)에서 부지와 강학상 건축단위의 개념에 차이가 발생한다. 그러므로 일본의 건축기준법상 부지 또한 건축단위로 보기는 어렵다. 우리나라의 건축법상 대지나 일본의 건축기준법상 부지 모두 건축단위로 보기 어렵다는 점에서, 우리나라와 일본 모두 도시계획법제상 건축단위를 명확하게 정의하고 있지 않다는 문제가 있다. 이 책에서는 일본에서의 건축단위역시 강학상의 개념인 '토지의 단위로서 하나의 건축확인이 발급될 수 있는 기준 단위'로 정의한다.

Ⅲ. 토지소유권과 필지 경계선의 관계

(1) 필지 경계선의 개념

지적공부에 토지를 등록하기 위해서는 토지를 특정할 수 있는 수단, 즉 토지를 구획하여 일정한 범위를 특정하기 위한 단위가 필요하다. 공간정보관리법에서는 토지를 등록하기 위한 단위로 필지를 사용하고 있다. '필지'는 공간정보관리법에 따라 구획되는 토지의 등록 단위를 의미하고(제2조 제21호), '경계'란 필지별로 경계점들을 직선으로 연결하여 지적공부에 등록한 선을 의미한다(제2조 제26호). 과거 토지조사법과 토지조사령에서는 필지 경계선의 의미로 강계(疆界)라

---

418) 자세한 내용은 鵜野 和夫·秋山 英樹·上野 俊秀, 앞의 책, 164면 이하 참고.

는 용어가 사용되었으나, 조선임야조사령의 제정과 함께 경계(境界)
라는 용어로 변경되어 현재에 이르고 있다(조선임야조사령 제8조).

　지적인 필지와 경계는 사법상 소유권의 범위를 표시하는 기능을
한다. 그러므로 '토지소유권의 범위'는 지적공부에 등록된 '필지 경
계선'에 의하여 확정된다.419) 판례에서는 토지소유권의 범위나 토지
거래의 객체를 지칭하는 용어로 '지적공부상의 경계선'420), '지적 경
계선'421) 등을 사용하고 있으나, 법령상으로는 '필지의 경계'라는 용
어로 정의하는 것이 바람직하다. 이 책에서는 '필지의 경계'와 판례
에서 사용하는 '경계선'을 종합하여, '필지 경계선'이라는 용어를 사
용한다.

(2) 토지소유권을 확정하는 기능

　우리나라의 지적도는 일제강점기시대 토지조사사업을 통해 작성
되었다. 당시 실제 토지 현황에 기초하여 근대적인 측량방법을 통해
지적도가 작성되었기 때문에, 지적도상의 필지 경계선은 자연스럽
게 토지소유권을 공시하는 효력을 가지게 되었다. 연혁적인 이유로,
토지소유권의 범위는 지적인 필지 경계선을 통해 확정될 수밖에 없
었고, 이를 대체할 수 있는 수단은 현행 도시계획법제에도 마련되어
있지 않다.422)

---

419) 필지는 토지소유권을 공시하기 위한 관념적인 개념으로, 지적인 필지 경
　　계선은 토지소유권의 범위를 표상하는 기능을 한다는 견해는 김종보, 앞
　　의 책, 222~223면 참고.; 같은 취지 지종덕, 앞의 책, 157면.
420) 대법원 2006. 9. 22. 선고 2006다24971 판결, 대법원 1985. 3. 26. 선고 84
　　다71 판결, 대법원 1973. 6. 12. 선고 72다678 판결.
421) 대법원 1969. 10. 28. 선고 69다889 판결.
422) 같은 취지로 지적공부상의 경계에 의해 토지 소유권의 범위가 확정된다
　　는 견해는 한국토지공법학회, 『지적 관련 국민권익 구제 개선방안에 관

법원도 "어떤 토지가 지적법에 의하여 1필지의 토지로 지적공부에 등록되면 그 토지는 특별한 사정이 없는 한 그 등록으로써 특정되고 그 소유권의 범위는 현실의 경계와 관계없이 공부상의 경계에 의하여 확정된다"고 판단하여, 토지소유권의 범위는 현실의 토지경계와는 관련없이 지적공부상의 경계에 의해 확정된다는 입장이다.[423]

이처럼 지적인 필지 경계선은 경계선은 토지소유권의 범위를 확정하는 효력을 가지게 되었고,[424] 이는 우리나라가 부동산의 물권변동에 있어 성립요건주의를 채택하고 있기 때문으로 이해된다.[425] 다만, 법원은 지적도를 작성함에 있어서 기술적인 착오로 인하여 지적도상의 경계선이 실제 경계선과 다르게 작성된 경우 등 특별한 사정이 있는 경우에는 실제 경계선에 의하여 소유권의 범위가 확정된 토지를 매매의 대상으로 보아 예외를 인정한 사례도 존재한다.[426]

(3) 일본에서 지적인 필계(筆界)의 의미

일본에서 필지는 부동산 거래에 있어 기준이 되는 토지의 기본단위 즉, 토지의 계수 단위로서 사용되기도 하나, 그 본질이나 기능은 공법상의 경계점을 기준으로 구획·등기된 토지로서 토지소유자들이 분할등기를 하지 않는 한 이동·변경되지 않는 토지의 최소 구획을 의미하는 것으로 해석된다.[427]

한 연구』, 국토교통부, 2014., 51면 참고.,
423) 대법원 1998. 6. 26. 선고 97다42823 판결, 대법원 1991. 4. 9. 선고 89다카 1305 판결.; 유석주, 앞의 책, 14면.
424) 같은 취지로 필지가 소유권의 범위를 확정하는 효력을 가진다는 견해는 이현준, 앞의 논문(필지의 본질 연구), 132~134면 참고.
425) 자세한 내용은 곽윤직·김재형, 앞의 책(물권법), 43~51면 참고.
426) 대법원 1998. 6. 26. 선고 97다42823 판결, 대법원 1996. 7. 9. 선고 95다 55597, 55603 판결.
427) 이에 관한 자세한 내용은 이현준, 앞의 논문(필지의 본질 연구), 123면 참고.

일본에서는 필지라는 용어보다 '필계(筆界)'라는 용어가 보편적으로 사용된다. 일본 부동산등기법에서는 필계를 '1필의 토지와 인접한 토지 사이에 그 경계를 구성하는 것으로 둘 이상의 점과 이들을 연결하는 직선(一筆の土地が登記された時にその境を構成するものとされた二以上の点及びこれらを結ぶ直線)'으로 정의하고(제123조 제1호), 제6장 이하에서 필계를 특정하는 절차를 규정하고 있다. 필계를 특정하는 제도를 '필계특정제도(筆界特定制度)'라고 하는데, 필계특정제도는 필계특정등기관이 토지소유자의 신청에 따라 외부전문가인 필계조사위원의 의견을 참고하여 필계의 위치를 특정하는 제도로 2005년 신설되었다. 필계특정의 결과에 이의가 있는 경우에는 '경계확정소송(境界確定訴訟)'을 통해 다툴 수 있는데, 우리나라의 '경계확정의 소'와 유사한 기능을 한다.428)

법령상 내용을 종합하면, 필계는 '등기된 1필지 토지의 범위'로 정의할 수 있다.429) 우리나라의 '경계'와 유사한 의미로, 사법상 토지소유권의 범위를 나타내는 '필지 경계선'에 상응한다고 볼 수 있다. 이 책에서는 논의의 편의를 위해 일본의 지적인 필계를 '필지 경계선'이라는 용어로 지칭한다.

다만, 일본에서는 필지 경계선과 토지소유권의 범위가 반드시 일치하지는 않는다. 토지소유권이 변동되었음에도 토지의 분필이 이루어지지 않아 필지 경계선과 토지소유권의 범위가 불일치하는 경우가 발생하기도 한다.430) 이는 우리나라가 부동산의 물권변동에 관해 성립요건주의를 채택하고 있는 반면, 일본은 대항요건주의를 채

---

428) 자세한 내용은 野邊 博, 앞의 책, 119면 이하 및 藤原 勇喜, 앞의 책, 475면 이하 참고.

429) 藤原 勇喜, 앞의 책, 116면.

430) 필계와 토지소유권의 범위가 불일치하는 원인에 관한 자세한 내용은 宝金 敏明, 앞의 책, 24~26면 참고.

택하고 있기 때문으로 이해된다.431) 실무에서는 토지소유권의 범위를 지칭하기 위해 '소유권계(所有權界)'라는 용어를 사용하기도 한다.432) 그러나 사실상 필지 경계선은 토지소유권의 범위와 일치하는 경우가 대부분이고, 실무적으로도 필지 경계선과 토지소유권의 범위는 일치하는 것으로 취급된다.433)

IV. 필지 경계선의 도시계획적 기능

(1) 건축단위의 반영과 설정

필지 경계선은 건축단위를 반영하여 표시하는 기능을 한다. 건축단위를 표시하기 위해서는 도면상에 토지의 경계를 표시할 수 있어야 하는데, 토지의 경계를 표시할 수 있는 유일한 제도가 지적인 필지 경계선이기 때문이다. 또한, 건축이 이루어지는 토지의 범위는 토지소유권의 경계에 따라 결정되기 때문에, 토지소유권의 범위를 확정하는 필지 경계선에 의해 건축단위가 설정될 수밖에 없다. 필지 경계선이 건축단위를 반영하여 표시하는 기능뿐만 아니라 건축단위

---

431) 자세한 내용은 多田 利隆, 「物権法の基本原則-不動産物権変動法制について-」, 『土地法学』 제27호, (社)韓国土地法学会, 2011. 참고.; 과거 우리나라의 의용민법도 부동산 물권변동에 관해 대항요건주의를 취하였다. 자세한 내용은 곽윤직·김재형, 앞의 책(물권법), 48면 참고.

432) 宝金 敏明, 앞의 책 4면.; 같은 취지 野邊 博, 앞의 책, 119면 및 129면.; 일본 부동산등기법에서도 토지소유권의 범위와 필계를 특정하는 것을 별개의 개념으로 구분하고 있다(제132조 제1항 제5호).

433) 필계와 소유권계가 일치하여야 하는 견해로는 宝金 敏明, 앞의 책, 20면 참고.; 필계와 소유권계가 대부분의 경우 일치한다는 점은 野邊 博, 앞의 책, 120면 및 松岡 慶子, 앞의 책, 38면 참고.; 등기가 토지에 관한 물권변동의 대항요건이라는 점에서 필계와 소유권계가 일치하여야 한다는 견해로는 藤原 勇喜, 앞의 책, 479면 참고.

를 설정하는 도시계획적 기능을 수행하는 것이다.

법원은 분필이 되지 아니하면 토지의 일부에 대한 소유권의 양도
나 저당권의 설정 등의 처분행위를 할 수 없다는 이유로, 필지 경계
선의 변경을 가져오는 국토계획법상 토지분할신청의 거부처분에 대
해 처분성을 인정하고 있다.[434] 이는 지목변경신청거부처분의 처분
성을 인정하는 것과 같이, 필지 경계선이 가지는 도시계획적 기능을
인정한 것으로 해석할 수도 있다.

(2) 일본에서 필지 경계선의 기능

일본 건축기준법에서는 토지의 단위인 부지를 필지에 의존하지
않고 정의하고 있기 때문에, 법령상으로는 건축단위와 필지가 관련
이 없는 것으로 해석될 수도 있다. 그러나 일본에서도 지적인 필지
경계선이 토지의 경계를 표시할 수 있는 유일한 제도이기 때문에,
강학상 지적인 필지 경계선이 건축단위를 반영하여 표시하는 기능
을 하고, 이러한 측면에서 우리나라의 필지 경계선과 동일한 기능을
한다고 볼 수 있다. 불완전한 도시계획을 보완하여 필지 경계선이
건축단위를 반영하여 표시하는 도시계획적 기능을 수행하는 것이다.

그러나 필지 경계선이 토지소유권을 확정하는 효력을 가지지는
못하기 때문에, 건축단위를 설정하는 기능을 수행하는지는 불분명
하다. 다만, 지적이 토지소유권을 공시하기 위해 창설되었다는 점에
서, 필지 경계선이 토지소유권의 범위를 확정하는 효력은 가지지 못
하더라도 이를 공시하는 효력은 인정된다.[435] 건축행위가 토지소유

---

434) 대법원 1993. 3. 23. 선고 91누8968 판결, 대법원 1992. 12. 8. 선고 92누
7542 판결.
435) 토지소유권의 범위(소유권계)가 공도 등을 통해 공시되면서 필지 경계선
(필계)이 성립되었다는 견해는 宝金 敏明, 앞의 책, 20면 참고.

권에 기초하여 이루어진다는 점에서, 토지소유권의 범위를 공시하는 필지 경계선에 의해 건축단위가 설정될 수밖에 없고 이를 통해 건축단위를 설정하는 기능을 수행한다고 해석할 수도 있다.

다만, 일본에서는 필지 경계선이 토지소유권의 범위와 항상 일치하는 것은 아니기 때문에 필지 경계선과 다르게 건축단위가 설정될 수도 있어, 우리나라와 비교하여 그 효력은 사실상의 효력에 불과하다고 이해되어야 한다. 일본에서 필지 경계선과 토지소유권의 범위가 일치하는 것은 사실적인 측면에 불과하고, 법령상 강제되거나 법적효력을 가지는 것은 아니기 때문이다.

(3) 필지의 분합을 통한 건축단위의 변경

1) 필지의 분할과 합병

토지소유권의 범위는 지적인 필지 경계선을 통해 공시되기 때문에, 토지소유권이 변동되는 경우에는 변동된 토지소유권의 범위를 공시하기 위한 절차, 즉 지적공부상 필지를 분할하거나 합병하는 절차가 필요하다. 이를 필지의 분할과 합병이라고 하며, 이 책에서는 분할과 합병을 총칭하여 '필지의 분합'이라 한다.

지적제도상 필지의 분합이 단순히 토지소유권의 변동만을 의미하지는 않는다. 필지 경계선이 건축단위를 반영하고 설정하는 기능을 한다는 점에서, 필지의 분합은 도시계획적 관점에서 건축단위의 변경을 반영하고 설정하는 기능을 한다. 건축단위의 규율에 관한 본격적인 논의에 앞서, 우리나라와 일본의 지적제도상 필지의 분할과 합병에 관한 절차에 관해 간략하게 살펴본다.

2) 공간정보관리법상 토지의 분할과 합병

공간정보관리법에서는 지적공부에 등록된 토지를 변경하기 위한 절차로, 토지의 분할신청(제79조)과 토지의 합병신청(제80조)에 관한 절차를 규정하고 있다. 공간정보관리법상 토지의 단위가 필지라는 점에서 공간정보관리법상 토지의 분합은 필지의 분합을 의미한다. 공간정보관리법상 '분할'은 지적공부에 등록된 1필지를 2필지 이상으로 나누어 등록하는 것, '합병'은 지적공부에 등록된 2필지 이상을 1필지로 합하여 등록하는 것으로 정의된다(제2조 제31호 및 제32호). 토지분할과 비교하여 토지의 합병은 2개 이상의 토지경계를 1개의 토지경계로 합치는 것이므로 새로운 토지측량을 필요로 하지 않는다는 점에서 절차상 차이가 있다.

우리나라에서 필지 경계선은 토지소유권의 범위를 확정하는 효력을 가지기 때문에, 공간정보관리법상 토지의 분할 절차를 거치기 전에는 토지의 일부를 양도하거나 저당권을 설정하거나 또는 시효취득을 하지는 못한다.[436] 즉, 토지의 분할 절차를 거치기 전에는 하나의 필지인 토지 일부분은 거래의 객체가 될 수 없다. 또한, 부동산등기부에는 분할 등기가 되어 있더라도 공간정보관리법상 토지의 분할 절차를 거치지 아니하여 토지대장에는 분할 등록이 되어 있지 않은 경우에는 토지분할의 효과가 발생하지 않고 그 분할 등기는 무효이다.[437]

건축법상 대지가 필지에 의존하여 정의되기 때문에, 필지가 건축단위를 의미하고 공간정보관리법상 토지의 분합이 건축단위의 분합을 의미한다고 오해할 수 있다. 그러나 건축법에서는 필지를 합병하지 않더라도 2개 이상의 필지에 하나의 건축물을 건축할 수 있도록 정하여(건축법 제2조 제1호 단서), 필지와 건축단위의 불일치를 허용하고 있다. 또한, 공간정보관리법에서는 주택법에 따른 공동주택의 부지, 도로 등을 합병하는 경우에는 그 사유가 발생한 날로부터 60

---

436) 곽윤직·김재형, 『민법총칙(민법강의 I)』, 제8판, 박영사, 2012. 3., 222면.
437) 유석주, 앞의 책, 14면.

일 이내에 합병을 신청하도록 규정하고 있는데(법 제80조 제2항), 이를 반대로 해석하면 그 외의 사유로 토지를 합병하는 경우에는 합병을 신청하여야 하는 의무가 강제되지 않는다. 공간정보관리법상 토지의 분합 신청이 강제되지 않는 경우도 존재하기 때문에, 건축단위가 변경되더라도 반드시 필지의 분합이 이루어지는 것은 아니다. 필지의 분합은 건축단위의 변경을 필지 경계선에 반영하는 기능을 하지만, 이러한 기능이 불분명하다는 것을 의미한다. 그러므로 건축단위의 분합은 도시계획상의 논의로, 공간정보관리법상 토지의 분합과는 별개의 개념으로 이해되어야 한다.

3) 일본 부동산등기법상 분필과 합필등기

일본 부동산등기법에서는 우리나라 공간정보관리법상 토지의 분합에 상응하는 절차로, 필지의 분할과 합병등기에 관한 절차를 규정하고 있다(제39조). '분필 및 합필등기(分筆又は合筆の登記)'라는 명칭상 해당 규정이 필지의 분할과 합병등기를 위한 절차임을 명확히 하고 있다. 일본에서는 분필 및 합필등기에 의해 토지를 분할하거나 합병하는 효력이 발생한다.[438]

일본에서도 지적인 필지 경계선을 통해 건축단위가 반영되기 때문에, 분필과 합필등기는 건축단위를 변경하는 절차로 활용된다. 다만, 우리나라와 마찬가지로 부동산등기법상 필지의 분합과 건축단위의 분합이 반드시 일치하는 것은 아니다. 일본에서는 토지소유권이 변동되었음에도 토지의 분필이 이루어지지 않아 필지 경계선과 토지소유권의 범위가 일치하지 않는 경우도 발생하기 때문이다. 그러므로 일본 부동산등기법상 분필과 합필등기도 건축단위의 분합을 의미한다고 보기는 어렵고 별개의 개념으로 이해되어야 한다.

---

438) 日本法令不動産登記研究会, 앞의 책, 53면.

제2절 우리나라 도시계획법제상 건축단위의 규율

I. 토지분할허가를 통한 건축단위의 규율

(1) 기성시가지에서의 건축단위의 규율

기성시가지에서는 도시계획을 통해 이미 확정된 필지의 경계선을 변경하는 것은 매우 어려운 일이다. 특히 용도지역제 도시계획의 불완전성으로 인해, 용도지역제가 수립된 기성시가지에서는 용도지역이 지정되기 전의 필지 경계선이 그대로 유지되고 있는 것이 일반적이다.[439] 도시계획을 통해 토지의 분할이나 합병을 규율하여 건축단위를 설정하여야 하나, 현행 도시계획법제에서는 개발사업을 제외하고는 건축단위를 규율할 수 있는 권능을 가진 도시계획은 존재하지 않는다. 다만, 개발사업에서 건축단위를 규율하는 권능 역시 토지의 수용을 전제로 한 것으로, 도시계획 자체가 건축단위를 강제적으로 변경할 수 있는 권능을 가지는 것은 아니다.

결국, 기성시가지에서는 토지소유자에게 건축단위를 설정할 수 있는 권한을 부여하고, 사후적으로 국토계획법상의 토지분할허가 등을 통해 이를 규율하고 있을 뿐이다. 이하에서는 국토계획법상 건축단위를 규율하기 위한 절차를 살펴본다.

(2) 토지분할허가의 대상과 한계

국토계획법에서는 개발행위허가의 대상으로 토지의 분할을 규정하고 있다(제56조 제1항 제4호). 토지의 분할은 건축단위의 수를 증

---

439) 김종보, 앞의 책, 224면.

가시키기 때문에 토지의 이용현황에 크게 영향을 미친다. 그러므로 토지의 효율적·합리적 이용을 위해 국토계획법이 토지분할을 규율하고 있는 것이다.440) 다만, 건축물이 있는 대지의 분할은 규율 대상에서 제외하고 있는데(제56조 제1항 제4호 단서), 이는 건축물이 있는 대지는 이미 건축행위가 완료되어 도시계획적 규율이 필요하지 않다는 것을 의미한다.

이 책에서는 토지의 분할을 위한 개발행위허가를 '토지분할허가'라고 한다. 국토계획법 외에도 특별법인 「제주특별자치도 설치 및 국제자유도시 조성을 위한 특별법」, 「개발제한구역의 지정 및 관리에 관한 특별조치법」, 각 지방자치단체의 조례 등에서도 토지분할에 대한 규정을 두고 있으나, 특별법과 조례는 이 책의 논의 대상에서 제외하기로 한다.

국토계획법 시행령에서는 '녹지지역·관리지역·농림지역 및 자연환경보전지역(일반적으로 '도시지역 외 지역'으로 볼 수 있다) 안에서 행하는 토지의 분할'만을 토지분할허가의 대상으로 정하고 있다(제51조 제1항 제5호 가목). 녹지지역 등에서 토지분할을 할 때에는 국토계획법상 토지분할허가를 받아야 하고, 도시계획적인 판단을 통해 허가가 이루어진다. 법원도 농림지역 및 관리지역에 속한 임야의 토지분할에 대해, 국토계획법상 토지분할허가를 거부한 행위가 행정청의 적법한 재량권의 행사라고 판단한 바 있다.441)

반면, 녹지지역이나 관리지역 등으로 지정되지 않은 지역에서 이루어지는 토지의 분할은 국토계획법상 토지분할허가의 대상이 아니다. 즉, 도시지역 내 주거지역이나 상업지역으로 지정된 지역에서의 토지의 분할은 도시계획적 규율 없이 공간정보관리법상의 토지분할 절차만을 거쳐 토지의 분할이 가능하다는 것을 의미한다.

---

440) 대법원 2013. 7. 11. 선고 2013두1621 판결.
441) 대법원 2013. 7. 11. 선고 2013두1621 판결.

국토계획법상 토지분할허가는 규제 대상을 한정적으로 정하고 있어, 주거지역이나 상업지역에서 이루어지는 일반적인 토지의 분할에 있어서는 도시계획적 통제가 이루어지지 않는다는 한계가 있다. 녹지지역과 비교하여 주거지역이나 상업지역에 이루어지는 건축행위가 도시지역 내 토지 이용에 미치는 영향이 상당하다는 점을 고려하면, 해당 지역에서 이루어지는 단순 토지분할을 도시계획법적 규율 대상에서 제외하고 있는 점은 입법적인 오류로 보아야 한다.

(3) 형질변경을 수반하는 토지분할허가

1) 단순 토지분할과의 구분기준

실무적으로는 지목이 전, 답 등인 토지가 분할되는 동시에 지목을 대지로 변경하기 위한 토지의 형질변경이 이루어지는 경우가 존재한다. 분할된 토지에 건축물을 건축하기 위해서는 건축허용성을 부여받아야 하기 때문이다. 이러한 경우에는 토지형질변경허가와 토지분할허가를 동시에 받아야 하고, 이때 이루어지는 개발행위허가는 토지형질변경허가와 토지분할허가를 모두 포함한다.

국토계획법에 따른 토지의 분할은 위 사례와 같은 토지형질변경허가를 수반하는 토지의 분할과 이를 수반하지 않는 단순한 토지의 분할로 구분해볼 수 있다. 국토계획법에서는 토지분할허가의 대상으로 '녹지지역·관리지역·농림지역 및 자연환경보전지역 안에서 관계법령에 따른 허가·인가 등을 받지 아니하고 행하는 토지의 분할', '건축법에 따른 분할제한면적 미만으로의 토지의 분할', '관계 법령에 의한 허가·인가 등을 받지 아니하고 행하는 너비 5미터 이하로의 토지의 분할'을 규정하고 있는데(시행령 제51조 제1항 제5호), 이러한 종류의 토지분할이 본래 국토계획법에서 예정하는 순수한 (또는 단순한) 토지의 분할 형태라 할 수 있다.

일본의 토지분할에 있어서도 동일한 기준에 따른 구분이 가능하다. 일본에서는 개발행위허가의 대상을 토지의 구획형질변경으로 규정하고 있으므로, 단순한 토지분할은 토지의 구획변경, 토지의 형질변경허가를 수반하는 토지분할은 토지의 구획형질변경을 의미한다고 구분해볼 수 있다. 이 책에서는 단순한 토지의 분할을 '단순 토지분할', 토지형질변경허가를 수반하는 토지의 분할을 '형질변경을 수반하는 토지분할'이라 한다.

2) 형질변경을 수반하는 토지분할의 의미

형질변경을 수반하는 토지분할은 토지가 분할됨과 동시에 토지의 전부, 또는 분할된 토지 일부에 대해 형질변경이 이루어지는 것을 의미한다. 국토계획법 규정상으로는 단순한 토지분할이 토지분할허가의 본래의 규율 대상인 것처럼 해석될 수 있으나, 도시의 효율적·합리적 이용이라는 국토계획법과 개발행위허가의 취지를 고려하면, 형질변경을 수반하는 토지분할이야말로 개발행위허가의 원칙적인 규율 대상으로 보아야 한다. 형질변경을 수반하는 토지분할을 통해 건축단위와 건축허용성이 동시에 결정된다는 점에서, 형질변경을 수반하는 토지분할은 '필지 단위의 도시계획'으로 볼 수 있다.[442]

3) 형질변경을 수반하는 토지분할의 규율상 차이점

국토계획법상 개발행위허가기준에서는, 토지분할과 관련한 허가기준으로 '토지분할의 목적이 건축물의 건축 또는 공작물의 설치, 토지의 형질변경인 경우 그 개발행위가 관계법령에 따라 제한되지 아니할 것'을 규정하고 있다(시행령 별표 1의2 2. 개발행위별 검토사항 라목 참고). 토지의 분할과 동시에 다른 유형의 개발행위가 수반되는

---

442) '필지 단위의 도시계획'에 관한 자세한 내용은 김종보, 앞의 논문(건축허용성의 부여와 반영), 158면 참고.

경우에는 해당 개발행위의 허가 여부가 토지분할을 허가하는 기준으로 작용하는 것이다. 이는 토지의 분할이 건축행위를 전제로 하는 경우에는 건축허용성에 관한 판단을 고려하여 토지분할을 허가하여야 함을 의미한다.

형질변경을 수반하는 토지분할은 건축허용성과 건축단위에 대한 규율이 모두 필요하기 때문에, 단순 토지분할에 비해 행정청에게 보다 광범위한 재량이 인정되어야 한다. 예를 들어, 임야인 1필지의 토지를 10개로 분할하면서 이를 모두 대지로 변경하는 경우에는 실질적으로 10개의 건축단위가 설정된다. 이러한 경우의 개발행위허가는 사실상 도시계획에 가까운 것으로 택지개발촉진법에 따른 택지개발사업과 유사하다고 볼 수도 있다. 그러므로 행정청이 가지는 재량의 범위도 도시계획상 계획재량에 준하는 정도로 폭 넓게 인정되어야 한다.

한편, 법제처의 법령 해석례 중에는 '자연녹지지역에 위치하고 있는 1필지인 토지의 일부에 대한 형질변경을 목적으로 토지분할허가와 형질변경허가를 신청한 경우'에 있어, "형질변경이 국토계획법상 형질변경면적 제한 규정에 저촉되는지 여부는 토지분할을 전제로 실제로 형질변경을 하려는 분할될 필지의 면적을 기준으로 판단하여야 한다"고 해석한 바 있다.[443] 이는 형질변경을 수반하는 토지분할 부분과 그렇지 않은 토지분할 부분을 구분하여 허가기준을 달리 적용하여 판단하여야 한다는 의미한다. 즉, 지목이 임야인 1필지의 토지를 분할하면서 어느 한 부분의 토지만을 토지형질변경을 통해 지목을 대지로 변경하려는 경우에는 분할된 토지 전체를 대지로 변경하려는 경우와는 다른 허가 기준이 적용되어야 함을 의미하고, 당

---

443) 법제처-09-0061, 2009. 4. 2., '서울특별시 관악구-「국토의 계획 및 이용에 관한 법률 시행령」 제55조 제1항 및 별표 1의2 제2호라목(1)(다)(토지분할의 목적이 토지의 형질변경인 경우 그 형질변경면적) 관련'.

연히 토지 전체에 대해 토지형질변경허가가 필요한 후자에 있어 행정청이 가지는 재량의 범위도 넓다고 보아야 한다.

(4) 건축단위의 합병에 대한 규율 부재

현행 도시계획법제상 건축단위의 합병에 대한 규율은 매우 한정적으로 이루어진다. 국토계획법에서는 토지의 분할만을 개발행위허가의 대상으로 정하고 있어, 토지의 합병은 원칙적으로 규율 대상에서 제외되기 때문이다. 우리나라의 도시계획이 필지를 분할하여 건축물을 건축하는 것을 목표로 발전하여 왔기 때문에, 토지의 합병보다는 토지의 분할에 대한 규제의 필요성을 중요하게 인식하였고, 입법자 역시 건축단위가 감소하는 토지의 합병은 도시계획적으로 규율할 필요성이 낮다고 판단하여 이를 제외한 것으로 추측된다.

우리나라 도시계획법제가 건축단위의 주된 규율 대상을 토지분할로 한정하고 있다는 점은 건축법에서도 확인할 수 있다. 건축법에서는 1필지 토지의 일부분만을 대지로 하는 경우에는 국토계획법상 개발행위허가를 받도록 하는 등의 제한을 하고 있다(제2조 제1호 단서 및 시행령 제3조 제2항). 개발행위허가를 받도록 규정한 점은 1필지의 일부분만을 대지로 하는 행위, 즉 건축단위가 증가할 수 있는 행위는 도시계획적 규율이 필요하다는 의미로 해석된다.

토지의 합병이 건축단위의 수를 감소시키는 것은 당연하나, 건축단위의 크기를 증가시키는 효과를 가져온다는 점에서는 토지의 이용현황에 영향을 미칠 수 있다. 토지가 합병되어 대규모의 건축물이 건축되면 교통이나 환경 등 주변의 토지 이용현황에 상당한 영향을 미칠 수 있기 때문이다. 그럼에도 국토계획법에서는 토지의 합병을 규율 대상에서 제외하고 있어, 건축단위의 합병에 대한 도시계획적 규율이 결여되어 있다는 문제가 있다.[444]

II. 공간정보관리법상 건축단위의 규율

(1) 개관—지적을 통한 건축단위의 규율 가능성

필지 경계선이 토지소유권의 범위를 확정하고 도시계획적 관점에서 건축단위를 설정하는 기능을 한다는 점에서, 공간정보관리법상 토지의 분할과 합병은 건축단위의 변경을 필지 경계선으로 반영하는 기능을 한다.

공간정보관리법상 토지의 분할과 합병 절차가 건축단위를 규율하는 기능까지 수행하는지는 불분명하다. 공간정보관리법상 토지의 분할이나 합병 규정에서는 도시계획적 요소를 요건으로 규정하고 있지 않아,445) 법령의 해석상 건축단위를 규율하는 기능이나 효력은 없는 것으로 해석된다. 그럼에도 법원은 지구단위계획의 내용에 반하는 경우에는 공간정보관리법상 토지의 합병이 불가능하다고 판단하여, 토지의 합병 절차에 있어 도시계획적 요소를 고려한 바 있다.446) 공간정보관리법상 토지의 합병신청 절차를 통해 건축단위를 규율한 것으로 해석할 수도 있다. 이하에서는 공간정보관리법상 토지의 합병과 분할신청 절차를 통해 건축단위가 규율되는 양상을 살펴보기로 한다.

(2) 건축단위의 분할에 관한 규율

토지의 분할은 국토계획법상 토지분할허가와 공간정보관리법상 토지분할신청 절차를 통해 규율된다. 그러나 국토계획법에서는 토지

---

444) 자세한 내용은 '토지합병의 규율 필요성' 부분에서 논하기로 한다.
445) 공간정보관리법은 국토의 효율적 관리를 위해 지적공부의 작성 및 관리에 관한 사항을 규정하고 있을 뿐, 도시계획을 위해 마련된 법은 아니다.
446) 대법원 2003. 10. 24. 선고 2003두7156 판결.

분할허가가 필지의 분할을 대상으로 하는 것인지, 공간정보관리법상 토지분할신청과는 어떠한 관계인지 명확하게 밝히고 있지 않다.

공간정보관리법에서는 1필지인 토지 일부가 '형질변경 등으로 용도가 변경된 경우' 토지분할을 신청하도록 의무를 부과하고(제79조 제2항), 해당 토지의 분할이 '개발행위허가 등의 대상인 경우'에는 개발행위허가 등을 받은 이후에만 분할을 신청할 수 있도록 제한하고 있다(시행령 제65조 제1항 단서). 이에 따르면, 용도의 변경으로 토지의 분할을 신청하는 경우에는 사전에 토지형질변경허가를 받아야 하고, 해당 토지분할이 도시계획적 판단을 요구하는 것으로 국토계획법상 토지분할허가의 대상인 경우에는 공간정보관리법상 토지분할을 신청하기에 앞서 토지분할허가를 받아야 함을 의미한다.

공간정보관리법상 토지의 분할신청이 토지분할허가를 전제한 것으로 필지의 분할을 의미한다는 점에서, 건축단위의 분할을 규율하는 국토계획법상 토지분할허가 역시 그 대상은 필지로 보아야 한다. 그러므로 국토계획법상 토지분할과 공간정보관리법상 토지분할이 원칙적으로 건축단위를 설정하는 필지를 대상으로 이루어진다는 점에서는 유사하다고 볼 수 있다. 그러나 토지의 분할을 규율함에 있어 국토계획법은 도시계획적 요소를 고려하고, 공간정보관리법은 토지소유권을 공시하기 위한 요소만을 고려하고 도시계획적 판단을 할 수 있는 실질적인 심사권이 없다는 점에서 차이가 존재한다. 법원도 공간정보관리법상 토지분할신청을 심사함에 있어 지적 소관청에게 도시계획적 판단을 할 수 있는 실질적인 심사권한이 없다고 판단한 바 있다.447)

---

447) 대법원 1993. 3. 23. 선고 91누8968 판결 등.

(3) 건축단위의 합병에 관한 규율

국토계획법에서는 토지의 합병을 규율 대상에서 제외하고 있어, 결국 토지의 합병은 공간정보관리법상 토지합병신청 절차를 통해 규율될 수밖에 없다. 그러나 공간정보관리법에서는 합병신청이 불가능한 사유로 '합병하려는 토지의 지번부여지역, 지목 또는 소유자가 서로 다른 경우' 등 권리관계가 일치하지 않거나, '토지의 지적도 및 임야도의 축척이 서로 다른 경우' 등 측량이 불일치하는 경우만을 열거하고 있을 뿐, 도시계획적인 요소는 고려하지 않고 있다(제80조 제3항). 그러므로 공간정보관리법상 토지의 합병은 도시계획적으로 건축단위를 규율하는 기능을 가지지는 못한다.

그러나 이러한 법령의 해석상 한계에도 불구하고, 법원은 토지의 합병과 관련하여 지구단위계획의 효력이 문제된 사례에서 "상세계획에 토지 합병을 금지하거나 제한하는 명시적 규정이 없다고 하더라도 도시의 균형 있고 합리적인 발전을 꾀하려는 상세계획제도의 입법 목적을 달성함에 있어 현저한 장애가 되어 상세계획의 본질적인 취지에 위배되는 경우 토지의 합병이 허용될 수 없다"고 하여, 지구단위계획의 내용에 반하는 경우에는 공간정보관리법상 토지합병이 불가능하다고 판단한 바 있다.[448]

신시가지에서는 도시계획을 통해 설정된 건축단위가 지구단위계획에 반영되고, 지구단위계획에 반영된 건축단위는 도시계획적 효력을 가진다. 위 판례는 지구단위계획의 도시계획적 효력에 반하는 토지의 합병을 공간정보관리법상 토지합병신청 절차를 통해 규율할 수 있다는 것으로, 공간정보관리법상 토지의 합병신청 절차를 통해 건축단위의 규율이 가능하다는 것을 의미한다. 국토계획법에서는

---

448) 대법원 2003. 10. 24. 선고 2003두7156 판결.

토지의 합병을 규율 대상에서 제외하고 있어, 우회적으로 토지의 합병신청 절차를 통해 건축단위를 규율한 것으로 평가해볼 수도 있다. 그러나 공간정보관리법상 토지의 합병신청에 있어 어떠한 도시계획적 요소를 고려하여야 하는지, 지구단위계획이 수립되어 있지 않은 지역에서도 동일한 판단이 가능한지 등 건축단위에 대한 도시계획적 규율이 불분명하다는 문제는 여전히 남아있다.

Ⅲ. 소결

국토계획법에서는 토지의 분할만을 규율하고 토지의 합병에 대해서는 도시계획적으로 규율하고 있지 않다(국토계획법 제56조 제1항 제4호). 또한, 토지의 분할에 있어서도 주거지역 또는 상업지역에서 이루어지는 단순한 토지분할은 규제대상에서 제외하고 있다. 한편, 공간정보관리법상 토지의 분할이나 합병 규정에서는 도시계획적 요소를 요건으로 규정하고 있지 않다(공간정보관리법 제79조 및 제80조).

건축단위는 토지소유권과 매우 밀접하게 관련되어 있어 도시계획으로 이를 통제하기는 쉽지 않다. 국토계획법상 토지의 분할이라는 개별 행정처분을 통해 건축단위를 규율하고 있을 뿐, 건축단위를 강제적으로 변경하는 권능을 가진 도시계획은 상정하고 있지 않다. 사실상 건축허용성의 부여를 수반하는 토지의 분할과 합병(형질변경을 수반하는 토지분할)을 제외하고는 토지소유자의 의사나 소유권의 변동에 따라 자유롭게 토지의 분합이 이루어지는 것이 현실이다. 건축허용성을 부여하는 토지의 분합 역시 건축허용성의 측면에서만 규율이 이루어진다는 점에서, 현행 도시계획법제상 건축단위의 규율은 매우 제한적인 범위에서만 이루어진다는 한계를 가진다.

제3절 일본 도시계획법제상 건축단위의 규율

Ⅰ. 토지구획변경허가를 통한 건축단위의 규율

일본 도시계획법에서는 개발행위를 '토지의 구획형질변경'으로 정의하고, 개발행위허가의 대상으로 정하고 있다(도시계획법 제29조). 우리나라의 개발행위허가가 토지형질변경허가와 토지분할허가를 별개의 개념으로 구분하고 있는 반면(국토계획법 제56조 제1항 제2호 및 제4호), 일본의 개발행위허가는 이를 구분하지 않고 있어 개발행위허가가 토지의 분할이나 합병, 즉 건축단위를 규율하기 위한 목적을 포함하는지 불분명하다.

그러나 일본의 개발행위허가가 건축단위를 규율하는 기능을 한다는 점은 명확하다. 예를 들어, 단독주택단지를 개발하여 복수의 단독주택을 건축하기 위해서는 토지의 분할, 즉 건축단위의 변경이 필요하기 때문에, 토지의 구획변경을 위한 개발행위허가를 받아야 한다. 반면, 공동주택을 건축하는 경우에는 구획변경을 초래하지 않으므로 개발행위허가의 대상에 해당하지 않는다. 일본 법원도 공동주택을 건축하면서 건물이 구조적으로 일체성이 있다고 인정되는 경우에는 이를 하나의 건물로 보아 부지(敷地)에 관한 구획변경이 필요 없고, 개발행위에도 해당하지 않는다고 판단한 바 있다.449) 이러한 점은 개발행위허가가 토지의 구획변경, 즉 건축단위를 규율하기 위한 목적을 포함한다는 것을 의미한다. 이 책에서는 일본의 개발행위허가 내용 중 토지의 구획변경만을 위한 개발행위허가를 '토지구획변경허가'라고 한다.

건축행위를 규율하기 위한 도시계획의 기본 요소가 건축단위, 건

---

449) 大阪高裁 昭和63年9月30日 昭62(行コ)21号 判決.

축허용성, 건축허가요건으로 구성된다는 점에서 일본의 개발행위허가도 건축허용성을 규율하는 토지형질변경허가와 건축단위를 규율하는 토지구획변경허가로 구분되고, 각 허가가 규율하는 건축허용성과 건축단위의 법적성격과 효과를 고려하여 허가 여부가 판단되어야 한다.

II. 건축단위 규율의 문제점

일본의 개발행위허가가 건축물의 건축을 요건으로 한다는 점에서, 건축물의 건축을 목적으로 하지 않는 단순한 토지의 분할이나 합병은 토지구획변경허가의 규율 대상에서 제외된다.[450] 전술한 노상주차장의 사례[451]와 같이 건축단위의 규율에 있어서도 법적 공백이 야기될 수 있다는 의미이다. 구체적으로 노상주차장을 설치하는 행위는 건축물의 건축에 해당하지 않기 때문에 토지의 구획변경이 필요하더라도 개발행위허가의 대상이 아니고, 이후 해당 토지에 건축물을 건축하는 경우에는 이미 구획변경이 이루어졌기 때문에 개발행위허가를 받지 않아도 된다. 건축단위에 대한 규율 없이 건축이 허용되는 법적 공백이 발생할 수 있는 것이다. 우리나라의 경우에는 용도지역에 따라 국토계획법상 토지분할허가를 받아야 하거나,[452] 지목을 변경(도로인 지목을 대지로 변경)하기 위한 토지형질변경을 필요로 하기 때문에, 위 사례에 있어 건축단위나 건축허용성에 대한 규율이 이루어진다는 차이가 있다.

---

450) 荒 秀·小高 剛, 앞의 책, 68면.; 같은 취지 류해웅·정우형, 앞의 논문 19면 참고.

451) 자세한 내용은 '토지형질변경허가의 의미' 부분 참고.

452) 해당 토지가 녹지지역 등으로 지정된 경우에는 단순한 토지 분할의 경우에도 국토계획법상 토지분할허가를 받아야 한다.

더구나 실무에서는 건축물의 건축을 목적으로 하는 것임에도, 해당 개발행위가 종국적으로 단순한 토지의 분할 또는 합병에 그치는 경우에는 개발행위허가의 대상이 아닌 것으로 해석하는 견해도 있다.453) 이는 일본의 개발행위허가가 건축단위를 완벽하게 규율하지 못하고 있다는 것을 의미한다. 건축단위가 도시계획의 필수적인 기본 요소이고, 건축단위의 변경이 토지의 이용현황에 직접적으로 영향을 미친다는 점에서, 이러한 법적 공백을 방지하기 위해서는 건축을 목적으로 하지 않는 토지의 분할이나 합병에 대해서도 도시계획적 규율이 필요하다.

한편, 일본의 개발행위허가는 주로 도시계획구역 내 시가화구역에서만 적용되고, 이마저도 소규모 개발행위는 허가 대상에서 제외하고 있다. 그러므로 소규모 토지에서 이루어지는 토지의 분할이나 합병 또는 도시계획구역 밖, 즉 도시지역 외 지역에서 이루어지는 토지의 분합은 도시계획적 규율이 이루어지지 않는다는 한계가 있다.

건축단위의 규율에 있어 한계가 발생하는 또 다른 원인으로는 현재도 공도가 경계확정에 있어 중요한 기준으로 활용된다는 점이다. 일본에서는 지적재조사가 시작된지 상당한 시간이 경과하였음에도 진척율이 매우 저조한 편이다. 이로 인해 '14조 지도'의 작성이 늦어지고 있어, 일부 지역에서는 메이지시대 작성된 공도가 여전히 경계선을 확정하기 위한 자료로 사용되고 있다. 그러나 공도상의 경계는 실제 토지의 경계와 반드시 일치한다고 보기 어려워 그 증명력은 상대적으로 인정된다. 이러한 이유로 공도상의 필지 경계선만으로는 건축단위를 규율하기 어렵다는 한계가 발생한 것으로 추측된다. 이는 우리나라에서 지적도상의 필지 경계선이 토지소유권의 범위를 확정하는 기능을 하는 것과는 상반된다.

---

453) 荒 秀·小高 剛, 앞의 책, 68면.

Ⅲ. 분필과 합필등기를 통한 건축단위의 규율

일본 도시계획법상 토지구획변경허가의 대상에서 제외되는 토지의 분할과 합병은 부동산등기법상 분필과 합필에 관한 등기 절차를 통해 규율될 수밖에 없다(제39조). 그러나 우리나라와 마찬가지로 일본 부동산등기법상 분필과 합필등기 절차도 도시계획적 요소는 고려하지 않는 것으로 정하고 있다. 예를 들어, 합필등기가 불가능한 사유로 '상호 인접하지 않는 토지의 경우', '지목이 다른 토지의 경우', '토지소유자가 다른 경우' 등 권리관계가 일치하지 않는 경우만을 열거하고 있고(부동산등기법 제41조), 도시계획적 요소는 규정하고 있지 않다.454) 분필등기와 관련해서도 '1필지인 토지 일부분의 지목이 변경된 경우' 등의 경우에는 직권으로 분필이 가능하도록 규정하고 있을 뿐(부동산등기법 제39조 제2항),455) 도시계획적 요소를 고려하여 분필신청을 거부할 수 있는 사유는 규정하고 있지 않다. 이는 부동산등기법이 토지소유권을 공시하기 위한 목적이지 도시계획을 목적으로 하는 법령이 아니기 때문이다.

Ⅳ. 우리나라와 일본의 건축단위 규율에 관한 제도상 차이점

(1) 필지 경계선의 도시계획적 기능에 있어 차이점

우리나라와 일본 모두 지적 중 필지 경계선이 건축단위를 반영하

---

454) 日本法令不動産登記研究会, 앞의 책, 48면.

455) 이를 '일부 지목변경 및 분필등기'라고도 하며, 분할되는 범위가 명확하기 때문에 토지공유자 전원이 아닌 1인에 의해서도 신청이 가능한 것으로 정하고 있다. 日本法令不動産登記研究会, 앞의 책, 40면.

는 도시계획적 기능을 수행한다는 점은 동일하다. 토지의 경계를 표시할 수 있는 수단이 지적도상의 필지 경계선을 제외하고는 존재하지 않기 때문이다.

필지 경계선의 도시계획적 기능은 도시계획의 발전과 함께 확대되어 왔다. 우리나라에서는 건축법상 토지단위인 대지가 지적인 필지에 의존하여 정의되기 때문에, 건축단위와 지적인 필지가 밀접하게 관련된다. 또한, 건축이 이루어지는 토지의 범위가 토지소유권의 경계에 따라 정해지기 때문에, 토지소유권의 범위를 확정하는 필지의 경계선에 의해 건축단위가 설정된다. 이처럼 우리나라에서는 필지 경계선이 건축단위를 반영하여 표시하는 기능뿐만 아니라 건축단위를 설정하는 도시계획적 기능을 수행하고 있다.

건축단위와 지적이 밀접하게 관련되는 것은 일본 역시 마찬가지이다. 다만, 일본 건축기준법에서는 토지의 단위로 부지를 사용하고 있는데, 부지를 '하나의 건축물 또는 용도상 불가분의 관계에 있는 두개 이상의 건축물이 있는 일단의 토지'로 정의하여 필지에 의존하지 않고 개념화하고 있다(시행령 제1조 제1호). 또한, 일본에서는 필지 경계선(필계)은 토지소유권과 반드시 일치하는 것은 아니라고 하여, 토지소유권의 범위를 지칭하기 위해 '소유권계(所有権界)'라는 용어를 사용하기도 한다. 필지 경계선이 토지소유권의 범위를 확정하는 효력을 가지지 못한다는 점에서 우리나라와 차이가 존재한다. 이러한 차이는 우리나라가 부동산의 물권변동에 있어 성립요건주의를 채택하고 있는 반면, 일본은 대항요건주의를 채택하고 있기 때문으로 이해된다.

그러나 사실상 필지 경계선은 토지소유권의 범위와 동일한 경우가 대부분이고, 실무적으로도 일치하는 것으로 취급되고 있다. 또한, 지적이 토지소유권을 공시하기 위해 창설되었기 때문에, 필지 경계선이 토지소유권의 범위를 확정하지는 못하더라도 이를 공시하는 효력은 가진다고 보아야 한다. 건축이 이루어지는 토지의 범위는 토지소유권의 경계에 따라 정해지기 때문에, 일본에서도 토지소유권을 공시하는 필지 경계선에 의해 건축단위가 설정될 수밖에 없다. 다만, 일본에서는 필지 경계선이 토지소유권의 범위와 항상 일치하는 것은 아니기 때문에 필지 경계선과 다르게 건축단위가 설정될 수도 있어, 우리나라와 비교하여 그 효력이 사실상의 효력에 불과하다는 차이가 존재한다.

(2) 도시계획법제상 건축단위 규율의 차이점

우리나라의 토지분할허가와 일본의 토지구획변경허가가 개별 필지의 건축단위를 규율하는 기능을 한다는 점에서는 동일하지만, 건축단위를 규율하는 대상이나 기준에 있어서는 다소 차이가 존재한다.

먼저, 일본의 토지구획변경은 건축물을 건축하기 위하여 토지를 구획하는 것을 의미하므로, 토지의 분할과 합병을 모두 포괄하는 개념이다. 그러므로 일본의 토지구획변경허가는 토지의 분할뿐만 아니라 토지의 합병도 규율 대상에 포함한다. 반면, 우리나라 국토계획법에서는 토지의 분할만을 규율하고 토지의 합병은 규율 대상에서 제외하고 있다(제56조 제1항 제4호). 또한, 주거지역이나 상업지역으로 용도가 지정된 지역에서 이루어지는 토지의 분할도 규율대상에서 제외된다는 차이가 있다(시행령 제51조 제1항 제5호 가목).

그러나 일본의 토지구획변경허가는 우리나라와 달리 건축물의 건축을 목적으로 하는 행위에만 적용된다. 건축물의 건축이라는 요건을 규정하고 있어 단순한 토지의 분할이나 합병은 토지구획변경허가의 규율 대상에서 제외된다. 반면, 우리나라의 토지분할허가는 단순 토지분할도 규율 대상에 포함된다는 차이가 있다.

한편, 일본의 토지구획변경허가는 주로 시가화구역 내 일정규모 이상의 개발행위에만 적용된다. 그러므로 시가화구역 내 소규모 토지의 분할 또는 합병, 도시계획구역 외 지역(도시지역 외 지역)에서의 토지의 분할과 합병은 도시계획법상 토지구획변경허가의 규율대상에서 제외된다. 반면, 우리나라의 토지분할허가는 규모에 상관없이 적용되나, 오히려 도시지역(주거지역이나 상업지역으로 지정된 지역)에서 이루어지는 일반적인 토지의 분할은 규율대상에서 제외된다는 차이가 있다.

이처럼 건축단위에 대한 도시계획적 규율은 국토계획법상 토지분할허가, 일본의 경우에는 도시계획법상 토지구획변경허가를 통해 제한적으로 이루어지고 있다. 건축단위에 대한 도시계획적 규율이 그 대상을 한정적으로 정하고 있고 그 효과도 불분명하기 때문에, 공간정보관리법 및 일본의 부동산등기법상의 필지의 분합이라는 절차가 이를 보완하여 건축단위를 변경하기 위한 목적으로 활용되기도 한다. 그러나 공간정보관리법 및 부동산등기법상의 필지의 분합 절차는 그 요건상 도시계획적 요소를 고려하지 않도록 정하고 있어, 우리나라와 일본 모두 건축단위에 대한 도시계획적 규율이 불분명하다는 문제를 가지고 있다.

V. 소결

일본의 도시계획법제에서도 개발사업을 제외하고는 건축단위를 규율할 수 있는 권능을 가진 도시계획은 존재하지 않는다. 일본의 도시계획 체계를 구성하는 구역구분제는 도시계획구역을 시가화구역과 시가화조정구역으로 구분하는 기능만을 할 뿐, 건축단위를 규율하기 위해 토지를 구획할 수 있는 기능은 없다. 시가화구역에서 수립되는 용도지역제 역시 우리나라의 용도지역제와 동일하게 건축허가요건만을 규율할 뿐, 건축단위를 규율하지 못하는 불완전한 도시계획이다. 건축단위가 도시계획의 필수적인 기본 요소임에도 불구하고, 도시계획을 통해서는 건축단위에 대한 규율이 이루어지지 못하고, 개별적인 행정처분을 통해 건축단위에 대한 규율이 이루어지고 있을 뿐이다.

일본에서는 토지구획변경허가를 통해 토지의 분할뿐만 아니라 토지의 합병도 도시계획적으로 규율하고 있다. 그러나 건축물의 건축이라는 요건을 규정하고 있어, 단순한 토지의 분할이나 합병은 토지구획변경허가의 대상에서 제외된다. 또한, 시가화구역에서는 일정 규모 미만의 개발행위는 허가의 대상이 아닌 것으로 규정하여, 소규모 토지에 있어 토지의 분할이나 합병이 도시계획적 규율 없이 자유롭게 허용되기도 한다. 한편, 부동산등기법상 분필과 합필등기의 절차는 우리나라와 마찬가지로 도시계획적 요소는 고려하지 않는 것으로 정하고 있어, 건축단위에 대한 도시계획적 규율에 있어 상당한 법적 공백이 존재한다.

제4절 건축단위에 대한 도시계획적 규율의 필요성

Ⅰ. 건축단위 규율의 부재

(1) 건축단위 규율에 있어 한계

건축허용성과 비교하면 우리나라와 일본의 도시계획법제상 건축단위를 규율하는 방식이나 체계는 그 차이가 미미한 것으로 평가된다. 건축단위의 규율 방식에 있어 차이가 미미한 이유는 건축단위가 토지소유권과 밀접하게 관련되어 있어 도시계획으로 이를 통제하기가 쉽지 않기 때문이다.

건축단위는 건축허가가 발급되는 토지의 단위라는 공법적 의미를 가지지만, 건축물을 건축할 수 있는 토지의 범위는 토지소유권이라는 민사적 효력에 의해 결정된다는 인식이 강하다. 건축단위가 변경된다는 것은 자신의 소유한 토지의 면적이 변경된다는 것을 의미하고, 이는 토지수용에 가까운 법적 효과를 발생시키기 때문에, 도시계획을 통해 건축단위를 규율하기는 쉽지 않다. 이러한 이유로 우리나라와 일본 모두 건축단위에 대한 도시계획적 규율이 매우 제한적이고 불완전하다는 한계를 가지고 있다.

(2) 도시계획법제상 건축단위 규율의 부재

우리나라는 국토계획법상 토지분할허가, 일본에서는 토지구획변경의 의미를 가지는 개발행위허가를 통해 일정한 경우에만 건축단위를 규율하고 있어, 도시계획법제상 건축단위를 규율하기 위한 제도나 절차가 규율 대상이나 요건을 한정하고 있다는 문제가 있다.

또한, 개발사업을 제외하고는 건축단위를 적극적으로 변경하는 권능을 가진 도시계획이 없다는 점도 유사하다.

사실상 건축허용성의 부여를 수반하는 토지의 분할과 합병(형질변경을 수반하는 토지분합)이나 도시계획법제에서 건축단위를 규율하는 일정 부분을 제외하고는 토지소유자의 의사나 소유권의 변동에 따라 자유롭게 토지의 분할과 합병이 허용되고 있다.

건축단위에 대한 규율의 부재는 건축단위가 토지소유권과 밀접하게 관련되어 있어 도시계획적으로 이를 통제하기 어렵다는 한계 때문으로 추측된다. 또 다른 이유로는 건축단위의 규율에 대한 필요성이나 인식이 부족하기 때문으로 추측된다. 우리나라의 도시계획법제가 도시의 개발을 목적으로 발전하여 왔기 때문에, 건축단위가 증가하지 않는 토지의 합병에 대해서는 규율의 필요성을 크게 인식하지 못하였던 것으로 추측된다. 이로 인해, 국토계획법상 토지분할에 대해서는 허가 규정을 두고 있음에도 토지의 합병은 규율 대상에서 제외한 것으로 해석된다. 이러한 인식의 부재는 일본에서도 나타난다. 일본은 개발행위허가의 대상을 '토지의 구획형질변경'으로 폭넓게 정하고 있으나, 그 대상을 시가화구역 내 일정규모 이상의 개발행위로 한정하고 있다. 또한, 실무에서는 건축물의 건축을 목적으로 하는 것임에도, 해당 개발행위가 종국적으로 단순한 토지의 분할 또는 합병에 그치는 경우에는 개발행위허가의 대상이 아닌 것으로 보는 문제도 있다. 실질적으로 소규모 토지에서 발생하는 건축단위의 증가에 대해서는 통제가 이루어지지 않고 있고, 이러한 규율의 필요성도 인식하지 못하고 있는 것으로 추측된다.

(3) 필지 분합절차의 도시계획적 기능과 한계

우리나라에서는 공간정보관리법상 토지의 분할이나 합병절차가 일본에서는 부동산등기법상 분필 또는 합필등기 절차가 도시계획을 보완하여 건축단위를 변경하는 절차로 활용되기도 한다. 건축단위가 지적인 필지 경계선에 의해 설정되고, 지적제도상 필지의 분합절차가 건축단위를 변경하는 기능을 수행하기 때문이다.

지목이 건축허용성의 규율이라는 도시계획적 기능을 수행하고 있다는 점을 고려하면, 도시계획법제상 건축단위에 대한 규율 공백이 발생하는 영역에서도 지적제도상 필지의 분합절차가 이를 보완하여 건축단위를 규율하는 도시계획적 기능을 수행하고 있다고 해석될 여지도 있다. 우리 법원은 지구단위계획의 내용에 반하는 경우에는 공간정보관리법상 토지의 합병이 불가능하다고 판단하여,[456] 지적제도상 필지의 분합절차를 통해 건축단위를 규율할 수 있는 가능성을 열어 두었다.

그러나 공간정보관리법이나 일본의 부동산등기법상 필지의 분할이나 합병절차는 그 요건으로 도시계획적 요소를 규정하고 있지 않아 도시계획적 판단이 개입할 수 없다는 한계가 있다. 공간정보관리법에서는 토지분할을 신청할 수 있는 사유로 소유권이전 등을 규정하고 있어(제79조 및 시행령 제65조), 도시계획적 판단이 없이도 토지의 분할 신청이 가능하도록 허용하고 있다. 토지합병의 경우에도 합병이 불가능한 사유만 규정하고 있을 뿐(제80조 제3항), 도시계획적 요소는 고려하지 않고 사실상 자유롭게 토지합병이 가능하도록 규정하고 있다. 일본 부동산등기법에서도 도시계획적 요소에 대한 고려 없이 필지의 분할 또는 합병등기가 가능하도록 규정하고 있다(제39조).

지적제도상 필지의 분합절차가 건축단위의 변경을 필지 경계선에 반영하는 기능을 수행하고 있음에도, 필지의 분합절차를 통해서는 건축단위에 대한 도시계획적 규율이 불가능하다는 한계가 있다.

---

456) 대법원 2003. 10. 24. 선고 2003두7156 판결.

다만, 이러한 한계는 공간정보관리법이 지적공부를 작성·관리하기 위한 목적일 뿐, 도시계획을 위해 마련된 법령이 아니라는 점에서 당연한 것이다. 일본 부동산등기법 역시 토지소유권을 공시하기 위한 법령이라는 점에서 이러한 규율상 한계가 존재하는 것은 당연하다. 결국 건축단위에 대한 규율의 필요성을 고려하여 도시계획법제상 건축단위를 규율할 수 있는 제도를 정비하여야 할 것이다.

Ⅱ. 토지분할의 규율 필요성

단순 토지분할은 토지의 형질변경허가를 수반하지 않는 토지의 분할을 의미한다. 분할된 토지들이 분할 전 토지의 지목을 그대로 유지하기 때문에, 건축허용성에 대한 규율을 필요로 하지 않는다. 건축허용성에 대한 규율이 필요하지 않다는 점에서, 단순 토지분할은 토지의 이용현황에 미치는 영향이 없고 도시계획적 규율도 필요하지 않은 경우가 있을 수 있다. 예를 들어, 지목이 임야인 토지를 단순분할하는 경우에는 분할된 토지에서도 건축행위가 허용되지 않기 때문에 종국적으로 토지의 이용현황에 미치는 영향이 없다. 그러므로, 단순 토지분할의 경우에는 도시계획적 규율이 필요하지 않다는 견해도 가능하다. 이때의 도시계획적 규율은 건축허용성이 부여되는 단계에서 토지형질변경허가 절차를 통해 가능하기 때문이다.

국토계획법에서는 일정한 경우를 제외하고는 단순 토지분할은 토지분할허가의 대상이 아닌 것으로 정하고 있다. 이는 단순 토지분할에 대한 도시계획적 규율의 필요성이 낮다는 전제에서 비롯된 것으로 추측된다. 그러나 국토계획법에서는 주거지역과 상업지역에서 이루어지는 단순 토지분할은 규율 대상에서 제외하고 있음에도, 녹지지역 등 도시지역 외 지역에서 이루어지는 단순 토지분할은 토지분할허가의 대상으로 규정하는 등 규율 대상과 필요성이 불분명하

다는 문제가 있다.[457)

주거지역이나 상업지역에서는 건축이 가능한 토지, 즉 지목이 대지인 토지가 다수 존재하는데, 현행 도시계획법제에서는 해당 토지들의 분할이 도시계획적 규율 없이 공간정보관리법상 토지의 분할 절차에 의해 자유롭게 허용되고 있는 것이다. 법원도 공간정보관리법상 토지분할 절차만을 통해 지목이 대지인 토지의 분할이 가능하다고 본다.[458)

그러나 지목이 대지인 토지는 건축허용성이 부여된 토지로, 이러한 토지의 분할은 직접적으로 건축단위의 증가에 영향을 미치고, 종국적으로 단일 면적당 건축물 수의 증가를 초래한다. 이는 도시 내 토지의 효율적·합리적 이용이라는 측면에 상당한 영향을 미칠 수 있다. 예를 들어, 지목이 대지인 토지를 단순 분할하는 경우에는 건축허용성이 부여된 건축단위의 수가 증가하고, 이는 동일한 토지 면적에 있어 건축물의 수가 증가하는 것을 의미하기 때문에 토지의 이용현황에 직접적으로 영향을 미치게 되는 것이다. 다만, 지목이 대지가 아닌 토지의 단순 토지분할의 경우에는 종국적으로 건축행위에 미치는 영향이 없어, 도시계획의 취지상 규율의 필요성이 다소 떨어지는 것은 사실이다. 토지의 효율적·합리적 이용이라는 측면에서는 지목이 대지인 토지의 단순분할에 대해서는 도시계획적 규율이 필요하다 할 것이나, 지목이 대지인 토지의 분할에 대해서는 원칙적으로 도시계획적 판단을 배제하고 있는 것이다.

반면, 용도지역제 도시계획에 있어 녹지지역은 매우 엄격한 건축허가요건을 통해 사실상 건축허용성이 통제되는 지역이다. 녹지지역에서 이루어지는 단순 토지분할은 토지의 이용에 미치는 영향이

---

457) 국토계획법상 농림지역 및 관리지역에 속한 임야에 대해, 국토계획법상 토지분할허가 신청을 거부한 사례로는 대법원 2013. 7. 11. 선고 2013두 1621 판결 참고.

458) 대법원 1992. 12. 8. 선고 92누7542 판결.

미미하다. 이렇듯 토지분할을 규율할 필요성이 높지 않음에도 불구하고 국토계획법에서는 녹지지역에서 이루어지는 단순 토지분할을 토지분할허가의 대상으로 정하고 있다. 주거지역에서 이루어지는 단순 토지분할을 규율 대상에서 제외하고 있는 것과는 모순된 규율 방식으로, 도시계획법제상 토지분할허가의 취지나 목적이 불분명하다는 것을 의미한다.

이러한 규율상 모순과 관련하여, 일본과 같이 건축행위를 목적으로 하지 않는 단순한 토지분할은 국토계획법상 토지분할허가의 대상에서 제외하여야 한다는 견해도 있다.459) 비록, 건축허용성을 규율하는 단계에서 건축단위를 고려한 판단이 가능하다고 하더라도, 건축단위에 대한 별도의 도시계획적 규율이 필요하다는 점에서는 현행 국토계획법상 토지분할허가의 규율 대상을 축소하는 것은 바람직하지 않다고 생각된다. 건축단위는 도시계획의 필수적인 기본 요소이고, 토지의 이용현황에 직접적으로 영향을 미치기 때문에 도시계획을 통한 규율이 필요하기 때문이다. 더구나, 건축행위를 목적으로 하지 않는 단순 토지분할을 규율 대상에서 제외하자는 견해는 일본의 개발행위허가(토지구획변경허가)의 문제점과 같이, 건축단위의 도시계획적 규율에 있어 법적 공백을 야기할 수도 있다.460)

Ⅲ. 토지합병의 규율 필요성

(1) 토지합병에 관한 규제상 공백

토지의 합병은 건축단위의 크기를 증가시키는 효과를 가져온다

---

459) 류해웅·정우형, 앞의 논문, 국토연구원, 2001. 12., 35면.
460) 일본의 토지구획변경허가에 있어 발생하는 건축단위 규율의 문제에 관해서는 '건축단위 규율의 문제점' 부분 참고.

는 점에서는 토지의 이용현황에 영향을 미칠 수 있다. 토지가 합병되어 대규모의 건축물이 건축되면 교통이나 환경 등 주변의 토지 이용현황에 상당한 영향을 미칠 수 있기 때문이다. 그러나 현행 도시계획법제에서는 토지의 합병을 규율 대상에서 제외하고 있기 때문에, 토지의 합병으로 인한 건축단위의 변경에 대해서는 도시계획적 규율이 이루어지지는 않는다는 규제상 공백이 존재한다.

토지분할과 마찬가지로 토지의 합병 역시 단순 토지합병과 형질변경을 수반하는 토지합병으로 구분할 수 있다. 토지형질변경허가를 수반하는 토지합병은 토지의 전부, 또는 일부에 대한 형질변경이 이루어지는 것과 동시에 토지가 합병되는 것을 의미하고, 국토계획법상 토지형질변경허가를 통해 건축허용성에 대한 규율이 이루어진다. 그러나 지목이 대지가 아닌 일부 토지들을 합병하여 대규모 건축물을 건축하는 경우에는, 지목이 대지가 아닌 일부 토지에 대해 토지형질변경허가를 통해 건축허용성이 부여되는 절차가 선행되고, 후속적으로 토지가 합병되는 것이 형질변경을 수반하는 토지합병의 일반적인 형태이다. 그러므로 형질변경을 수반하는 토지합병의 경우에도 후속적으로 이루어지는 토지의 합병으로 인한 건축단위의 변경에 대해서는 도시계획적 규율이 이루어지지 못한다는 한계가 존재한다.

(2) 대지인 토지의 합병에 대한 규율 필요성

공간정보관리법에서는 합병하려는 토지의 지목이 다른 경우를 합병신청이 불가능한 사유로 규정하고 있다(제80조 제3항). 그러므로 합병 절차를 신청하기에 앞서 토지형질변경허가를 통해 지목을 변경하여야 한다. 해당 규정의 취지는 형질변경을 수반하는 토지합병과 관련하여 건축허용성의 부여가 토지의 합병절차에 선행되어야 함을 의미하는 것이다.

해당 규정을 달리 해석하면 지목이 대지인 토지들을 합병하는 경우(단순 토지합병)에는 도시계획적 규율이 필요하지 않다는 것을 의미한다. 그러나 합병 전 토지들 모두에 대해 건축허용성이 부여되어 있다고 하더라도, 합병 전과 후의 건축허용성은 다르게 평가되어야 한다. 10개의 필지로 구성된 토지와 10개의 필지를 합한 면적의 토지는 기본적으로 건축단위의 수가 다를 뿐만 아니라, 해당 면적에 건축이 가능한 건축물의 규모와 용도가 달라지기 때문이다. 건축단위의 수가 변경되고 건축허용성의 평가가 달라질 수 있다는 점에서는 단순히 지목이 대지인 토지를 합병하는 경우라 하더라도 건축단위에 대한 규율은 필요하다. 그러나 합병 전 모든 토지들에 대해 건축허용성이 부여되어 있기 때문에 토지를 합병하는 과정에서는 별도의 건축허용성에 대한 규율이 이루어지지 않는다는 한계가 존재한다.

(3) 사후적인 공간정보관리법상 토지합병의 필요성

토지분할의 경우에는 국토계획법상 토지분할허가 외에도 건축법상 '1필지 1대지의 원칙'이 강하게 작용하기 때문에 일정 부분 건축단위에 대한 규율이 이루어진다. 또한, 1필지의 일부가 형질변경 등으로 용도가 변경된 경우에는 공간정보관리법상 토지분할이 강제되고(제79조 제2항), 토지가 분할되어 토지소유권이 변동되는 경우에는 이를 공시하기 위해 토지의 분할신청이 병행되는 것이 일반적이다.

그러나 토지의 합병은 국토계획법상 규율 대상에서 제외되고, 건축법상 '1필지 1대지의 원칙'의 예외가 인정되기 때문에(제2조 제1호 단서 및 시행령 제3조 제1항), 토지의 합병에 있어서는 사실상 건축단위에 대한 도시계획적 규율이 이루어지지 못하고 있다. 토지가 합

병되어 하나의 건축단위가 되는 경우 공간정보관리법상 토지합병을
하여야 하는지, 즉 필지를 합병하여야 하는지도 불분명하다. 공간정
보관리법에서는 일정한 경우에만 토지소유자에게 합병을 신청하도
록 강제하고 있기 때문이다(제80조 제2항). 이로 인해 건축법상 예외
규정을 통해 2개 이상의 필지에 하나의 건축물이 건축되었음에도,
공간정보관리법상 토지의 합병을 거치지 아니하고 하나의 건축단위
가 2개의 필지로 구분된 채 남아있는 경우가 종종 발생한다.461)

지적인 필지와 건축단위는 법적성격이 다르고 반드시 일치할 필
요는 없지만, 건축법상 대지가 건축단위의 역할을 하지 못하고 필지
에 의존하여 정의된다는 점, 필지 경계선이 건축단위를 설정하는 기
능을 수행한다는 점을 고려하면, 필지 경계선이 건축단위를 반영할
수 있도록 이를 일치시킬 필요가 있다. 그러므로 건축법상 예외규정
을 통해 2개 이상의 필지가 하나의 건축단위 된 경우에는 공간정
보관리법상 토지의 합병을 의무화하도록 하는 제도 보완이 필요하
다고 생각된다.

Ⅳ. 소결

건축단위는 토지소유권과 밀접한 관련이 있어 도시계획으로 이
를 통제하기는 쉽지 않다. 국토계획법상 토지의 분할을 통해 건축단
위를 규율하고 있을 뿐, 건축단위를 강제적으로 변경하는 권능을 가
진 도시계획은 상정하고 있지 않다. 건축허용성의 부여를 수반하는
토지의 분합(형질변경을 수반하는 토지분합)을 제외하고는 토지 소
유자의 의사나 소유권의 변동에 따라 자유롭게 토지의 분합이 이루
어지는 것이 현실이다.

---

461) 이에 관한 실례는 전진원, 「개발행위허가에 관한 연구」, 『서울대학교 석
사학위 논문』, 2015. 112면 이하 참고.

그러나 건축단위는 건축허용성이나 건축허가요건에 선행하여 결정되어야 하는 도시계획의 기본 요소이다. 건축단위가 설정되어야만 해당 토지에 건축을 허용할지 또는 어떠한 건축물의 건축을 허용할지를 결정할 수 있기 때문이다. 건축허가의 기준이 되는 건축단위를 규율하는 것은 도시계획의 가장 핵심적인 기능이기 때문에, 토지의 분할이나 합병에 있어서도 도시계획적 규율이 반드시 필요하다.

현행 국토계획법에서는 토지의 합병이나 주거지역이나 상업지역으로 용도가 지정된 지역에서 이루어지는 토지의 분할은 규제대상에서 제외하고 있다. 그러므로 원칙적으로 국토계획법상 토지분할허가 절차를 개정하여 토지의 분합에 관한 모든 행위를 국토계획법에서 규율하도록 하는 제도적인 보완이 필요하다. 토지형질변경허가가 기성시가지 내 모든 토지에 대해 건축허용성을 부여하는 기능을 수행하는 것과 같이, 토지분할허가 역시 '토지분합허가'로 개정하여 토지의 분할과 합병 모두에 있어 건축단위를 규율하도록 하는 것이 국토계획법상 개발행위허가의 규율 체계상으로도 일관된 형태로 생각된다.

한편, 공간정보관리법상 토지의 분합이 사실상 건축단위를 변경하는 기능을 수행하고 있다는 점에서, 공간정보관리법상 토지의 분합 절차를 개정하여 도시계획적 요소를 고려하도록 하는 방안도 고려해 볼 수 있다. 법원이 지구단위계획의 내용에 반하는 경우 공간정보관리법상 토지의 합병이 불가능하다고 판단한 사례를 고려하면,462) 도시계획적 요소를 고려하여 허가 여부를 결정하도록 하는 법령의 개정이 필요하고, 행정청이 그 필요성이 인식하여 적극적으로 재량권을 행사하여야 할 것이다.

---

462) 대법원 2003. 10. 24. 선고 2003두7156 판결.

제5장 한·일 도시계획법과 지적의 비교

제1절 개관

우리나라에서는 지적이 불완전한 도시계획법제를 보완하기 위해 도시계획적 기능을 수행하고 있다. 일본에서도 도시계획이 불완전하고 이를 보완하기 위해 강학상 지적이 도시계획적 기능을 수행하고 있다.

서로 다른 나라가 유사한 제도를 통해 도시계획을 운영한다는 점은 이례적인 일이다. 도시의 발전 과정이나 지리적인 특성, 문화, 사회적인 인식 등이 다르기 때문에, 각 나라의 도시계획법제는 각자 독자적인 체계를 가지고 있으며, 이에 따른 도시계획의 운용 방식도 다양하다. 우리나라와 일본만 비교하더라도, 우리나라는 도시지역과 도시지역 외 지역을 국토계획법이라는 동일한 법령에 따라 규율하고 있는데 반해, 일본은 도시계획법과 국토이용계획법이라는 별개의 법률로 규율하고 있다는 점에서 차이가 있다. 또한, 지적과 등기 제도에 있어서도 우리나라는 이원적, 일본은 일원적으로 제도를 운영한다는 점에서 차이가 있다.

그럼에도 불구하고 태생적인 연유로 인해 우리나라와 일본의 도시계획법제가 현재도 유사한 체계를 유지하고 있고, 이로 인해 여전히 지적이 도시계획적 기능을 수행하고 있는 것으로 분석된다. 도시계획을 통해 건축허용성과 건축단위를 규율하는 체계나 이를 위한 제도의 운영 방식에 있어 차이가 존재함에도, 도시계획이 불완전하고 지적이 불완전한 도시계획을 보완하는 공법적 기능을 수행하고 있다는 유사점은 우리나라와 일본의 도시계획법제를 이해하는데 중요한 시사점이다. 우리나라와 일본의 도시계획법과 지적이 서로 다른 이질적인 제도이기보다는 공통된 제도에서 출발하여 현재도 유사한 제도로서 기능한다고 이해되기 때문이다.

본 장에서는 앞의 논의들을 종합하여, 우리나라와 일본의 도시계획과 지적을 어떻게 이해하여야 하는지 그 시사점을 도출해본다. 제1절에서는 그 전제로 도시계획과 지적의 상관관계를 통해 우리나라와 일본의 도시계획법제가 가지는 고유한 특성과 체계를 분석한다. 제2절과 제3절에서는 원론적인 관점에서 도시계획이 가지는 불완전성과 지적의 공법적 기능을 고찰해본다. 도시계획이 불완전하다는 의미를 어떻게 해석할 것인지, 그리고 지적이 가지는 공법적 기능을 어떻게 정의할 것인지 논의한다. 제4절에서는 세부적인 논의에 들어가 건축허용성에 대한 우리나라와 일본의 인식을 분석해본다. 건축허용성을 규율하는 제도상 차이가 지목이 가지는 도시계획적 효력에는 어떠한 영향을 미쳤고, 우리나라와 일본에서 건축허용성을 인식하는 관점에는 어떠한 유사점과 차이점이 있는지 분석해본다.

제2절 한·일 도시계획법제의 체계

Ⅰ. 도시계획법제와 지적의 관계

우리나라와 일본 모두 도시계획법이 건축법 또는 국토이용계획법(과거 우리나라의 국토이용관리법) 등과 유기적으로 연계하여 도시계획을 규율하고 있고, 도시계획법제의 체계가 도시계획을 운영하는 방식이나 지적이 수행하는 도시계획적 기능을 결정하는데 상당한 영향을 미친 것으로 분석된다.

우리나라와 일본 도시계획법제의 체계는 유사하면서도 한편으로는 이질적인 특징을 가지고 있다. 그리고 이러한 이질적인 차이가 건축허용성이나 건축단위를 규율하는 방식이나 지적의 도시계획적 효력에 있어 차이를 발생시킨 원인으로 추측된다. 그러나 도시계획이 불완전하고, 이를 보완하기 위해 지적이 도시계획적 기능을 수행하고 있다는 사실은 우리나라와 일본의 도시계획법제가 서로 유사하기 때문에 발생하는 공통점으로 이해되어야 한다. 우리나라와 일본의 도시계획법제가 유사한 것은 두 나라의 제도가 태생적으로 공통된 하나의 제도에서 출발하였기 때문이다. 이하에서는 연혁적인 측면에서 우리나라와 일본의 도시계획법제가 가지는 특징을 검토해본다.

Ⅱ. 연혁적 발전과정의 비교

(1) 우리나라 도시계획법제의 발전과정

우리나라와 일본의 도시계획법제는 일제강점기시대라는 역사적인 연유로 인해, 하나의 공통된 제도에서 출발하였다는 특수성을 가진다. 일제강점기시대 도시계획법제뿐만 아니라, 지적과 등기제도, 그리고 이러한 제도들을 포괄하는 토지제도 자체가 일본으로부터 상당한 영향을 받아 정립되었다. 상당한 영향을 받았다는 해석보다는 일제가 자국의 도시계획법제를 우리나라에 이식(移植)하면서 근대적인 도시계획법제가 창설되었다고 해석하는 것이 보다 정확할 것이다.463)

우리나라의 도시계획법제는 다른 나라들과는 달리 도시의 확대나 교외화가 본격화되기 이전에 정립되었다는 특수성이 있다. 근대 도시계획이 도시의 확대를 억제하기 위해 시작되었다는 점을 고려하면, 우리나라의 근대 도시계획법제는 내부적인 요인보다는 주로 외부적인 요구로 인해 도입된 측면이 강하다. 대부분의 역사학자들은 서구와 일본의 근대 도시계획법제가 도시의 확대를 억제하기 위해 도입된 것과 달리 우리나라의 도시계획법제는 일제에 의해 도시를 개발·발전시키려는 목적에서 도입되었다고 평가한다.464) 현재도 도시계획이 도시의 건설을 위한 것이라는 오해가 실무에 넓게 퍼져 있는 것도 이러한 연혁적인 배경과 무관하지 않다.465)

우리나라의 근대적인 도시계획법제라고 할 수 있는 조선시가지계획령은 1919년 일본에서 제정된 도시계획법과 시가지건축물법을 통합하여 제정된 것이고, 지적제도 역시 일제가 자국의 제도를 차용하여 토지·임야조사사업을 통해 창설되었다. 일제강점기시대에는 우리나라와 일본의 도시계획법제와 지적제도가 매우 유사하였기 때문에, 건축단위와 건축허용성을 규율하는 방식이나 체계, 지적의 도시계획적 기능 또한 매우 유사하였다. 그러나 광복 이후 두 나라의

---

463) 荒 秀, 앞의 책(日韓土地行政法制の比較研究), 8면.
464) 이러한 견해에 관해서는 손정목, 앞의 책, 184면 및 염복규, 앞의 책, 170~173면 참고.
465) 김종보, 앞의 책, 20면 참고.

제도가 상이하게 발전하여 오면서 제도상 차이가 발생하게 되었다.

우리나라에서는 광복 이후 1962. 1. 20. 법률 제983호로 도시계획법이, 법률 제984호로 건축법이 각 제정·시행되면서 일제강점기시대 제정된 조선시가지계획령이 폐지되었다. 이전까지는 조선시가지계획령을 통해 도시계획과 건축물이 하나의 법령에서 규율되고 있었으나, 도시계획법과 건축법의 제정을 통해 이를 분리하여 규율하기 시작한 것이다. 일본의 도시계획법과 시가지건축물법의 체계를 차용한 것이지만, 도시계획과 건축행위를 구분하여 규율하여야 한다는 인식이 등장하였다는 점에서 큰 의미를 가진다.

2000년대 초반까지도 우리나라의 도시계획법제의 체계는 일본과 상당히 유사하였다. 도시계획법과 건축법이 도시계획법제의 기본적인 체계를 구성하였고, 구획정리사업과 개발사업법제가 점차 도시계획법에서 분리되어 독립된 법률로 발전해가는 과정도 유사하게 진행되었다. 또한, 도시계획법의 내용에 있어서도 도시계획이 적용되는 범위를 도시지역으로 한정하여 도시계획구역으로 지정하고, 도시계획구역 내에서 용도지역제를 통해 토지이용을 규제하는 기본적인 체계도 유사하였다.

당시 새롭게 제정되었거나 개정된 도시계획법령들은 우리나라의 독자적인 법제이기보다는 아직까지 일본의 잔재를 벗어나지 못하였던 것으로 평가된다. 실제 그 체계나 내용이 일본의 법령들과 매우 유사하였을 뿐만 아니라, 일본의 법제를 그대로 차용한 경우도 있었기 때문이다. 예로, 1962년 제정된 도시계획법은 물론이거니와 1971년 전면개정된 도시계획법도 그 내용면에서는 일본의 도시계획법과 많은 유사성을 가지고 있었고, 1972년 제정된 국토이용관리법은 일본의 입법 과정에 있는 법안을 차용한 것이었다.466)

---

466) 자세한 내용은 荒 秀, 앞의 책(日韓土地行政法制の比較研究), 8~9면 참고.

한편, 도시지역 외 지역의 토지이용을 규율하기 위해 1972. 12. 30. 법률 제2408호로 국토이용관리법이 제정되었다. 도시계획법이 도시지역의 정비와 개발과 관련된 토지이용규제를 규율하는데 반해, 국토이용관리법은 도시계획법이 규율하는 도시지역을 제외한 국토 전반, 즉 도시지역 외 지역을 용도지역으로 구분하고 그 행위 제한 에 관해 규율하기 위한 법령이었다.

2002. 2. 4. 법률 제6655호로 도시계획법과 국토이용관리법이 통 합되어 국토계획법이 제정됨에 따라, 우리나라의 도시계획법제는 도시지역과 도시지역 외 지역을 구분하지 않고 하나의 법률로 규율 하는 체계로 변화하였다. 이는 현행 우리나라와 일본의 도시계획법 제가 서로 다른 체계를 가지게 된 결정적인 계기가 되었다.

(2) 일본 도시계획법제의 발전과정

일본에서는 1919. 4. 5. 법률36호로 도시계획법과 법률37호로 현 행 건축기준법의 전신이 되는 시가지건축물법이 제정·공포되었다. 일본은 1919년 도시계획법의 제정을 통해 종합적이고 체계적인 도 시계획을 입안·시행할 수 있는 근대적인 도시계획법제를 마련하였 다. 1919년 도시계획법은 1968년 새로운 도시계획법이 제정되기 전 까지 일본 도시계획의 근거 법령이 되었다. 명칭에 '도시계획(都市計 画)'이란 용어를 사용하였을 뿐만 아니라, 그 내용에서도 도시계획구 역, 용도지역제, 토지구획정리, 건축선제도 등과 같은 현행 도시계획 법제의 핵심 내용들을 포함하였다.

일본의 시가지건축물법은 건축물의 위험 방지라는 본래의 건축 경찰법적 목적과는 다른 취지로 제정되었다. 본래의 건축경찰법은 도시와 도시 외 지역을 구분하지 않고 개별 건축물 단위의 위험방지 요건을 규율하는 것이나, 시가지건축물법은 이미 시가지라는 명칭에서처럼 도시지역 내 건축물만을 통제하려는 목적으로 입법이 이루어졌다. 이러한 연혁적 배경으로 인해 일본의 건축기준법은 현재까지도 도시계획을 실시하기 위한 보조적인 법령으로 이해되면서, 도시계획법과 완전히 분리되지 못한 채 도시계획법적 성격을 유지하고 있다.

일본에서는 1950. 5. 24. 법률 제201호로 건축기준법이 제정되면서 시가지건축물법이 폐지되었고, 이후 1968. 6. 15. 법률 제100호로 새로운 도시계획법이 제정되면서 1919년 제정된 도시계획법이 폐지되었다. 일본에서는 1968년 도시계획법의 제정과 1970년 건축기준법상의 집단규정의 전면개정에 의해 도시계획의 새로운 법체계가 확립되었다고 본다. 1968년 제정된 도시계획법의 가장 큰 특징으로는 도시의 무분별한 확장을 억제하기 위한 목적으로 '구역구분제'가 도입된 것이다. 구역구분제는 제한된 도시정비재원을 시가화구역 내에 집중적으로 투자하여 시가지를 계획적으로 정비·개선하는 한편, 시가화조정구역에서는 개발행위를 억제하기 위한 제도이다. 1968년 도시계획법의 제정으로 구역구분제와 개발행위허가를 중심으로 하는 현행 도시계획법의 체계가 완성되었고, 현재에 이르고 있다.

Ⅲ. 도시계획법과 건축법의 상호관계

우리나라와 일본은 도시계획법(국토계획법, 일본의 도시계획법)과 건축법(건축법, 일본의 건축기준법)이 도시계획과 건축행위를 구분하여 규율하는 이분적인 체계를 가지고 있다.[467] 도시계획법과 건

---

467) 강학상 도시계획법과 건축법을 비교하는 논의 부분에 한정하여, 이해의 편의를 위해 도시계획법과 건축법이라는 용어를 사용한다. 도시계획법은 현행 법제상 우리나라의 국토계획법과 일본의 도시계획법을 의미하고, 건축법은 우리나라의 건축법과 일본의 건축기준법을 의미한다.

축법은 상호 연계하여 도시계획, 개발행위, 건축행위 전반을 규율하는 도시계획법제의 기본적인 체계를 구성한다. 우리나라와 일본의 도시계획법제가 도시계획법과 건축법이라는 이분적인 체계를 가지는 것은, 일본에서 1919년 도시계획법과 시가지건축물법의 제정을 통해 정립된 근대 도시계획법의 체계가 그대로 유지되고 있기 때문이다.

일본에서는 도시계획법과 건축기준법이 개발행위허가와 건축확인이라는 제도를 통해 상호 연계되어 기능한다. 우리나라도 건축법상 건축허가에 국토계획법상 토지형질변경허가가 의제되는 방식으로 서로 연계되어 기능하도록 규율하고 있다. 도시계획법에서 규율하는 도시계획만으로는 개별 필지에서 이루어지는 건축행위를 완벽하게 규율하기는 어렵기 때문에, 개별 필지에서의 건축행위를 규율하는 건축법을 통해 그 실효성을 담보하고 있는 것이다.

그러나 우리나라의 국토계획법과 건축법의 규율 체계가 일본의 도시계획법과 건축기준법의 규율 체계와 내용면에서 반드시 일치하는 것은 아니다. 공통된 제도에서 출발하였고 현재도 규율 체계가 유사하지만, 세부적인 규율 내용에서는 차이가 존재하고, 이러한 차이가 건축허용성과 건축단위를 규율하는 방식이나 지적의 도시계획적 효력에 있어 차이를 발생시킨 원인으로 추측된다. 도시계획법과 건축법의 규율 체계에 있어 차이점은 크게 3가지로 구분된다.

첫째, 일본에서는 1919년 도시계획법과 시가지건축물법을 제정하여 근대적인 도시계획법제를 마련하는 과정에서 도시계획법과 건축기준법을 통한 규율 체계가 정립되었고 이러한 체계는 현재까지 이어지고 있다. 현행 건축기준법에서는 단체규정을 통해 규율이 이루어지고 있으나 당시의 시가지건축물법은 건축물의 위험방지 요건에 대한 규율이 부족하였고, 도시계획을 통해 지정된 용도지역에 따라 건축허가요건(용도제한)을 규율하는 것이 주된 목적으로 인식되었

다. 시가지건축물법의 규율 대상 또한 도시계획구역 내의 건축행위
로 한정되었다. 이러한 제도의 특성은 현행 건축기준법에서도 나타
나고 있는데, 현행 일본 건축기준법상의 건축확인 역시 원칙적으로
는 도시계획구역에만 적용된다.

이러한 제도상 차이는 일본에서는 우리나라와 비교하여 건축행
위가 상대적으로 자유롭게 허용된다는 것을 의미한다. 건축행위가
자유롭다는 것은 건축허용성이나 건축단위에 대한 규율이 강하지
않다는 것을 의미하고, 지적이 가지는 도시계획적 기능도 상대적으
로 약하다는 것을 의미한다. 도시계획법제의 차이가 지적의 도시계
획적 효력에도 영향을 미친 것으로 평가할 수 있다.

두 번째로, 일본에서 건축허용성이나 건축단위에 대한 규율이 상
대적으로 약하다는 점은 도시계획법상 개발행위허가의 내용에서도
나타난다. 우리나라 국토계획법에서는 개발행위허가의 대상으로 '건
축물의 건축'을 규정하고 있다(제56조 제1항 제1호). 건축법은 건축
물의 위험방지를 목적으로 하는 반면, 국토계획법은 토지의 합리적
이용을 목적으로 하기 때문에, 건축법과 국토계획법에서 규정하는
건축허가는 서로 다른 별개의 목적으로 건축행위를 규율한다. 국토
계획법을 통해 건축행위를 규율한다는 의미는 도시계획적 측면에서
건축허용성이나 건축단위에 대한 규율이 필요하다는 인식에 기인한
것으로 해석할 수 있다.

반면, 일본 도시계획법은 도시계획적 측면에서 건축행위를 규율
하는 제도나 절차가 상대적으로 부족하다. 우리나라 국토계획법에
서 '건축물의 건축'을 개발행위허가의 대상으로 명시적으로 규정하
고 있는 것과 달리, 일본 도시계획법에서는 개발행위허가를 '건축물
의 건축을 위한 토지의 구획형질변경'으로 포괄적으로 정의하고 있
어 도시계획법상 건축허가가 필요하다는 인식이 부족한 것으로도
해석할 수 있다. 본래 도시계획법에서 규율하여야 하는 용도지역에

따른 건축허가요건(용도제한 등)을 도시계획법이 아닌 건축기준법에서 규율하고 있는 것도 도시계획법과 건축기준법의 역할과 기능이 혼재되어 있다는 것을 의미한다. 이는 우리나라에서는 도시계획을 통해 건축허용성이나 건축단위를 규율하여야 한다는 인식이 강하지만, 일본에서는 그러한 인식이 부족하고 도시계획법과 건축기준법이 규율하는 대상의 구분도 불명확하다는 것을 의미한다.

마지막으로, 도시계획법과 건축법을 연계하여 규율하는 체계에도 차이가 있다. 일본에서는 도시계획법상 건축허용성에 대한 규율이 부족한 부분을 적합증명서를 통해 건축기준법상 건축확인의 단계에서 심사하도록 규율하고 있다. 적합증명서가 절차적으로나마 건축확인의 단계에서 건축허용성이 부여된 토지인지를 심사하는 기능을 하며, 개발행위허가와 건축확인이 상호 밀접하게 연관되어 기능하도록 한다. 반면, 우리나라에서는 건축법상 건축허가에 토지형질변경허가가 의제되기는 하나, 건축허용성에 관한 규율은 국토계획법상 토지형질변경허가를 통해 심사가 이루어진다.

이러한 차이점들은 우리나라와 비교하여 일본에서는 도시계획법의 역할이 불분명하고 본래 도시계획법에서 규율하여야 하는 기능이 건축기준법에 혼재되어 있다는 것을 의미한다. 그러나 이러한 차이점들이 도시계획법과 건축법의 규율 체계에 있어 본질적인 차이라고 보기는 어렵다. 규율상 미미한 차이는 존재하지만, 원칙적으로는 도시계획법이 도시계획을 통해 건축단위, 건축허용성, 건축허가요건을 규율하고 있다는 점에서 우리나라와 일본의 도시계획법과 건축법의 규율 체계는 유사하다고 보아야 한다.

도시계획을 통해 건축허용성과 건축단위를 규율하고 있다는 유사점은 우리나라와 일본의 도시계획법제를 이해하는데 중요하다. 이러한 유사점이 전제되어야만, 우리나라와 일본에서는 도시계획의 내용이 불완전하고 이를 보완하기 위해 지적이 도시계획적 기능을 수행한다는 유사점, 즉 도시계획과 지적의 상호관계를 논리적으로 도출할 수 있고, 지적의 도시계획적 기능을 명확히 해석할 수 있기 때문이다.

Ⅳ. 도시지역 외 지역에 대한 규율 체계

현행 일본의 도시계획법제는 도시계획구역을 지정하여 도시지역은 도시계획법이, 도시지역 외 지역은 국토이용계획법이 규율하는 체계를 가지고 있다. 우리나라에서도 국토계획법이 제정되기 이전까지는 일본과 유사한 규율 체계(도시계획법과 국토이용관리법이라는 이원적 체계)를 가지고 있었다. 그러나 우리나라에서는 국토계획법의 제정으로 용도지역제가 수립되는 대상이 전국으로 확대되었고,468) 도시지역 외 지역에 대해서도 도시계획적 규율이 이루어진다는 점에서 일본과 차이가 발생하였다.

일본의 건축기준법은 원칙적으로 도시계획구역만을 규율 대상으로 하고, 용도지역 또한 도시계획구역 내 시가화구역에서만 지정되기 때문에, 용도제한이라는 건축허가요건이 일정 지역에서만 규율된다. 우리나라에서는 도시지역 외 지역에서도 용도지역이 지정되고 건축법상 건축허가를 통해 도시지역 외 지역에서도 건축허가요건이 규율된다는 점에서 일본의 규율 체계와는 차이가 존재한다. 이러한 규율상 차이는 우리나라와 비교하여 일본에서는 도시지역 외 지역에서의 건축행위가 보다 자유롭게 허용된다는 의미로 해석된다.

---

468) 현행 국토계획법에서는 도시지역 외 지역에서도 용도지역을 지정하도록 정하고 있다(제36조). 한편, 일본 도시계획법에서는 도시계획을 실시하는 지역으로 도시계획구역을 지정하도록 규정하고 있으며(제5조), 시가화구역으로 구분된 지역에서만 용도지역제를 수립하도록 정하고 있다(제13조 제1항 제7호).

앞서 '도시계획법과 건축법의 상호관계'에 관한 분석에서도 논의한 바와 같이, 일본에서는 우리나라와 비교하여 건축행위가 자유롭게 허용된다는 점에서 상대적으로 건축허용성 등에 대한 규율 강도가 낮고 지적이 가지는 도시계획적 효력 또한 약한 것으로 평가된다.

　그러나 이러한 제도상 차이가 도시지역 외 지역의 규율에 있어 본질적인 차이를 발생시켰다고 보기는 어렵다. 국토계획법상 도시지역 외 지역에 수립되는 용도지역(농림지역, 자연환경보전지역 등)은 본래 국토이용관리법에서 규율하고 있었던 용도지역에 불과하고, 일본의 국토이용계획법에서도 '농업지역(農業地域)', '자연보전지역(自然保全地域)' 등으로 지역을 구분하여 '토지이용기본계획(土地利用基本計畫)'을 수립하도록 정하고 있어, 현재도 우리나라와 일본의 도시지역 외 지역에 대한 규율 체계가 유사하기 때문이다. 이러한 유사점이 존재하는 것은 우리나라의 국토이용계획법이 입법 과정에 있었던 일본의 국토이용계획법 법안을 차용하여 제정되었고, 국토계획법으로 통합되는 과정에서도 과거 국토이용계획법상의 규율 체계가 그대로 국토계획법으로 흡수되었기 때문으로 분석된다.

　또한, 우리나라 국토계획법이 도시지역 외 지역을 규율하고 있지만 도시지역과 동등한 수준으로 건축허용성 등을 규율하는 것은 아니다. 도시계획이 수립되는 지역은 도시계획에 따라 건축허용성과 건축허가요건이 결정되는 반면, 국토계획법에 의해 관리지역, 농림지역 등으로 구분되고 도시계획이 별도로 존재하지 않은 지역은 원칙적으로 법령에 따라 건축허가요건 등이 규율되는 차이가 있다. 도시계획은 도시지역의 정비·관리 또는 개발을 위한 것으로 도시지역을 전제로 한다는 점에서, 도시지역과 도시지역 외 지역은 근본적으로 규율상 차이가 존재할 수밖에 없다.

　결국 우리나라와 일본의 도시계획법제가 도시지역과 도시지역 외 지역을 구분하여 토지이용을 규율하고 있고, 그 규율 방식이나 내용이 유사하다는 점에서, 우리나라와 일본에서 도시지역뿐만 아니라 도시지역 외 지역을 규율하는 도시계획법제의 체계에 있어서도 본질적인 차이가 있다고 보기는 어렵다.

V. 소결

우리나라와 일본의 도시계획법제는 공통된 하나의 제도에서 출발하였다는 역사적인 연유로 인해 현행 도시계획법제에서도 매우 유사한 규율 체계를 가지고 있다. 특히, 도시계획법(국토계획법, 일본의 도시계획법)이 도시계획을 통해 건축허용성과 건축단위를 규율하고 있다는 점은 우리나라와 일본의 도시계획법제가 서로 다른 이질적인 제도가 아니라 유사한 하나의 제도라는 관점에서 이해되어야 한다. 우리나라와 일본의 도시계획법제가 유사하다는 점이 전제되어야만, 도시계획법제가 규율하는 도시계획의 내용이 불완전하고 이를 보완하기 위해 지적이 도시계획적 기능을 수행하고 있다는 유사점, 우리나라와 일본의 도시계획과 지적의 상호관계를 논리적으로 해석 가능하기 때문이다.

제3절 도시계획의 불완전성

I. 불완전한 도시계획의 의미

도시계획은 도시 내 토지의 효율적이고 합리적인 이용을 위해, 개별 토지의 건축단위를 설정하여, 각 건축단위별로 건축허용성과 건축허가요건을 정하는 구속적 행정계획이다. 그러므로 이상적인 도시계획은 건축단위, 건축허용성, 건축허가요건을 모두 정하는 완결적인 계획이어야 하고, 이렇게 정해진 건축단위, 건축허용성, 건축허가요건을 반영하여 공시할 수 있는 기능을 포함하여야 한다.

도시계획이 이상적이지 않다, 불완전하다는 의미가 도시계획법제에 심각한 문제가 존재하고 이를 반드시 개선하여야 한다는 의미는 아니다. 도시계획이 불완전하다는 것은 도시계획이 가지는 태생적이고 본질적인 특징이기 때문이다.

도시계획이 등장하기 이전부터 토지소유자들의 건축행위에 의해 자연적으로 기성시가지가 형성되었고, 기성시가지를 중심으로 하는 도시가 탄생하였다. 자연적으로 형성된 기성시가지는 계획적으로 건설된 신시가지와 비교하여 기반시설이 부족하거나 토지이용에 있어 비효율적인 형태를 가질 수밖에 없다. 근대적인 도시계획은 무질서하게 형성된 기성시가지를 정비하거나 관리하기 위해 도입되었고, 이미 형성된 기성시가지, 즉 이미 존재하는 토지소유권을 전제로 사후적으로 건축행위를 규율하는 기능만을 예정하였다. 그러므로 당시의 도시계획은 건축단위나 건축허용성을 적극적으로 규율할 수 있는 권능을 가지지 못하였고, 이는 기성시가지에서 수립되는 현행 도시계획도 마찬가지이다.

이렇듯 기성시가지를 전제로 하는 도시계획 그리고 이를 위한 도시계획법제는 이상적인 도시계획과는 달리 불완전할 수밖에 없다.

Ⅱ. 도시계획의 종류별 검토

(1) 연혁적 검토의 필요성

우리나라와 일본의 도시계획법제는 공통된 하나의 제도에서 출발하였다는 역사적인 연유로 인해 현재도 유사한 규율 체계를 가지고 있다. 두 나라의 도시계획법제가 유사한 규율 체계를 가지고 있기 때문에, 도시계획이 불완전하다는 특징도 동일하게 발견된다. 이러한 점은 우리나라와 일본에서 도시계획이 발전하여 온 과정을 살펴보면 보다 명확하게 확인된다. 이하에서는 연혁적인 검토를 통해 기반시설의 설치를 위한 도시계획과 용도지역제 도시계획의 불완전성을 고찰해본다.

(2) 기반시설의 설치를 위한 도시계획

고대 로마에서 콜로세움을 건설하였던 계획은 현재의 기반시설(체육시설)의 설치와 유사한 도시계획으로 볼 수 있다. 우리나라와 일본의 도시계획법제 역시 초기에는 기반시설을 설치하기 위한 제도로부터 발전하였다. 일제강점기시대 초기 우리나라와 일본에서 실시된 시구개정사업은 도시 내 도로망을 확충하고 상·하수도 등의 기반시설을 정비하는 것을 주된 목표로 하였다. 그리고 시구개정사업의 과정에서 서구의 근대 도시계획을 모방하려는 움직임이 시작되었다. 도시 내 한정된 토지 자원을 효율적으로 이용하기 위해 토지를 장방형으로 구획하여 격자형의 도로망을 확충하려고 한 것이다.469) 이는 토지를 효율적으로 이용하기 위해 부정형의 토지

구획을 격자형으로 변경하려고 시도한 것으로, 도시계획적인 측면
에서는 도시계획을 통해 건축단위를 설정한다는 의미로도 해석할
수 있다.

그러나 당시의 시구개정사업에는 건축허용성을 규율하기 위한
도시계획적 요소는 포함되지 않았고, 도로 등 기반시설의 설치만을
중점으로 하는 사업에 불과하였다. 우리나라와 일본에서 기반시설
의 설치를 위한 도시계획은 제도의 도입 당시부터 현재까지 건축허
용성이나 건축단위의 규율을 결여한 불완전한 형태를 유지한 채 발
전하여 왔으며, 현행 도시계획법제에서도 기반시설의 설치를 목적
으로 하는 도시계획은 건축허용성이나 건축단위에 대한 규율이 부
족하다는 불완전한 형태를 가지고 있다.

(3) 용도지역제 도시계획

일본의 도시계획법제는 전통적인 도시계획을 계승하여 독자적으
로 창설되었기보다는 서구의 근대 도시계획을 도입하면서 발전한
것으로 평가된다.[470] 일제강점기시대 일본에서는 산업화로 인해 도
시 내 공장의 설치를 제한하여야 한다는 논의가 있었고, 이를 위해
서구로부터 용도지역제 도시계획이 도입되었다.

용도지역제는 토지를 구획하여 해당 구역에 법적인 성격을 부여

---

469) 도시를 격자형 공간구조로 정비한다는 의미에서 가구(街區) 또는 시구(市
區)의 개정(改正)이라는 용어가 사용되었다.
470) 토지이용제도의 근간이 되는 용도지역제를 포함하여, 개발행위허가, 지
구계획 등이 서구의 제도를 참고하여 도입되었다는 견해는 荒 秀, 앞의
책(日韓土地行政法制の比較研究), 7면 참고.; 같은 취지 渡邊 俊一, 앞의 논
문(日本近代都市計画の成立期 : 研究の課題と成果), 3~4면 및 김나영, 「일본
근대도시계획 형성에 미친 서구도시계획의 영향」, 『동북아문화연구』 제
39집, 동북아시아문화학회, 2014., 472~473면 참고.

하는 기능을 하는데, 상대적으로 넓은 지역을 구획하여 용도를 정하는 기법을 지역제, 도시의 일부 지역만을 구획하여 용도를 정하는 기법을 지구제로 구분하기도 한다. 그러나 지역제나 지구제 모두 토지를 구획하여 법적인 성격을 부여한다는 기법적인 측면에서는 동일하다. 일본에서는 이를 통틀어 '지역·지구제'라고 하고, 조선시가지계획령이나 도시계획법에서도 '지역 및 지구의 지정' 등의 명칭으로 규정하여 지역제와 지구제를 별도로 구분하지 않고 하나의 도시계획으로 분류하였다. 지역을 구획하여 용도를 정한다는 점에서 지역제와 지구제는 도시계획적 측면에서 동일한 기법으로 취급되어야 하고, 이 중 가장 대표적인 것이 '용도지역제 도시계획'이다.

1919년 제정된 도시계획법에서 최초로 도입된 용도지역제는 도시 내 공장의 건축을 제한하는 것을 주된 목적으로 하였다. 당시의 용도지역제는 도시 내 지역을 주거, 상업, 공업지역으로 지정하여, 도시 내 공장의 건축을 제한하려는 목적으로 개략적인 건축허가요건(용도제한)을 정하는 것에 불과하였다. 1934년 제정된 우리나라의 조선시가지계획령 역시 일본의 1919년 도시계획법을 차용하여 제정되었기 때문에 용도지역제라는 도시계획을 주된 내용으로 하였다. 조선시가지계획령에서 정한 용도지역제 역시 일본과 동일하게 도시 내 공장의 건축을 제한하는 것을 주된 목적으로 하였다.

용도지역제는 현행 도시계획법제에 있어서도 건축허가요건을 규율하는 가장 기초적인 제도로 활용되고 있다. 앞서 논한 바와 같이, 용도지역제는 도시 내 용도지역을 지정하여 개략적인 내용의 건축허가요건을 정하는 것에 불과하고, 건축허용성과 건축단위를 규율할 수 있는 권능은 결여되어 있다. 그렇기 때문에 현재도 용도지역제 도시계획만 수립된 지역에서는 도시계획이 불완전할 수밖에 없다.

III. 도시계획법제의 불완전한 체계

(1) 불완전한 도시계획법제의 원인

우리나라와 일본의 현행 도시계획법제는 불완전한 체계를 가진다는 점에서 유사하다. 우리나라는 과거 용도지역제 도시계획의 체계를 그대로 유지하고 있기 때문에, 현재도 기성시가지에서 수립되는 용도지역제는 불완전한 형태를 가지고 있다. 일본에서도 기성시가지, 즉 도시계획구역 내 시가화구역에서 수립되는 용도지역제는 여전히 건축단위나 건축허용성에 대한 규율이 불완전하다는 형태를 가진다. 도시계획이 발달하면서 개발사업과 같은 이상적인 형태의 도시계획이 등장하였지만, 현행 도시계획법제에 있어서도 용도지역제가 건축행위를 규율하는 가장 기초적인 제도로 활용되고 있기 때문에, 도시계획법제가 불완전한 형태를 가질 수밖에 없는 것이다.

그러나 우리나라와 일본의 도시계획법제가 동일한 제도, 용도지역제 도시계획을 중심으로 하는 불완전한 체계에서 출발하였다는 이유만으로, 현행 도시계획법제 역시 불완전한 형태를 가지게 되었다고 단정하기는 어렵다. 우리나라와 일본의 현행 도시계획법제가 불완전한 이유로는 우리나라와 일본이 건축자유의 원칙을 채택하고 있다는 점도 크게 영향을 미쳤다. 우리나라와 일본에서는 헌법상 재산권을 보장하고,471) 재산권 행사의 일환으로 건축자유의 원칙을 인정하며, 이를 도시계획법제의 기본 원칙으로 하고 있다. 그러므로 도시계획은 기존의 토지소유권에 구속될 수밖에 없다는 태생적인 한계를 가진다. 이는 현행 도시계획법제가 불완전한 또 다른 이유로 해석된다. 그리고 이러한 불완전성은 토지소유권이나 권리관계에

---

471) 우리나라 헌법 제23조 및 일본 헌법 제29조 참고.

기초하여 자연적으로 형성된 기성시가지에서 더 강하게 나타나는데, 개발사업과 같은 도시계획이 기성시가지에서 실시되지 못하는 이유에 관해서는 아래 (2)항에서, 우리나라와 일본에서 기성시가지를 규율하는 현행 도시계획법제의 규율 체계에 관해서는 아래 (3)항에서 논하기로 한다.

(2) 이상적인 도시계획의 한계

도시계획이 발전하는 과정에서, 도시계획을 통해 건축단위와 건축허용성을 모두 결정할 수 있는 형태의 개발사업이라는 도시계획이 등장하였다. 개발사업을 통한 도시계획은 건축단위를 설정하고 건축허용성을 부여하는 권능을 가진다는 점에서 이상적인 도시계획에 가깝다고 할 수 있다.

개발사업이라는 도시계획 자체만으로는 기존의 토지소유권이나 권리관계를 부정하고 새롭게 건축단위와 건축허용성을 결정할 수 있는 권리가 부여되지는 않는다. 개발사업을 실시하기 위해서는 해당 지역의 토지를 매수하거나 이용할 수 있는 권리를 확보하여야 하는데, 이를 위해 개발사업법령에서는 토지를 수용하기 위한 절차 등을 규정하고 있다. 예컨대 도시정비법상 사업시행인가를 받으면, 「공익사업을 위한 토지 등의 취득 및 보상에 관한 법률」에 따른 토지의 수용 또는 사용이 가능하도록 정하고 있다(제63조).[472]

그러나 개별 토지소유자들의 이해관계가 다르기 때문에 사업대상지 토지 전체의 소유권 또는 이용권원을 확보하기는 매우 어려운 일이다. 우리나라에서 정비사업 등이 실시되는 과정에서 여러 분쟁들이 발생하고 상당한 시간이 소요되는 것도 토지소유자들의 이해

---

472) 사업시행인가의 법적효과에 관한 자세한 내용은 김종보, 앞의 책, 518면 이하 참고.

관계 때문이다. 이러한 한계로 인해 도시지역의 모든 토지에서 개발
사업과 같은 도시계획을 실시한다는 것은 사실상 불가능한 일에 가
깝다. 특히, 기성시가지와 같이 토지소유자들의 이해관계가 복잡하
고, 기존의 토지소유권을 수용하기 어려운 지역에서는 이미 존재하
고 있는 토지소유권을 전제로 도시계획을 실시할 수밖에 없다.

(3) 현행 도시계획법제의 규율 체계

우리나라는 용도지역제를 중심으로 기성시가지 내 건축행위를
규율하고 있다. 국토계획법의 제정으로 용도지역제가 도시지역 외
지역에도 적용되기 시작하면서 용도지역제의 의미가 더 중요해졌다.
그러나 전술한 바와 같이, 용도지역제는 건축단위와 건축허용성을
규율하는 권능을 가지지 못하기 때문에 기성시가지에서 수립되는
도시계획은 불완전할 수밖에 없고, 이를 보완하기 위해 지적이 도시
계획적 기능을 수행하고 있다.

일본에서는 1968년 도시계획법을 새롭게 제정하면서, 구역구분제
를 도입하여 도시계획구역 내 시가화구역에서만 용도지역을 지정하
는 것으로 변화하였다. 우리나라와 비교하여 용도지역제의 목적이
나 의미가 상대적으로 약해진 것으로 평가된다. 구역구분제는 도시
계획구역 내 토지를 시가화구역과 시가화조정구역으로 구분하여,
시가화구역의 토지에 대해서는 건축허용성을 부여하고, 시가화조정
구역에서는 건축허용성을 통제하는 형식으로 개략적으로 건축허용
성을 규율하는 기능을 한다. 구역구분제가 도입된 목적이나 배경 역
시 도시계획구역 내 토지의 건축허용성을 규율하기 위한 것으로 해
석된다. 용도지역제가 담당하였던 도시계획적 기능을 축소시키면서,
건축허용성을 규율하기 위한 구역구분제 도시계획의 역할을 확대한
것으로 평가할 수 있다. 그러나 구역구분제는 이분적인 구분만을 전

제하고 있어 건축허용성 규율이 불완전할 수밖에 없고, 이를 개발행위허가가 보완하고 있다. 일본에서는 구역구분제라는 도시계획을 통해 도시지역 내 토지들의 개략적인 건축허용성을 규율하고, 시가화구역 내에서는 개발행위허가라는 절차를 통해 개별 필지들의 건축허용성을 규율하는 방식으로 상호 보완적으로 운영되고 있는 것으로 평가된다.

한편, 우리나라에서도 도시계획을 통해 기성시가지 내 건축단위나 건축허용성을 규율하려는 시도는 있었다. 신시가지에서만 수립되었던 지구단위계획이 기성시가지에서도 수립되면서 건축단위나 건축허용성을 규율하려고 시도한 부분이다. 그러나 우리나라에서는 지적이 가지는 도시계획적 효력이 강하기 때문에, 기성시가지에서는 지구단위계획이 건축단위나 건축허용성을 변경하는 권능을 가지지는 못한다. 물론 지구단위계획은 신시가지에서도 개발사업을 통해 결정된 건축단위와 건축허용성을 반영하고 개별 건축단위별로 건축허가요건을 정하는 기능만을 가질 뿐, 건축단위의 설정이나 건축허용성을 부여하는 도시계획적 효력은 없다고 해석된다.

구역구분제나 지구단위계획으로의 변화 과정은 우리나라와 일본의 도시계획이 점차 이상적인 도시계획으로 발전하고 있다는 것을 의미한다. 기성시가지에서도 시가지가 노후·불량화되어 더 이상 도시로서의 기능을 하지 못하는 경우에는 신시가지에서 수립되는 개발사업과 같은 도시계획이 실시될 수밖에 없는데, 기성시가지에서 개발사업이 실시되는 것도 이러한 변화의 흐름으로 해석된다. 다만, 태생적인 원인으로 인해 현행 도시계획법제의 규율 체계가 불완전하다는 한계는 여전히 존재하고, 도시계획 역시 불완전할 수밖에 없다는 유사점을 가지는 것으로 평가할 수 있다.

제4절 지적의 공법적 기능

I. 지적이 가지는 공법적 기능에 대한 해석론

우리나라와 일본의 기성시가지에서는 불완전한 도시계획을 지적이라는 제도가 보완하고 있다. 다만, 우리나라에서는 지적의 도시계획적 효력이 점차 강해진 반면, 일본에서는 건축허용성의 규율이라는 측면에서 그 효력이 상대적으로 약해진 것으로 평가된다. 이러한 차이점에 관해서는 제5절에서 자세히 논하기로 하고, 이하에서는 현행 도시계획법제를 보완하여 지적이 도시계획적 기능을 수행하고 있다는 의미를 어떻게 해석할 것인지 분석해본다.

지적은 도시계획법제가 정립되기 이전부터 토지소유권을 공시하고 과세를 위한 목적에서 제도화되었다. 우리나라에서도 근대적인 도시계획법제인 조선시가지계획령이 제정되기 이전에, 토지조사사업을 통해 토지대장과 지적도가 작성되어 근대적인 지적제도가 정립되었다. 당시의 지적은 이미 존재하고 있었던 토지소유권을 확인하여 지적공부에 등록한다는 의미에 불과하였고, 지적제도가 토지를 민사적인 거래의 객체로 활용하기 위해 토지소유권을 공시하고 보호하기 위한 목적으로 창설되었다는 점에서 지적은 사법적인 성격만을 가지는 것으로 이해되었다.

그러나 불완전한 도시계획법제를 보완하기 위해 지적이 건축단위와 건축허용성을 반영하는 기능을 수행하면서 공법적인 효력을 가지게 되었다. 우리나라와 일본에서 도시계획법제가 정립될 당시에는 용도지역제 도시계획만이 실질적으로 기능을 하였고, 건축단위와 건축허용성을 규율하는 도시계획뿐만 아니라 건축단위와 건축허용성을 공시할 수 있는 제도조차 마련되어 있지 않았다. 지적이

토지의 현황을 표시하는 유일한 제도였기 때문에, 자연스럽게 토지
소유권을 표상하는 지적이 건축단위와 건축허용성을 반영하여 표시
하는 공법적 기능을 수행하게 된 것이다.

현재도 지적은 건축단위와 건축허용성을 반영하여 표시하는 공
법적 기능을 수행하고 있다. 일본에서는 지적이 등기제도로 통합되
어 일원화되었지만 일본에서도 강학상 지적이 존재하고, 등기부에
표시된 지목과 '14조 지도'상의 필지 경계선이 건축허용성과 건축단
위를 반영하여 표시하는 공법적 기능을 수행하고 있다는 사실은 명
확하다.

지적이 수행하는 도시계획적 기능은 도시계획이 발전함에 따라
점차 다양해지고 그 효력도 강해졌다. 필지 경계선은 건축단위를 반
영하는 기능뿐만 아니라, 토지소유권의 범위를 확정하는 효력을 통
해 건축단위를 설정하는 기능도 수행하는 것으로 그 범위를 확대하
였다. 특히, 우리나라에서는 지목의 도시계획적 효력, 즉 건축허용성
을 규율하는 기능이 확대되었고, 법원이 지목변경의 처분성을 인정
한데 이어,[473] 명시적으로 건축허용성을 판단하는 기준이라는 지목
의 도시계획적 기능을 인정하기에 이르렀다.[474]

이처럼 우리나라와 일본에서 지적은 사법적인 기능뿐만 아니라
공법적인 기능까지 수행하고 있다. 그리고 이러한 공법적 기능은 우
리나라와 일본의 도시계획법제가 불완전하기 때문에 부여된 것이다.
점차 도시계획이 복잡해지고 이로 인한 불완전성을 보완하기 위한
필요성이 증가하면서 오히려 지적의 공법적 기능은 확대되고 있다.
민사적인 토지거래를 규율하기 위한 목적에서 도입된 지적이 공법
적 기능을 수행하고 있다는 유사점은 우리나라와 일본의 지적이 가
진 특징으로 이해되어야 하고, 지적의 본래의 목적이 변화한 것으로

---

473) 대법원 2004. 4. 22. 선고 2003두9015 전원합의체 판결.
474) 대법원 2020. 7. 23. 선고 2019두31839 판결.

해석되거나 또는 반대로 지적의 사법적인 기능만이 강조되어서는 아니된다. 지적의 공법적 기능은 지적이 가지는 본래의 기능으로, 불완전한 도시계획을 보완하기 위한 특징으로 이해되어야 한다.

Ⅱ. 지적과 등기제도의 일원화

지적제도를 운영하는 방식에 있어, 일본에서는 지적과 등기제도가 통합되어 부동산등기법이라는 하나의 법령에 따라 규율되는 방식으로 일원화가 이루어진 반면, 우리나라에서는 지적제도와 등기제도를 운영하는 법령을 공간정보관리법과 부동산등기법으로 이원화하고 있다는 차이가 존재한다.

우리나라에서도 지적과 등기의 이원화로 인한 문제점, 이를 통합하여 일원화하여야 한다는 논의가 있다.[475] 주로 우리나라에서 지적과 등기제도의 이원화로 인해 발생하는 문제점으로는 조직이 이원화되어 있어 발생하는 업무의 가중, 인력중복에 의한 예산소실, 지적공부와 등기부의 등록사항 불일치, 국민의 조세부담 및 불편 초래 등이 거론된다.[476]

---

[475] 지적과 등기의 일원화에 관해서는 다양한 분야에서 선행 연구가 이루어졌다. 지적과 등기의 이원화로 인해 부동산거래 및 국민의 재산권 보호에 지장을 초래하고 있으며, 국가의 효율적인 토지 관리에도 장애요소가 되고 있어, 공시제도의 통합이 필요하다는 견해로는 이성화·이덕형, 「지적과 등기제도의 공시일원화를 위한 법제 통합방향 연구」, 『한국지적정보학회지』 제11권 제1호, 2009. 참고.; 같은 취지의 견해로 안신재, 「토지대장과 등기의 일원화에 관한 민사적 고찰」, 『부동산법학』 제18집, 부동산법학회, 2014. 참고.; 이외에도 지적과 등기의 일원화에 관해서는 대한지적공사, 앞의 논문(지적 관련 법제의 재정비에 관한 연구) 등의 연구가 있다.

[476] 김행종, 앞의 책, 28면.; 그밖에도 부동산 공시체계의 혼란으로 인한 신뢰도 저하, 국민의 경제적·시간적 편익이 저해되는 문제, 비효율적인 행정

일본과 같이 지적과 등기를 일원화하여 하나의 제도로 운영하더라도, 강학상 지적 또는 강학상 등기의 의미가 소멸하는 것은 아니다. 또한 지적의 등록·관리나 토지소유권이라는 권리의 공시에도 문제가 발생하는 것은 아니다.

다만, 우리나라와 같이 지적이 도시계획을 보완하는 기능을 수행하고, 지적의 공법적 효력을 강하게 인정하는 나라에서는 지적과 등기를 구분하여 별개의 제도로 운영하는 것이 보다 효과적이다. 지적제도가 법령상으로 명확하게 구분되어야만, 지적이 가지는 법적 효력을 명확히 정의할 수 있고, 지적이 가지는 불분명한 효력으로 인해 발생하는 분쟁을 미연에 방지할 수 있기 때문이다. 특히, 지적이 공법적 기능을 가지고 있음에도 일본과 같이 민사적인 성격이 강한 등기제도와 통합한다면 오히려 지적의 공법적 기능이 불명확해지는 문제가 발생할 수 있다. 지적과 등기가 수행하는 목적과 기능을 명확히 구분할 수 있다는 점에서도 현행 제도와 마찬가지로 두 제도를 법령상으로 분리하여 운영하는 것이 바람직하다.

사무로 인한 국가 예산의 낭비 등이 문제점으로 거론된다. 자세한 내용은 대한지적공사, 앞의 논문(지적 관련 법제의 재정비에 관한 연구), 101~103면 참고.

제5절 건축허용성의 인식

Ⅰ. 개관

동일한 제도에서 출발하였던 우리나라와 일본의 도시계획법제가 다르게 발전하여 오면서 건축허용성을 규율하는 제도나 방식에 있어 차이가 발생하였고, 이러한 제도상 차이가 지목이 가지는 도시계획적 효력에도 영향을 미친 것으로 해석된다. 우리나라와 일본에서 건축허용성을 규율하는 제도에 있어 차이가 발생한 것은 건축허용성에 대한 인식의 차이 때문인 것으로 추측된다. 그러나 도시계획을 통해 건축허용성을 규율하여야 한다는 인식은 우리나라나 일본에서 모두 존재하고, 도시계획을 해석하는 관점 또한 유사하다.

본 절에서는 제3장에서의 논의들을 종합하여, 우리나라와 일본의 도시계획법제상 건축허용성을 규율하는 제도나 방식에는 어떠한 차이가 있는지, 그리고 이러한 제도상 차이가 지목이 가지는 도시계획적 효력에는 어떠한 영향을 미쳤고, 일본의 건축허용성에 대한 인식은 무엇인지 분석해본다.

Ⅱ. 건축허용성 규율에 관한 제도의 비교

(1) 우리나라의 지목을 통한 건축허용성 규율

우리나라 기성시가지에서는 용도지역제가 가지는 도시계획의 불완전성으로 인해 지목이 건축허용성을 규율하며 도시계획을 보완하는 기능을 수행하고 있다. 다만, 지목은 건축허용성을 판단하거나 이를 반영하는 기능만을 수행하고, 지목이 건축허용성을 확정적으로 결정하는 것은 아니다. 예를 들어, 지목이 전, 답, 임야 등인 토지라 할지라도 종국적으로 건축허용성이 부정되는 것은 아니고, 토지형질변경허가(국토계획법 제56조 제1항 제2호)라는 행정처분을 통해 건축허용성을 부여받아 대지로 변경될 수 있다.

토지형질변경허가를 통해 새롭게 부여된 건축허용성은 지목변경이라는 절차를 통해 반영되기 때문에, 지목변경은 토지형질변경허가와 결합하여 도시계획적 효력을 가진다. 우리 법원이 지목변경의 처분성을 인정하는 것도 지목변경이 토지형질변경허가와 연계하여 건축허용성을 부여하고 이를 반영하는 도시계획적 효력을 가지기 때문이다.

(2) 일본의 도시계획을 통한 건축허용성 규율

우리나라와 달리 일본에서는 시가화구역 내 일정규모 이상의 개발행위에 대해서만 개발행위허가를 받도록 정하고 있다(도시계획법 제29조 및 시행령 제19조). 이는 반대로 해석하면 일정규모 미만의 개발행위(건축행위)는 도시계획법상 개발행위허가(토지형질변경허가)를 받지 않더라도 건축물의 건축이 가능하다는 의미이다. 즉, 시가화구역에서는 토지의 지목이 택지(우리나라의 대지)가 아니더라도 원칙적으로 건축허용성이 부여되고, 반대로 일정규모 이상의 개발행위에 대해서는 지목이 택지인 토지라고 하더라도 개발행위허가를 통해 건축허용성을 부여받아야 하는 것으로 이해할 수 있다.

시가화구역에서 '허가를 요하지 않는 개발행위의 규모'를 1,000㎡ 미만으로 정하고 있는 점을 고려하면(도시계획법 시행령 제19조), 토지소유자가 일반적인 규모의 주택 등을 건축하는 경우에는 사실상 개발행위허가를 필요로 하지 않게 된다. 이러한 점은 시가화구역의 토지는 구역구분을 통해 원칙적으로 건축허용성이 부여된다는 것을 의미하고, 우리나라와 달리 지목이 건축허용성을 판단하는 기준이라는 도시계획적 효력을 가지지는 못하는 것으로 해석된다.

한편, 시가화조정구역에서는 원칙적으로 개발행위와 건축행위를 금지하여 건축허용성에 대한 통제가 이루어진다. 우리나라의 개발제한제 도시계획과 유사한 효력을 가지나, 건축행위가 전면적으로 금지되는 것은 아니고 개발행위허가나 건축허가를 통해 건축허용성을 부여받을 수 있다는 점에서 더 완화된 제도로 평가된다.

이처럼 일본에서는 구역구분제라는 도시계획을 통해 도시지역을 시가화구역과 시가화조정구역으로 구분하여 개략적인 건축허용성을 부여하고 있다. 건축허용성이 도시계획을 통해 부여되기 때문에 지목이 수행하는 도시계획적 기능은 상대적으로 약한 것으로 평가된다.

또한, 전술한 바와 같이 일본에서는 도시지역 외 지역은 도시계획법의 규율 대상이 아니기 때문에 원칙적으로 토지형질변경허가를 받을 필요가 없다. 도시지역 외 지역에서 농지 등의 토지에 건축물을 건축하는 경우에는 농지전용허가만을 받으면 충분하고, 별도로 도시계획적 측면에서 건축허용성이 규율되지는 않는다. 건축허용성에 대한 규율이 이루어지지 않는다는 점에서 지목이 가지는 도시계획적 기능이 우리나라와 비교하여 상대적으로 약하다고 평가된다.

(3) 우리나라와 일본의 토지형질변경허가의 차이점

1) 개관

우리나라와 일본의 도시계획법제는 건축허용성을 규율하는 측면에서 차이가 존재한다. 우리나라 기성시가지에서는 토지형질변경허가라는 행정처분을 통해 건축허용성이 규율되는 반면, 일본에서는 구역구분제라는 도시계획을 통해 개략적인 건축허용성이 규율된다는 차이가 있다. 다만, 구역구분제가 실제적으로 효력을 가질 수 있도록, 시가화구역 내 일정규모 이상의 개발행위(건축행위)에 대해서는 개발행위허가(토지형질변경허가)를 받도록 규정하고 있다(도시계획법 제29조). 일본에서도 토지형질변경허가가 시가화구역 내 개별 필지에 대해 건축허용성을 부여하는 기능을 하며 구역구분제를 보완하고 있는 것이다. 그러나 우리나라와 일본의 토지형질변경허가는 그 규율 대상이나 내용에 있어 상당한 차이가 있다. 이하에서는 토지형질변경허가의 규율상 차이점을 비교·분석해본다.

2) 우리나라의 토지형질변경허가 의미

국토계획법에서는 개발행위허가의 종류로 토지형질변경허가 외에도 건축물의 건축, 토석의 채취, 토지분할 등을 규정하고 있다(제56조 제1항 제2호). 국토계획법에서는 토지의 형질변경을 '절토·성토·정지·포장 등의 방법으로 토지의 형상을 변경하는 행위와 공유수면의 매립'으로 정의하고 있어(시행령 제51조 제1항 제3호), 토지의 형질변경이 물리적인 형상을 변경하는 것만으로 좁게 이해되기도 한다. 그러나 토지형질변경허가의 주된 목적은 지목이 전, 답 등인 토지를 지목이 대지인 토지로 변경하여 건축허용성을 부여받기 위한 것이다. 불완전한 용도지역제 도시계획이 수립된 기성시가지에서는 개별 필지에 건축허용성을 부여하기 위한 별도의 절차나 제도를 필요로 하고, 이를 위한 방법으로 국토계획법상 토지형질변경허가가 이용되고 있기 때문이다. 이렇듯 우리나라에서 토지형질변경허가는 건축허용성을 부여하는 성질변경과 토지의 물리적인 형상을 통제하는 형상변경의 의미를 모두 포함하는 개념으로 이해되고 있다. 법원도 물리적인 형상을 변경하기 위한 공사가 필요하지 않더라도 지목의 변경, 즉 토지의 성질을 변경하기 위해서는 토지형질변경허가가 필요하다고 판단하고 있다.[477)

3) 일본의 토지형질변경허가와 우리나라와의 차이점

일본 도시계획법에서는 개발행위를 '건축물의 건축을 목적으로 행하는 토지의 구획형질변경'으로 정의하고 있다(제4조 제12항). 우리나라와 달리 건축물의 건축을 목적으로 한다는 요건을 명확하게 규정하고 있는 반면, 개발행위허가의 대상을 토지의 구획변경과 형질변경으로 한정하고 있다는 차이가 있다.

일본에서는 토지형질변경의 해석과 관련하여, 토지의 형질변경은 주로 형상변경만을 의미하고 형상변경을 수반하지 않는 성질변경은 토지의 형질변경에 포함되지 않는다고 해석한다. 건축물을 건축하기 위한 택지의 조성이 완료된 토지(우리나라의 대지조성공사가 완료된 토지)는 원칙적으로 개발행위허가의 대상이 아니라는 의미이다. 그러나 토지의 성질변경에 대해 토지형질변경허가를 필요로 하지 않는다는 견해는 토지형질변경허가의 본래 목적을 간과한 것으로 건축허용성을 규율하는데 있어 실무상 법적 공백을 야기할 수 있다.478)

이러한 견해의 차이가 발생한 이유로는 일본에서는 원칙적으로 구역구분제라는 도시계획을 통해 건축허용성을 규율하고 있기 때문으로 추측된다. 구역구분제라는 도시계획을 통해 건축허용성이 규율되기 때문에, 구역구분을 통해 건축허용성을 부여받은 토지는 지목에 관계없이 건축물의 건축이 가능하고, 별도로 건축허용성을 부여받기 위한 토지형질변경허가는 필요로 하지 않게 된다. 이는 지목을 변경하기 위해 또는 토지의 성질을 변경하기 위한 별도의 행위가 필요하지 않다는 의미로, 형상변경을 수반하지 않는 성질변경은 토지형질변경허가의 대상이 아니라는 결론에 이른다.

---

477) 대법원 2020. 7. 23. 선고 2019두31839 판결, 대법원 1999. 12. 16. 선고 98두18619 전원합의체 판결.
478) 이러한 법적 공백이 발생하는 사례에 관해서는 '토지형질변경허가의 의미' 부분의 노상주차장 사례 참고.

토지형질변경허가의 해석에 있어 견해의 차이가 발생한 또 다른 이유로는 일본의 개발행위허가가 시가화구역 내 일정규모 이상의 개발행위(건축행위)만을 대상으로 하기 때문으로 추측된다. 일본에서는 개발행위허가의 대상 규모를 1,000㎡ 이상으로 규정하고 있기 때문에(도시계획법 시행령 제19조), 개발행위허가의 대상인 대규모 건축행위에 있어서는 건축단위를 합병하는 절차가 수반되는 것이 통상적이다. 기성시가지 내 필지의 규모는 일반적으로 1,000㎡ 이하인 경우가 대부분이기 때문에, 대규모의 건축행위를 위해서는 필지의 합병이 필요하기 때문이다. 대부분의 개발행위허가에 있어 건축단위의 합병이 수반된다는 점에서, 일본의 개발행위허가는 주로 구획을 변경하기 위한 허가, 즉 건축단위를 변경하는 행위를 허가할지 여부에 중점을 두어 운영되는 것으로 추측된다. 반면, 우리나라에서는 국토계획법에서 용도지역에 따른 개발행위허가의 규모를 정하고 있어(제58조 제1항 제1호 및 시행령 제55조 제1항), 토지형질변경허가가 원칙적으로 소규모로 발급되는 것으로 전제하고 있다.

한편, 일본에서는 건축확인의 단계에서 '적합증명서(適合証明書)'를 첨부하도록 하여(건축기준법 제6조), 개발행위허가를 받았거나 개발행위허가의 대상인지 여부, 즉 건축허용성이 부여된 토지인지를 심사하도록 하는 절차를 두고 있다. 성질변경 행위에 대해 도시계획적 규율이 이루어지지 않는 법적 공백을 적합증명서를 통해 보완하고 있는 것으로 이해된다. 그러나 건축확인의 단계에서 이루어지는 건축허용성에 대한 규율은 개발행위허가를 받았는지 여부에 관한 절차적인 통제에 불과하고, 실질적으로는 건축허용성을 규율하는 기능을 하지 못한다는 한계가 있다. 이에 반해, 우리나라에서는 건축법상 건축허가가 국토계획법상 토지형질변경허가를 의제하고 있어(제11조 제5항), 실무적으로는 건축허가와 동시에 토지형질변경허가에 대한 실질적인 심사가 이루어진다는 차이가 있다.

Ⅲ. 지목의 공법적 효력에 있어 차이점

(1) 우리나라에서 지목의 도시계획적 효력

우리나라에서 대지인 지목은 건축을 할 수 있는 토지로 인식되기 때문에, 건축허용성이라는 특권적 지위가 인정되는 토지임을 상징하고,479) 건축허용성을 판단하는 가장 결정적인 기준이 된다. 최근 법원이 지목을 건축허용성을 판단하기 위한 기준으로 인정한 것도 현행 도시계획법제에 있어 지목이 단순히 토지의 현황을 확인하기 위한 수단을 넘어 건축허용성의 판단기준이라는 도시계획적 기능을 수행하고 있음을 의미한다.480)

과거 지목은 건축허용성을 반영하는 도시계획적 기능만을 수행하고 있었다. 그러나 기성시가지에서 건축허용성에 대한 규율의 중요성이 강조되면서 토지형질변경허가가 개별 필지에 건축허용성을 부여하기 위한 수단으로 활용되기 시작하였다. 그 과정에서 새롭게 부여된 건축허용성은 지목의 변경이라는 절차를 통해 대지인 지목에 반영되기 시작하였고, 지목은 건축허용성을 판단하는 기준으로 활용되기 시작한 것으로 해석된다.

(2) 일본에서 지목의 도시계획적 효력

우리나라와 비교하여, 일본에서는 건축단위의 규율에 있어 구역구분제라는 도시계획을 통해 건축허용성이 규율된다는 차이가 있다. 또한, 개발행위허가가 지목에 관계없이 규모에 따라 적용된다는 점에서 상당한 차이가 있다. 지목이 이미 택지인 토지라고 하더라도

---

479) 김종보, 앞의 논문(건축허용성의 부여와 반영), 167면.
480) 대법원 2020. 7. 23. 선고 2019두31839 판결.

일정규모 이상의 개발행위(건축행위)에 있어서는 건축허용성을 부여받기 위해 개발행위허가를 받아야 하고, 반대로 일정규모 미만의 개발행위에 있어서는 지목이 택지가 아닌 토지의 경우에도 건축허용성이 부여되어 있기 때문에 개발행위허가를 받지 않더라도 건축물의 건축이 가능하다. 이러한 이유로, 개발행위허가(토지형질변경허가)의 대상에 토지의 형상변경을 수반하지 않는 순수한 성질변경은 포함되지 않는 것으로 해석한다. 이는 구역구분제라는 도시계획을 통해 건축허용성이 규율되기 때문에, 성질변경을 규율할 필요성이 낮거나 사실상 필요하지 않다는 것을 의미한다. 우리나라와 비교하여 건축허용성을 규율하는 지목의 도시계획적 기능이 약하다고 평가되는 결정적인 이유이다. 일본에서는 우리나라와 비교하여 지목이 가지는 도시계획적 효력이 점차 약해지고 있고, 지목이 수행하는 도시계획적 기능이 구역구분제라는 도시계획을 통해 규율되는 방식으로 변화한 것으로 평가된다.

　일본 법원이 지목변경신청의 처분성을 부정하는 것도 지목이 단순히 토지의 이용현황을 확인하는 효력만을 가진다고 해석하기 때문으로 추측된다.481) 나아가 일본에서는 지목이 토지의 객관적인 현황을 반영하지 못하고 형해화(形骸化)되었다는 견해도 있다.482) 일본에서 이러한 견해가 제시되는 이유 역시 우리나라와 비교하여 지목의 공법적 기능, 효력이 약하기 때문이다.

　그러나 일본에서도 농지전용허가나 임지개발허가의 단계에서는 지목이 사실상 건축허용성을 반영하거나 판단하는 기능을 수행하고 있어, 지목이 가지는 도시계획적 효력이 완전히 소멸되었다고 보기는 어렵다. 특히, 시가화구역 내 일정규모 이상의 개발행위(건축행위)로만 논의를 한정하면 우리나라와 유사한 체계로, 농지전용허가

481) 名古屋地裁 昭和57年2月26日 昭56(行ウ)34号 判決.
482) 関 弥一郎, 앞의 논문, 24면.

를 받더라도 개발행위허가를 통해 건축허용성에 대한 도시계획적
규율이 이루어진다.

Ⅳ. 우리나라와 일본의 건축허용성 규율에 대한 인식

우리나라와 일본에서 지목이 수행하는 도시계획적 기능, 지목이
가지는 도시계획적 효력에 있어 차이가 발생하게 된 근본적인 원인
으로는 도시계획법의 규율 대상이나 도시계획법과 건축법의 상호관
계가 다르게 발전하여 왔기 때문이다.

일본 도시계획법은 일정규모 이상의 개발행위를 규율하는 것을
주된 목적으로 하고, 건축행위 전반에 관해서는 주로 건축기준법에
서 규율하고 있다. 이는 도시계획법상 개발행위허가의 대상에서 건
축허가를 제외하고 있는 점, 건축확인의 단계에서 적합증명서를 첨
부하도록 하여 개발행위허가를 받았는지 또는 개발행위허가의 대상
인지 여부를 심사하도록 하여, 건축확인이 절차적으로나마 건축허
용성을 규율하는 기능을 하고 있다는 점 등에서 확인된다.

이러한 차이는 일본에서는 도시계획을 통해 건축허용성을 규율
하여야 한다는 인식이 부족하고, 본래 도시계획법이 도시계획을 통
해 규율하여야 하는 건축허용성을 건축기준법에서 규율하는 등 그
역할과 기능이 혼재되어 있다는 것을 의미한다. 반면, 우리나라는
2000년 도시계획법 전부개정을 통해 과거 건축법에서 규율하였던
도시계획적 성격의 조문들이 도시계획법으로 이동하면서, 도시계획
이 건축단위, 건축허용성, 건축허가요건을 규율하는 개념으로 인식
되고 있다.

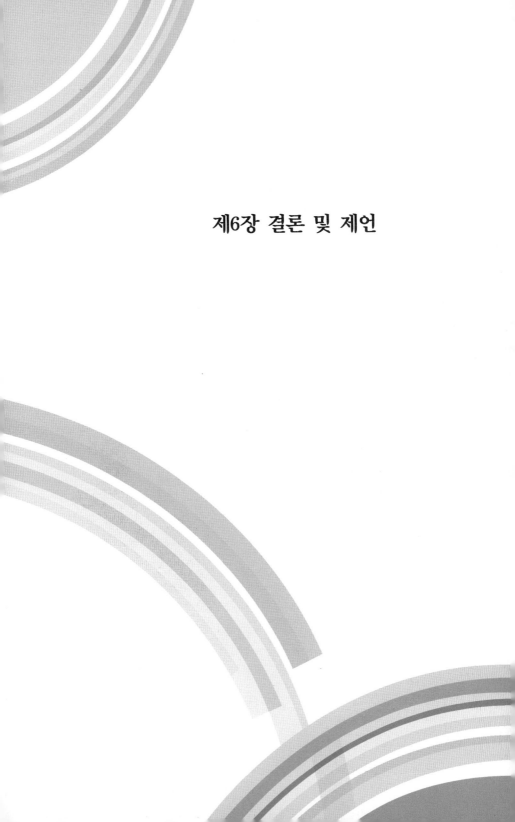

제6장 결론 및 제언

제1절 결론

도시계획은 도시 내 토지의 효율적이고 합리적인 이용을 위해, 개별 토지의 건축단위를 설정하여, 각 건축단위별로 건축허용성과 건축허가요건을 정하는 구속적 행정계획이다.

우리나라의 도시계획법제와 지적제도는 역사적인 연유로 일본을 통해 정립되었다. 당시 도입된 도시계획법제는 건축허용성과 건축단위를 규율할 수 있는 권능을 가지지 못하였기 때문에, 과세와 토지소유권을 공시하기 위한 목적에서 창설된 지적이 건축허용성과 건축단위를 반영하여 표시하는 도시계획적 기능을 수행하게 되었다.

지적이 수행하는 도시계획적 기능은 점차 확대되어, 현재 지목은 건축허용성을 판단하는 기준으로 활용되고 있고, 필지 경계선은 건축단위를 설정하는 기능을 수행하고 있다. 최근 법원이 지목을 건축허용성을 판단하는 기준으로 인정한 것도 지적의 도시계획적 효력이 점차 강해지고 있기 때문이다.

지적이 가지는 도시계획적 의미가 무엇인지, 그리고 어떻게 변화하는 것이 바람직한지는 도시계획법제의 운영에 있어 근간이 되는 핵심적인 요소라 할 것이다. 그리고 그 방향성을 결정하기 위해서는 지적이 수행하는 건축허용성의 판단기준, 건축단위의 설정이라는 도시계획적 기능에 관한 연구가 필수적이다. 도시계획과 지적의 바람직한 발전 방향에 대해서는 후속 연구가 이루어져야 할 것이다. 이하에서는 후속 연구를 전제로 그 방향성에 관해 개략적으로나마 개인적인 의견을 정리해본다.

제2절 제언

Ⅰ. 이상적인 도시계획으로의 발전

신시가지와 달리, 자연발생적으로 탄생한 기성시가지에서는 기존의 토지소유권이 강하게 작용하기 때문에 토지를 수용하는 형태의 개발사업이 진행되기 어렵고, 용도지역제만 수립된 지역이 대다수다. 용도지역제는 건축단위나 건축허용성을 규율하는 권능을 가지지 못한다. 그러므로 기성시가지에서는 도시계획을 통해 건축단위나 건축허용성이 규율되지 못하고, 사후적으로 토지소유자의 건축행위에 개입하여 토지형질변경허가 등의 절차를 통해 이를 규율하고 있을 뿐이다.

기성시가지에서는 건축단위가 부정형으로 존재할 뿐만 아니라, 개별 건축단위의 건축허용성 역시 도시계획적 고려 없이 부여되어 있기 때문에, 신시가지와 비교하여 토지의 효율적·합리적 이용이 저해되고 있다. 특히, 기성시가지에 존재하는 부정형의 건축단위는 토지의 효율적인 이용을 저해하는 주요 원인이다. 그러므로 부정형의 건축단위를 장방형으로 변경하고, 도시의 원활한 기능을 고려하여 개별 건축단위별로 건축허용성을 부여하거나 또는 통제할 수 있는 도시계획이 필요하다.

현재 기성시가지에서는 불완전한 도시계획을 보완하기 위해 지적이 도시계획적 기능을 수행하고 있다. 그러나 지적은 근본적으로 과세나 토지소유권을 공시하기 위한 목적에서 창설된 제도이기 때문에, 도시계획적 기능을 수행하기에는 적합하지 않다. 더구나, 지적이 수행하고 있는 도시계획적 기능은 법령상 부여된 효력이 아닐 뿐만 아니라 그 내용이 불분명하다는 문제가 있다. 예를 들어, 지목은 건축허용성을 반영하여 표시하는 도시계획적 기능을 하지만, 지목이 변경된 원인이나 차이를 명확하게 나타내지는 못한다. 일제강점기시대 토지조사사업을 통해 처음부터 지목이 대지로 결정된 토지나, 사후적으로 토지형질변경허가를 받아 지목이 대지로 변경된 토지, 신시가지에서 개발사업을 통해 지목이 대지로 변경된 토지 모두 지목상으로는 동일하게 취급되기 때문에, 지목만으로는 어떠한 차이가 존재하는지 확인하기 어렵다. 또한, 신시가지에서 지목이 대지인 토지와 기성시가지에서 대지인 토지가 가지는 도시계획적 효력의 차이도 불분명하다.

토지의 효율적인 이용을 위해서는 도시계획이 궁극적으로 건축허용성과 건축단위 모두를 결정하는 이상적인 제도로 발전하여야 할 것이다. 그리고 지적은 본래의 목적과 같이 과세와 토지소유권을 공시하기 위한 제도로 자리매김하여야 할 것이다. 우리나라와 동일한 제도에서 출발하였던 일본의 도시계획법제와 지적제도는 점차 지적의 도시계획적 기능이 약해지고 도시계획을 통해 건축허용성을 부여하는 방향으로 변화하고 있다. 기성시가지에서 수립되는 우리나라의 도시계획도 궁극적으로는 건축단위와 건축허용성 모두를 규율할 수 있는 형태로 발전하여야 할 것이다.

Ⅱ. 도시계획과 지적의 조화

도시계획은 궁극적으로 건축단위, 건축허용성, 건축허가요건을 모두 정하는 이상적인 도시계획을 발전하는 것이 바람직하다. 그러나 도시지역 내 모든 지역에서 이상적인 도시계획을 실시한다는 것은 불가능하다. 이는 우리나라의 도시계획법제가 건축자유의 원칙을 채택하고 있어 태생적으로 불완전한 형태를 가질 수밖에 없기 때문이다.

도시계획이 발전할수록 우리나라 도시계획법제에서는 지적이 수행하는 도시계획적 기능이나 효력이 오히려 더 강조되고 있다. 최근 법원은 지목이 답인 토지에 축사를 건축하기 위해서는 지목을 변경하여야 하고, 이를 위해서는 국토계획법상 토지형질변경허가를 받아야 하며, 토지형질변경허가를 받은 후 지목변경을 신청하여야 한다고 판단하여, 지목이 건축허용성을 판단하는 기준이고, 토지형질변경허가를 통해 부여된 건축허용성은 지목을 통해 반영되어야 한다는 점을 명확히 하였다. 이러한 판단은 지적이 수행하는 도시계획적 기능이나 효력이 점차 강해지고 있고, 이를 명시적으로 인정할 수밖에 없다는 것을 의미한다.

기성시가지에서 이루어지는 도시계획은 궁극적으로는 이상적인 도시계획으로 발전하여야 할 것이나, 현 단계에서는 현행 도시계획법제가 가지고 있는 한계와 지적이 수행하는 도시계획적 기능을 고려하여, 도시계획과 지적의 조화로운 발전 방향을 모색할 수밖에 없다. 그러한 방안의 하나로 현재 판례를 통해 인정되고 있는 지적의 도시계획적 효력을 법령상 명시적으로 규정하는 방향으로 나아가야 할 것이다. 그래야만 지적의 불분명한 도시계획적 효력을 명확하게 정의할 수 있고, 이를 통해 도시계획 또한 이상적인 도시계획의 형태로 발전해나갈 수 있기 때문이다.

참고 문헌

국내문헌 및 자료

[단행본]

곽윤직·김재형, 『민법총칙(민법강의 I)』, 제8판, 박영사, 2012.

＿＿＿＿＿＿＿, 『물권법(민법강의 II)』, 제8판, 박영사, 2014.

국토교통부, 『2019 도시계획현황』, 2020.

김동희, 『행정법 I』 제25판, 박영사, 2019.

＿＿＿, 『행정법 II』 제25판, 박영사, 2019.

김종보, 『건설법의 이해』, 제6판, 피데스, 2018.

김행종, 『지적 및 공간정보법론』, 부연사, 2018.

대한지적공사, 『한국지적백년사(역사편)』, 2005.

류병찬, 『한국인이 바라본 일본의 지적제도』, 부연사, 2016.

박정훈, 『행정법의 체계와 방법론』, 박영사, 2005.

＿＿＿, 『행정소송의 구조와 기능』, 박영사, 2005.

손정목, 『일제강점기 도시계획연구』, 일지사, 1990.

염복규, 『서울의 기원 경성의 탄생』, 이데아, 2016.

원영희, 『지적학원론』, 홍익문화사, 1979.

유석주, 『부동산등기법』, 제6판, 삼조사, 2016.

정태용, 『건축법해설』, 한국법제연구원, 2006.

＿＿＿, 『도시계획법』, 한국법제연구원, 2001.

조선총독부 임시토지조사국, 『조선토지조사사업보고서』, 1918.

지종덕, 『지적의 이해』, 제7판, 기문당, 2015.

한국국토정보공사, 『지적학 총론』, 구미서관, 2018. 12.'

[논문]

권기원·김비연, 「지적학의 학문분류체계에 관한 연구」, 『한국문헌정보학회지』 제40권 제1호, 2006.

김나영, 「일본근대도시계획 형성에 미친 서구도시계획의 영향」, 『동북아문화연구』 제39집, 동북아시아문화학회, 2014.

김상용, 「比較法과 比較法學」, 『연세법학연구』 12권 제4호, 연세대학교 법학연구원, 2002.

김영순, 「지적공부 등 변경 및 정정 거부행위의 처분성에 대한 소고」, 『인하대학교 법학연구』 제20집 제3호, 인하대학교, 2017.

김정중, 「건축물대장 변경행위 등의 처분성」, 『행정재판실무연구 III』 재판자료 제120집, 법원도서관, 2010.

김제국·中井 檢裕, 「각국 시가화억제구역제도의 구성원리와 개발규제에 대한 비교고찰」, 『국토계획』 95호, 대한국토도시계획학회, 1998.

김종보, 「건축허용성의 부여와 반영」, 『서울대학교 法學』 제53권 제3호, 서울대학교 법학연구소, 2012.

_____, 「행정법학의 개념과 그 외연(外延)」, 『행정법연구』 제21호, 행정법이론실무학회, 2008.

_____, 「도시계획의 핵심기능과 지적제도의 충돌」, 『행정법연구』 제16호, 행정법이론실무학회, 2006.

_____, 「토지형질변경허가의 법적 성질」, 『행정판례연구』 제11집, 한국행정판례연구회, 2006.

_____, 「도시계획변경거부의 처분성」, 『행정법연구』 제11호, 행정법이론실무학회, 2004.

_____, 「행정법학의 새로운 과제와 건축행정법의 체계」, 『고시계』 제513호, 고시계, 1999.

_____, 「건축허가에 존재하는 재량문제」, 『행정법연구』 제3호, 행정법이론실무학회, 1998.

_____, 「建築法과 都市計劃法의 關係」, 『공법연구』 제26권 제2호, 한국공법학회, 1998.

대한지적공사, 「지적 관련 법제의 재정비에 관한 연구」, 2012.

_____, 「지적학의 학문분류체계 개선방안에 관한 연구」, 2005.

류병찬, 「지적의 공신력 인정에 관한 연구」, 『지적』 제366호 (제43권 제1호), 대한지적공사, 2013.

_____, 「지적학의 정의 및 학문적 성격정립에 관한 연구」, 『한국지적학회지』 제22권 제1호, 2006.

_____, 「토지조사사업과 관련된 지적법령의 변천연혁에 관한 연구」, 『지적』 제347호 (제34권 제3호), 대한지적공사, 2004.

류해웅·박수헌, 「도시계획법제에 대한 비교법적 연구」, 국토개발연구원, 1990.

류해웅·정우형, 「개발허가제의 도입에 관한 연구」, 국토연구원, 2001.

박무익, 「개정 도시계획법 해설 IV : 개발행위허가」, 『도시문제』 378호, 대한
　　지방행정공제회, 2000.

박세훈, 「1920년대 경성도시계획의 성격」, 『서울학연구』 제15호, 서울시립대
　　학교 서울학연구소, 2000.

박정훈, 「비교법의 의의와 방법론-무엇을, 왜, 어떻게 비교하는가」, 『심헌섭
　　박사 75세 기념논문집』, 2011.

_____, 「韓國 行政法學 方法論의 形成·展開·發展」, 『공법연구』 제44권 2호,
　　한국공법학회, 2015.

박재길, 「일본의 도시계획과 성장관리정책」, 『도시문제』 35권 378호, 대한지
　　방행정공제회, 2000.

박현순, 「현실의 경계와 지적도상 경계가 상위한 경우의 법적 문제」, 『사법
　　논집』 19집, 대법원 법원행정처, 1988.

배병일, 「토지조사사업과 임야조사사업에서의 사정에 관한 법적 문제점 검
　　토」, 『법학논고』 제61집, 경북대학교 법학연구원, 2018.

선정원, 「공부변경 및 그 거부행위의 처분성」, 『행정판례연구 VII』, 한국행정
　　판례연구회, 2002.

신동현, 「일본의 지적제도에 대한 고찰」, 『지적』 제347호 (제34권 제3호), 대
　　한지적공사, 2004.

심나리, 「일본의 도시재생 관련 법령체계에 관한 연구」, 한국법제연구원,
　　2007.

안동인, 「토지대장의 직권말소 및 기재사항 변경거부의 처분성」, 『행정판례
　　연구 XIX-1』, 한국행정판례연구회, 2014.

안신재, 「토지대장과 등기의 일원화에 관한 민사적 고찰」, 『부동산법학』 제
　　18집, 부동산법학회, 2014.

안철상, 「공법관계와 사법관계의 구별」, 『행정판례평선』, 한국행정판례연구
　　회, 2016.

이상덕, 「공로(公路) 개념을 통한 도로에 관한 법적 규율의 재구성」, 『사법논
　　집』 제60집, 법원도서관, 2015.

이성화·이덕형, 「지적과 등기제도의 공시일원화를 위한 법제 통합방향 연구」,
　　『한국지적정보학회지』 제11권 제1호, 2009.

이원우, 「21세기 행정환경의 변화와 행정법학방법론의 과제」, 『행정법연구』
　　제48호, 행정법이론실무학회, 2017.

이현준, 「행정청의 지목변경신청반려처분 사례에 관한 법적 고찰」, 『토지공
　　법연구』 제50집, 한국토지공법학회, 2010.

_____, 「필지의 본질 연구」, 『한국지적학회지』 제24권 제1호, 한국지적학회, 2008.

_____, 「地籍制度에 관한 公法的 檢討」, 『단국대학교 박사학위 논문』, 2006.

전진원, 「개발행위허가에 관한 연구」, 『서울대학교 석사학위 논문』, 2015.

정긍식, 「일제의 식민정책과 식민지 조선의 법제」, 『법제연구』 제14호, 한국 법제연구원, 1998.

조성종, 「土地登錄 公示法上의 문제점에 관한 연구」, 『한국지적학회지』 제17 권 제2호, 한국지적학회, 2001.

최인호, 「일본의 지적조사에 대한 연구」, 『한국지적정보학회지』 제13권 제1 호, 한국지적정보학회지, 2011.

한국토지공법학회, 「지적 관련 국민권익 구제 개선방안에 관한 연구」, 국토 교통부, 2014.

多田 光吉, 「土地登記一元化」, 『한국지적학회지』 제6호, 한국지적학회, 1985.

일본문헌 및 자료

[단행본]

塩野 宏, 『行政法 I 行政法総論』, 有斐閣, 2015.

曾和 俊文·金子 正史, 『事例研究 行政法』, 日本評論社, 2011..

荒 秀·小高 剛, 『都市計画法規概説』, 信山社出版, 1998.

荒 秀, 『日韓土地行政法制の比較研究』, 信山社出版, 1999.

荒 秀, 『建築基準法入門』, 青林書院, 1980.

安本 典夫, 『都市法概説』, 法律文化社, 2013.

都市計画法制研究会, 『よくわかる都市計画法 第二次改訂版』, ぎょうせい, 2018.

坂和 章平, 『建築基準法の読み解き方』, 民事法研究会, 2007.

広岡 隆, 『判例·建築基準法』, 有斐閣, 1990.

鵜野 和夫, 『改訂増補·都市開発と建築基準法』, 清文社, 2002.

鵜野 和夫·秋山 英樹·上野 俊秀, 『新版 不動産有効利用のための都市開発の 法律実務』, 清文社, 2020.

須田 政勝, 『概説 土地法』, 明石書店, 2004.

土地百年研究会·都市環境研究所·日本不動産研究所, 『日本の土地百年』, 大成 出版社, 2003.

宝金 敏明, 『改訂版 境界の理論と実務』, 日本加除出版, 2018.

水本 浩・戸田 修三・下山 瑛二, 『不動産法制概説』, 青林書院, 1996.

日本法令不動産登記研究会, 『わかりやすい不動産登記簿の見方・読み方』, 日本法令, 2017.

野邊 博, 『私道・境界・近隣紛争の法律相談』, 学陽書房, 2016.

藤原 勇喜, 『公図の研究 五訂増補版』, 朝陽会, 2018.

新井 克美, 『公図と境界』, テイハン, 2005.

篠塚 昭次・宮代 洋一・佐伯 剛, 『境界の法律紛争』, 有斐閣, 1983.

松岡 慶子, 『最新 土地・建物の法律と手続き』, 三修社, 2018.

土地利用研究会, 『早わかり 国土利用計画法』, 大成出版社, 1999.

[논문]

荒 秀, 「開発許可の法と実務(一)」, 『独協法学』, 独協大学法学会, 1997.

荒 秀, 「建築基準法の行政法的特質」, 『独協法学』, 独協大学法学会, 1992.

荒 秀, 「都市計画法施行規則六〇条の適合証明と建築確認との関係」, 『判例タイムズ』, 判例タイムズ社, 1988.

小野 剛, 「地目変更登記申請を却下する決定が抗告訴訟の対象となる行政処分にあたるとされた事例」, 『判例タイムズ 主要民事判例解説』, 判例タイムズ社, 1990.

金子 正史, 「開発許可制度管見(三完)都市計画法施行規則60条に定める適合証明書に関する法的諸問題」, 『自治研究』, 2001.

安本 典夫, 「都市計画過程における争訟のあり方」, 『立命館法学』, 1993.

田中 暁子, 「市街化区域・市街化調整区域の成立過程に関する研究」, 『都市問題』, 東京市政調査会, 2009.

小嶋 俊洋, 「市街化調整区域における都市的土地利用と農業的土地利用の調整メカニズム」, 『横浜国際社会科学研究』, 横浜国立大学, 2007.

楠元 茂, 「建築確認に関する法的考察」, 『商経論叢』, 鹿児島県立短期大学, 1975.

中村 英夫・坂本 貞・本田 裕, 「わが国における地籍調査の現状と課題」, 『日本不動産学会誌』, 1987.

沢井 勇人, 「進捗が遅れている地籍調査の現状と今後の課題」, 『立法と調査』, 2015.

関 弥一郎, 「判例における農地の概念」, 『横浜国立大学人文紀要』, 横浜国立大学, 1970.

多田 利隆, 「物権法の基本原則－動産物権変動法制について－」, 『土地法学』,

(社)韓国土地法学会, 2011.

渡邊 俊一, 「用語としての「都市計画」の成立過程に関する考察」, 『都市計画論文集』, 日本都市計画学会, 1980.

渡邊 俊一, 「日本近代都市計画の成立期：研究の課題と成果」, 『土木学会論文集』, 土木学会, 1993.

五島 寧, 「朝鮮市街地計画令と台湾都市計画令の特長に関する研究」, 『都市計画論文集』, 日本都市計画学会, 2014.

稲本 洋之助, 「地価バブルと土地政策」, 『東京大学社会科学研究所資料』, 東京大学社会科学研究所, 1996.

〈日文抄録〉

都市計画法と地籍
－韓国と日本の比較を中心に－

裵 基 哲(ベ·キチョル)

　都市計画は、都市内の土地を効率的かつ合理的に利用するために個々の土地の建築単位を設定し、各建築単位ごとに建築許容性及び建築許可条件を定める拘束的行政計画である。建築単位とは、一の建築許可によって許可することのできる土地の単位をいい、建築許容性とは、建築物の建築が許容される法的性質を意味する講学上の概念であり、都市計画の基本要素である。

　現行の都市計画法制は、都市計画の基本要素といえる建築許容性及び建築単位に関する規律が曖昧である。土地の所有権を表象する地籍という制度が建築単位と建築許容性を反映する都市計画的機能を果たしているに過ぎない。最近、裁判所が地目を建築許容性の判断基準として認めたが、それは、地籍が単に土地の現況を確認するための手段にとどまらず、都市計画的機能をも果たしていることを意味する(大法院2020年7月23日判決2019ドゥ31839号)。課税と土地の所有権を公示するために創設された地籍がどのような背景から都市計画的機能を果たすようになったのか。

　韓国の近代的土地制度である都市計画法制は、歴史的な理由により、日本による植民地時代に日本の制度を模倣して定立された。当時導入された用途地域制の都市計画は、都市内の土地を用途地域に指定して概略的な内容の建築許可条件を定めるものにすぎず、建築許容性と建築

単位を規律し得る権能を有し得なかった。不完全な都市計画法制を補う
ために、全く異なる性格の制度に過ぎなかった地籍が都市計画的機能を
果たすようになり、現行の都市計画法制においても依然、都市計画的効
力を有している。にもかかわらず、現行の実務では、地籍の民事的機能
のみが強調され、地籍が担う都市計画的機能が判然としないまま運用さ
れている。

　韓国の都市計画法制が不完全な形態とならざるを得なかった理由
は、その母胎となった日本の都市計画法制が不完全であったからであ
る。韓国と同様に、日本の地籍も不完全な都市計画法制を補完すべく都
市計画的機能を果たすようになり、これは現在も同様であると推察され
る。都市計画と地籍の相互関係を分析することができるという点におい
て、韓国と日本の都市計画法及び地籍に関する比較研究は、地籍の都市
計画的機能を解明し、それを評価するうえでの端緒となり得る。

　韓国と日本の都市計画法制は、建築許容性を規律する方法において
大きな違いがある。韓国は土地形質変更許可という手続きにより建築許
容性が規律されているが、日本では区域区分制という都市計画により都
市地域内の土地の概略的な建築許容性が決定され、市街化区域内では開
発行為許可という手続きにより個々の筆地の建築許容性を規律する方法
により相互補完的に運用されている。このような違いは、韓国では垈
(日本の宅地に当たる)という地目が建築許容性を反映する機能を果たし
ているため、地目が垈でない土地は土地形質変更許可によって各建築単
位ごとに建築許容性が付与される必要があるが、日本は地目の都市計画
的効力が弱く、原則として都市計画により建築許容性が付与され、都市
計画が地目に優先する効力を有するものと解せる。ただし、日本でも農
地転用許可や個々の筆地に建築許容性を付与するための手続きである開
発行為許可の段階では、事実上、地目が建築許容性の判断基準として活用
されており、地目の有する都市計画的効力が失われたとはいいがたい。

　建築単位は土地の所有権と密接な関わりがあり、都市計画によって
これを統制するのは容易ではない。建築単位が地籍である筆地の境界線
(日本の筆界に当たる)によって設定されているにもかかわらず、これに
対する都市計画的規律は不足している状況である。韓国の国土計画法で
は土地分割許可であるが、日本では土地区画変更許可という手続きによ
り一定の場合にのみ建築単位を規律しているに過ぎず、建築単位を強制
的に変更する権能を有する都市計画たるものは想定されていない。建築
許容性の付与を伴う土地の分割と合併を除き、土地の所有者の意思や所
有権の変動により、自由に土地の分割と合併が行われるのが実情であ
る。しかし、土地の分割と合併も建築単位としての機能を担うという意
味においては都市計画的統制が必要である。そのためには制度的な補完
が必要であり、さらに行政庁がその必要性を認識し、積極的に裁量権を
行使していくべきであろう。

　理想的な都市計画とは、個々の土地の建築単位を設定し、各建築単
位ごとに建築許容性を付与するとともに、建築許可条件を決定すること
ができるものである。最終的には、都市計画が建築許容性と建築単位の
両方を決定する理想的な制度へと発展すべきだが、現行の都市計画法制
では、地籍の担う都市計画的機能や効力のほうがむしろ強調されてい
る。地籍の都市計画的効力を考慮した、都市計画と地籍が調和し得る形
での発展が求められている。

| 배기철 |

[학력]
서울대학교 법과대학원 법학박사(행정법, 2021)
서울대학교 법학전문대학원 법학전문석사(2012)
미국 스탠포드대학교 항공우주공학석사(2009)
일본 동경대학교 항공우주공학과 졸업(2005)

[주요경력]
법무법인(유) 율촌(2012~현재)
행정법이론실무학회, 건설법연구회 등에서 활동

도시계획법과 지적

초판 인쇄   2022년 2월 3일
초판 발행   2022년 2월 10일

저 자 배기철
펴낸이   한정희
펴낸곳   경인문화사
등 록   제406-1973-000003호
주 소   경기도 파주시 회동길 445-1 경인빌딩 B동 4층
전 화   (031) 955-9300   팩스 (031) 955-9310
홈페이지 www.kyunginp.co.kr
이메일   kyungin@kyunginp.com

ISBN 978-89-499-6614-4   93360
값 20,000원

서울대학교 법학연구소 법학 연구총서

● 학술원 우수학술 도서
▲ 문화체육관광부 우수학술 도서